Lothar-Günther Buchheim U-BOOT-KRIEG

Lothar-Günther Buchheim

U-BOOT KRIEG

Mit einem Essay von Michael Salewski

Piper
München Zürich

Mit Ausnahme der Bilder von Fangschuß-Treffern, die Fritz Grade als Leitender Ingenieur von U 96 machte, stammen alle Fotos von Lothar-Günther Buchheim.

ISBN 3-492-04042-X
6. Auflage 1998

Layout und Gestaltung
von Lothar-Günther Buchheim
Gesetzt aus der Monofoto Times
Reproduktion und Satz:
Universitätsdruckerei H. Stürtz AG, Würzburg
Druck und Bindung: Westermann Druck Zwickau GmbH
Printed in Germany

Inhalt

Die Völker der Erde sind durch lange und erbärmliche Erfahrungen mit Leiden, Willkür, Schande und Überfällen unter die Geißel der Angst geraten – einer Angst, die durch ein bißchen billige Beredsamkeit leicht in Wut, Haß und Gewalttat verkehrt werden kann. Unschuldige, arglose Angst hat viele Kriege verursacht. Natürlich nicht die Angst vorm Kriege selbst, der sich heute durch die Entwicklung der Empfindungen und Vorstellungen schließlich zu einer halb mystischen, erhabenen Handlung mit gewissen vornehmen Riten und einleitenden Beschwörungen gewandelt hat, wodurch die Idee seines wahren Wesens verlorengegangen ist.

Joseph Conrad

Am Anfang tat ich mich schwer. Ich sagte, ich werde die Wahrheit schreiben, so wahr mir Gott helfe. Und das glaubte ich zu tun. Dann merkte ich, daß ich es nicht konnte. Niemand kann die absolute Wahrheit schreiben.

Henry Miller

U-Boot-Krieg als Erfahrung

Mit dem U-Boot hat der Mensch die Dimension der Tiefe hinzugewonnen. Das Reich des Fliegers ist gänzlich verschieden von dem des U-Boot-Fahrers – aber mit beiden, mit Flugzeug und Unterseeboot, versucht die Menschheit, aus den Grenzen ihres Verhaftetseins mit der Erde auszubrechen.
Auf jedem Schiff, auch noch auf dem geringsten Heringskolcher, dem winzigsten Beiboot liegt ein Abglanz vom Wunder der Seefahrt: der Behauptung des Menschen gegenüber einem Element, in dem er nicht heimisch ist. Das Unterseeboot aber ist das tüchtigste unter allen Schiffen.
Das U-Boot hat der Bedrohung durch die See den uralten Schrecken genommen, es kann in ihre Tiefe eindringen, ohne von ihr vernichtet zu werden.

Normale Schiffe erfüllen ihr Leben an der Oberfläche des Wassers. Das Wasser, das sie mit ihren runden Bäuchen verdrängen, gibt ihnen Auftrieb. Wenn er zunichte wird, verschwinden sie von der Oberfläche und werden von der Tiefe hinabgerissen. Ein Schiff, das seinen Auftrieb verliert, kann ihn nicht wiedergewinnen. Es wird aus der Liste der lebenden Schiffe gestrichen: gesunken, verschollen.
Der Moment des Versinkens in die Tiefe ist der gefürchtetste im Leben der Seefahrer, er bedeutet Tod für Schiff und Besatzung. Für den U-Boot-Fahrer aber ist das Sinken in die Tiefe normale Seemannschaft.
Nur das Unterseeboot kann mit Hilfe seines komplizierten Systems hochentwickelter Maschinen seinen Auftrieb, wenn es von der Oberfläche verschwunden ist, wieder zurückgewinnen. Wenn die in Stahlflaschen komprimierte Luft in die Tauchzellen des Unterseeboots strömt, wird es leichter als das von ihm verdrängte Wasser, es wird emporgehoben, durchbricht die Oberfläche und ist wieder ein Schiff, das vom Wasser getragen wird und den Stürmen die Stirn bietet.
Für normale Überwasserschiffe gehört schon die Berührung des Grundes zu den großen Schrecknissen. Joseph Conrad hat darüber geschrieben, wie demütigend sie für den Schiffsführer ist. Sein Schiff frei vom Grund zu halten, war immer die erste Aufgabe des Seemanns.
Für ein U-Boot aber gehört das Berühren des Grundes zu den geübten Praktiken. In Gewässern, deren Tiefe nicht über die Grenze seiner Tauch-

fähigkeit hinausgeht, kann es sich auf Grund legen, die Maschinen können ruhen. Mit dem Gewicht des zugefluteten Wassers liegt es dann ruhiger und fester als vor dem sichersten Anker.
An Bord eines U-Bootes braucht sich der Seemann also nicht mehr vor den Stürmen zu fürchten und nicht vor den Prankenschlägen der See – dennoch bleibt er Naturgesetzen unterworfen. Die Regeln, die er beachten muß, sind sogar komplizierter geworden. Der U-Boot-Fahrer muß in Physik und Chemie und Mechanik Bescheid wissen. Die Sorgsamkeit, die lauernde Bereitschaft, mit der er seinen Regeln folgen muß, ist nicht geringer als die der Segelschiff-Vorfahren, denen sich im leisen Schlagen der Segel und einer kaum merklichen Veränderung der Farbe des Himmels Gefahr ankündigte. Trotz der perfekten Technik gilt es auch im U-Boot, ununterbrochen auf der Hut zu sein.

Anders als normale Schiffe hat das U-Boot keinen Hafen zum Ziel. Sein Ziel sind die gegnerischen Schiffe, die es in der Weite des Atlantik erst aufzuspüren gilt. Im Geschwätz der Propaganda wurden diese Schiffe, die für die älteren Kommandanten – trotz der Kriegszwänge – lebendige Maschinenwesen blieben, zu abstrakten Hohlräumen. Von den Menschen, die diese Schiffe bedienten, von den Frachten, die sie übers Wasser transportierten, wurde nichts gesprochen. Die Erfolgsadditionen für das Ritterkreuz unterschieden nicht einmal nach leeren oder vollen Schiffen – es ging immer nur um Tonnage. Mancher U-Boot-Kommandant mußte sich, wenn er die Texte aus dem Propagandaministerium las oder hörte, wie der Angestellte eines großen Verschrottungsunternehmens vorkommen.
Die Bruttoregistertonnenfanfaren (wer von den Rundfunkhörern wußte überhaupt, was eine Bruttoregistertonne eigentlich ist?) sollten Realität vergessen machen und den ominösen ›Siegeswillen‹ anfachen.
Auch durch die Kriegsberichter erfuhr niemand, was sich bei einer Konvoischlacht wirklich abspielte: Über Tausende von Seemeilen, oft durch Tage und Nächte einer ganzen Woche wurden da Dampfer gehetzt, U-Boote in der Tiefe gekillt, hing der Ludergeruch brennender Tanker über der Fährte aus Trümmern von Schiffsaufbauten, Rettungsbooten, Fracht. Wie unter einer unsichtbaren, riesenhaften Glasglocke zog eine Ballung von Angst quer über den Atlantik: Tausende mit hohen Heuern auf die Schiffe gelockte, oft sehr alte Seeleute schwitzten ihre Angst vor dem Torpedoschlag aus. Tausenden von U-Boot-Leuten ›killten die Hosen‹, wie sich Angst im Marinejargon umschrieb, beim Gedanken an die Attacken der ›hunter- and killergroups‹ aus Zerstörern und Flugzeugen.

Der Faszination, die von dem U-Boot als solchem, dem Nimbus, der von der ganzen U-Boot-Waffe ausgeht, steht die grausige Wirklichkeit gegenüber: Seine Unsichtbarkeit macht das U-Boot tückisch. Seine Torpedos sind eine Art Minen mit Eigenantrieb. Fast immer ist es Absicht des Kommandanten, einen im Augenblick des Angriffs ahnungslosen Gegner zu treffen.
Das U-Boot – zugleich Schiff und Waffe – war Sinnbild für unser aller zwiespältiges Wesen: Wir liefen aus zum Abenteuer und zur Zerstörung.
Damals in den Bunkerdocks an der französischen Atlantikküste tastete ich, über die Maßen fasziniert und Joseph Conrad im Herzen, die vollkommenen

Linien der U-Boote mit den Augen ab wie ein Reiter die Formen seines Pferdes.
Als aber eine Kommandantenwitwe lange nach dem Krieg in ihren Alben blätternd und auf Bilder vom Kampfboot VII C zeigend in den Entzückensruf ausbrach: »Das liebe Bötchen!«, erschrak ich bis zur Erstarrung: Ein ›Bötchen‹ war diese schwimmende Kampfmaschine nie.
Und als ich in der New York Times vom 29. Juni 1975 aus der Feder meines Rezensenten Donald Goddard das Urteil las, daß von den 40000 U-Boot-Leuten, die freiwillig ausgezogen seien, um totalen Krieg gegen unschuldige Zivilisten zu führen, die 30000 Toten ihren schrecklichen Tod in den Tiefen reichlich verdient hätten, empörte mich die Kälte des Verdikts. Mag es einen auch erschrecken, daß es jenen mit allen Mitteln der Propaganda verführten und aufgeputschten jungen Menschen fast gelungen wäre, ein Imperium zu Fall zu bringen, so ist es doch gerade nicht der in sein Verderben geschickte Mann, der diese gnadenlose Verurteilung verdiente.

Als Kriegsberichter war ich, dreiundzwanzig Jahre alt, Maler und Zeichner, nicht Bildberichter mit der Kamera. Fotografiert habe ich für mich: Angetrieben von der Überzeugung, daß sich die Wirklichkeit des Krieges nicht in den üblichen Reportagen der Kriegsberichter niederschlug, machte ich mehr als 5000 Aufnahmen. Jeder Moment und jedes Detail, das von der Wirklichkeit des Krieges zeugte, war wichtig – unwiederbringlich dahin, wenn ich es nicht auf den Film bekam. Protest gegen diese Vergänglichkeit war es auch wohl, die mich zum schier manischen Bild-Einheimsen trieb – der Wille, Bericht davon zu erstatten, was wir taten und was uns geschah.
Als im letzten Kriegsjahr die Hoffnung auf Überleben und Berichtenkönnen schwand, als alles nun wirklich in Scherben fiel, wie wir als Pimpfe gesungen hatten, griff ich dann auch kaum noch zur Kamera.
Die meisten der Aufnahmen in diesem Buch entdeckte ich erst vor kurzem auf verräumten, schlecht konservierten Filmen. Als ich die nassen Vergrößerungen aus dem Wasserbad fischte, war ich betroffen davon, historische Bilder in der Hand zu haben – fünfunddreißig Jahre alt die meisten.
Ich zeige diese Bilder vor, weil eine neue Generation von erwachsenen Menschen da ist, für die das Geschehen, das diese Bilder zeigen, Geschichte ist, die sie selber nicht erlebt haben, und die Historiker ihnen zwar darstellen, aber nicht veranschaulichen.
U-Boot-Fotos aus dem Zweiten Weltkrieg: Sie können für Klaustrophobie, Beklemmung und das geduckte Leben in dieser Epoche stehen.
Meinen Altersgenossen halte ich diese Bilddokumente vor Augen, damit sie sich erinnern.

Okkupation · Atlantikstützpunkte

Im Juni 1940 kapitulierte Frankreich. Mit dem Gewinn der französischen Atlantikhäfen änderte sich die seestrategische Lage des Reichs entscheidend. Vom Eismeer bis in die Biskaya verfügte die Marine nun über eine ganze Kette von Stützpunkten. Das alte Handikap, allein aus dem ›nassen Dreieck‹ der Nordsee heraus operieren zu müssen, war beseitigt. Der Gegner konnte nunmehr den Booten nicht mehr beim Auslaufen so gefährlich werden, oder ihnen den Rückweg verlegen, wie bei den Operationen aus Elbe und Jade.

Die Erkenntnis der strategischen Vorteile, die durch die Besetzung Frankreichs gewonnen worden waren, drückte sich in den militärischen Forderungen der Seekriegsleitung vom 18. Juni 1940 aus: »Die französische Kapitulation darf sich nicht auf eine Ausschaltung der Machtmittel Frankreichs aus dem gegenwärtigen Kriege beschränken, sondern sie muß in allen ihren Möglichkeiten für die Weiterführung des Kriegs gegen England ausgenutzt werden ...«

So geschah es denn nach und nach. Über die strategische Nutzung des eroberten Gebiets hinaus wurden die ökonomischen Reserven Frankreichs systematisch ausgebeutet. Die Arbeiter zwang man auf dem Wege der sogenannten Dienstverpflichtung zur Sklavenarbeit. Landwirtschaft und Industrie wurde in die Versorgung des Reichs einbezogen.
Die Unterwerfung Frankreichs war vollkommen. Es gab erstaunlich wenig Konflikte. In der Hinnahme der Okkupation und der Allgegenwart der fremden Uniformen im Straßenbild der besetzten Städte fand die deutsche Hybris ihre tägliche Bestätigung.

»Auch dem deutschen Volk gegenüber muß dafür gesorgt werden, daß die Franzosen nicht etwa durch falsche Sentimentalität mit einem blauen Auge davonkommen. Mit aller Klarheit kann nur immer wieder betont werden, daß Verhandlungen überhaupt nicht in Frage kommen, daß zunächst einmal Frankreichs Armee, Flotte und Ausrüstung in unserer Hand sein müssen und daß es für die nächsten dreihundert bis vierhundert Jahre zum letzten Mal geschehen sein darf, daß Frankreich ein friedliches Volk ohne Grund überfallen konnte ...« Goebbels am 18. Juni 1940

Besiegte Nation

Die deutschen Okkupanten lockten anfangs französische Arbeitskräfte mit Vergünstigungen und Vorrechten zur freiwilligen Verpflichtung, für die Besatzer zu arbeiten.
Später ging man härter vor: Mit Erlaß vom 16. 2. 1943 wurden alle zwischen dem 1. 1. 1920 und dem 31. 12. 1922 geborenen Franzosen in eine zweijährige Arbeitsdienstpflicht genommen. Ein Führererlaß über den umfassenden Ein-

Paris, Place de la Concorde. Das Wachregiment, das täglich zum Arc de Triomphe marschiert, um die Franzosen zu demütigen, schwenkt in Richtung Champs Elysées ein.

satz von Männern und Frauen für Aufgaben der Reichsverteidigung in den besetzten Gebieten datiert vom 13. 1. 1943.
Ein Gesetz vom 1. 2. 1944 dehnte die Anwendung eines bereits am 4. 9. 1942 ergangenen Gesetzes weiter aus: Alle Männer zwischen 16 und 60 Jahren und Frauen zwischen 18 und 45 Jahren konnten zum Arbeitsdienst – sprich Fronarbeit – für die Deutschen verpflichtet werden.

Die U-Boot-Besatzungen fühlten sich bald wie Gott in Frankreich. Später, als die deutschen Städte im Bombenhagel der Alliierten in Schutt und Asche sanken, wurden die Besatzungen nicht mehr nach Deutschland in Urlaub geschickt, sondern blieben auf französischen ›U-Boot-Weiden‹, wo sie nach Meinung der Führung sicherer waren.
Die Bevölkerung verhielt sich trotz aller Pressionen nicht feindselig. An Küsten weiß man, daß die See Gegner aller Seefahrer ist. Von den anderen Verbänden der Kriegsmarine, von Räumbootbesatzungen, Minensuchern, Vorpostenbootfahrern, die auch von französischen Häfen ausliefen, wurden die U-Boot-Leute wegen ihrer reichlichen Vorrechte als Eliteverband glühend beneidet. Selber nannten sie sich gern, um ihre Sonderstellung zu verdeutlichen, ›Freikorps Dönitz‹.
Der erste deutsche Stützpunkt an der französischen Westküste war Lorient. Hier lief als erstes deutsches U-Boot U 30 unter Lemp am 5. Juli 1940 zur Versorgung ein. Brest, La Pallice, St. Nazaire und Bordeaux folgten. In diesen Stützpunkten waren insgesamt acht U-Boot-Flottillen stationiert. Die U-Boote gewannen an Aktionskraft, da von nun an der lange An- und Abmarsch durch die Nordsee erspart blieb. Sie gelangten schneller ins Operationsgebiet und hatten für die eigentliche Operation mehr Zeit. Die Effektivität der U-Boote wurde dadurch gesteigert.

1. U-Boot-Flottille Stützpunkt Brest
2. U-Boot-Flottille Stützpunkt Lorient
3. U-Boot-Flottille Stützpunkt La Pallice
6. U-Boot-Flottille Stützpunkt St. Nazaire
7. U-Boot-Flottille Stützpunkt St. Nazaire
9. U-Boot-Flottille Stützpunkt Brest
10. U-Boot-Flottille Stützpunkt Lorient
12. U-Boot-Flottille Stützpunkt Bordeaux

An Arbeits- und Nebenräumen forderte die 2. U-Boot-Flottille am 19. Oktober 1940 vom OKM:

»*1. Arbeitsräume*

Flottillenchef, Kaptlt. beim Stabe, Adjutant, Schriftoffizier, Stützpunktoffizier, Flottilleningenieur, 2. Flottilleningenieur, 3. Flottilleningenieur, Arzt, 2. Arzt, Flottillenverwaltungsoffizier, 2. Flottillenverwaltungsoffizier, 3. Flottillenverwaltungsoffizier, 4. Flottillenverwaltungsoffizier, Offene Registratur, Geheim-Registratur, Bücherei für Dienstvorschriften, Maschinen-Schreibstube, Maschinen-Bücherei.

Arbeitsräume für U-Boot-Wachoffiziere (2 Räume), Schreibstube für Arzt, Behandlungszimmer, Apotheke, Krankenstube, Verwalter 2 Räume, Besoldungs-Schiffskasse 2 Räume, Buchungsrate-Schiffskasse, Registratur-Schiffskasse, Materialienraum-Schiffskasse, Wachtmeisterei, Raum für Flottillensteuermann, Raum für Proviantmeister, Raum für Postordonnanz, Raum für Art.-Mechaniker und Feuerwerker 1 Raum, Raum für Torpedo-Mechaniker.

2. Nebenräume

Artilleriemechanikerwerkstatt, Zimmermeisterwerkstatt, Torpedomechanikerwerkstatt, Aktenraum für Adjutanten, Fernschreibraum, Filmvorführungsraum, Kantinenraum, 30 Bootslasten, 20 Arrestzellen, Garage, Kleiderkammer, evtl. Taucherfahrzeug.«

Ein solcher Schilderbaum war für jeden Soldaten ein Symbol der Besetzung eines eroberten Landes. Dieser stand in La Baule, dem französischen Seebad nahe dem Hafen St. Nazaire. Hier hatten U-Boot-Flottillen ihre ›Weiden‹.

»... Wir sind in den Krieg mit einer ganz kleinen U-Boot-Waffe hineingetreten, nachdem der Engländer ja in richtiger Erkenntnis: Was kann mir mal von den Deutschen wieder gefährlich werden? ausgesprochen und allein das U-Boot verboten hat im Schandvertrag von 1918. Wir haben dann am Kriegsbeginn eine ganz große U-Boot-Waffe gebaut, die natürlich Zeit brauchte, um anzulaufen...« So Dönitz am 8. Oktober 1943

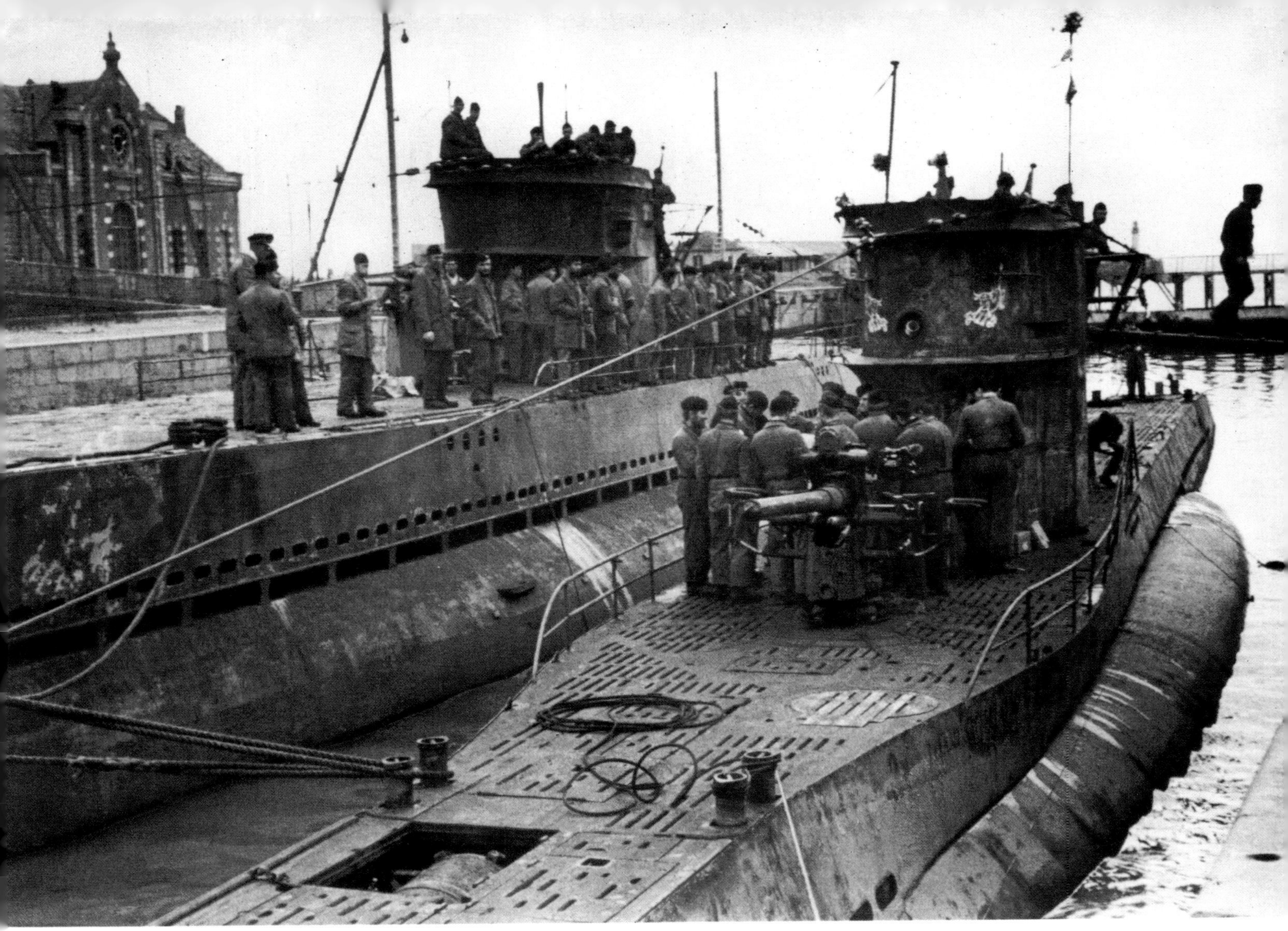

Um die Kampfboote noch länger am Feind zu halten, wurden sie von großen U-Boot-Tankern – 1688 t über Wasser, 2300 t getaucht – in der Weite des Atlantik mit Treibstoff, Torpedos und Proviant versorgt. Diese Boote dienten auch als schwimmende Werkstätten. Jede der ›Seekühe‹ konnte 432 Tonnen Dieselöl an Kampfboote abgeben.
Von diesem Typ XIV gab es insgesamt zehn Boote. Das Bild ihrer Rückkehr wurde nicht oft geboten: Sie wurden allesamt kurz hintereinander versenkt. Zu plump und beim Tauchen zu langsam, waren sie eine leichte Beute für Flugzeuge. Meist wurden sie direkt bei der Versorgung überrascht. Beim Stilliegen konnten sie nicht ›dynamisch‹ tauchen, das heißt, sie konnten nicht mit Hilfe von Fahrt und Tiefenrudern schnell auf Tiefe gehen.
St. Nazaire war der Einsatzhafen der 6. und der 7. U-Boot-Flottille. Anders als die Naturhäfen Brest und Lorient ist der Hafen St. Nazaire (wie auch La Pallice) ein Schleusenhafen: Der stets gleich hohe Wasserstand in den Hafenbecken wird durch Schleusenanlagen gewährleistet. Sie sind besonders allergische Stellen im Hafensystem.

Ein VII C-Boot und eine ›Milchkuh‹ (ein großes Tanker-U-Boot vom Typ XIV) beim Einschleusen in St. Nazaire. Am Turm des VII C-Boots das Zeichen der 7. U-Boot-Flottille, der Stier von Scapa Flow.

Die Schleusen, in denen die U-Boote beim Ein- und Auslaufen genauso ungeschützt festlagen wie in den offenen Docks, waren bevorzugte Ziele der Royal Air Force. Getroffen wurden aber nicht sie, sondern die Wohnviertel ringsum. Gegen Endes des Krieges war die Stadt St. Nazaire durch die Luftangriffe der Alliierten auf Werften und Schleusen zu einem Trümmerhaufen geworden. Ihre 46 000 Einwohner waren in alle Winde geflüchtet.

Da sie die Schleusen mit Bomben nicht trafen, entschlossen sich die Engländer zu ihrem Raid auf St. Nazaire, über den wir damals nur mit Worten wie ›aberwitzig‹ und ›völlig verrückt!‹ staunen konnten. Sie verfolgten dabei zwei Ziele: den U-Boot-Stützpunkt lahmzulegen und das Eindocken des Schlachtschiffes ›Tirpitz‹ in der großen Schleuse, der ›Normandieschleuse‹, die zugleich als riesiges Dock dienen konnte, zu verhindern. Der Raid der Engländer hatte indessen nur einen Viertelerfolg: Das von ihrem Zerstörer ›Campbeltown‹ gerammte Schleusentor konnte schnell wiederhergestellt werden – ungehindert liefen deutsche U-Boote wieder aus dem Hafen von St. Nazaire aus und kehrten nach der Feindfahrt in den Stützpunkt zurück. Um ein Haar wäre es den Engländern freilich geglückt, die Elite der deutschen U-Boot-Kommandanten mit einem Schlag umzubringen: Kurz ehe die in dem englischen Zerstörer verborgene Sprengladung in die Luft ging, waren sie alle – neugierig wie Touristen und in blütenweißen Ausgehuniformen – über der Sprengladung auf dem Deck herumspaziert.
Erst gegen Ende des Krieges begann man die Schleusen zu verbunkern.

Flottillenrituale

Die Unterseeboote, die von Feindfahrt in den Stützpunkt St. Nazaire zurückkommen, machen, wenn nicht gerade Hochwasser ist, in der Schleuse fest.
In ihrem typischen ›U-Boot-Päckchen‹, grauem Lederzeug, oder im grauen Arbeitszeug stehen die Männer an Oberdeck. Viele sind das erstemal wieder in frischer Luft. An ihren unsicheren Schritten, den linkischen Bewegungen sieht man, daß sie sich noch nicht zurechtfinden. Hohlwangig, bärtig, mit fiebrig glänzenden Augen nehmen sie verlegen das Empfangszeremoniell hin. Der Kommandant bekommt von ›Blitzmädchen‹ oder von ›Karbolmäuschen‹ ganze Arme voller Blumen und posiert für den Fotografen.

Der Flottillenchef hat für die U-Boot-Offiziere in einem Landschlößchen ein Fest gerichtet. Noch in der stilisierten Lässigkeit zeigt sich das Korsett des Komments. Die Besatzung hat es da einfacher: Nach ein paar Flaschen Bier herrscht ›Jubel, Trubel, Heiterkeit‹.

Später in der Messe löst der erste Umtrunk die Zunge des Kommandanten: »Über siebenhundert Seemeilen auf einen Geleitzug zu operieren – das ist schon ne Sache! Und immer Schlechtwetter. Einmal kam ein Zerstörer direkt auf uns zu. Spitze Silhouette. Wir dachten schon: Wieder mal aus und fini – aber der hatte uns gar nicht gesehen. Und dann da oben – die grauen Nächte. Käsegesichter wie bei Mondlicht – war aber gar kein Mond da: Nordlicht! – Dann haben wir nen einzelfahrenden Tanker erwischt. Ich dachte schon an Pistolenversager – aber dann das Gebrülle auf der Brücke! Die Flamme blowte mindestens hundert Meter hoch – von weiß bis dunkelrot – ein Riesenpilz! Der Dampfer sah aus wie Eisen in der Schmiede. Unheimlich, wenn so ein Zehntausendtonner in die Luft fliegt. Das Blut bleibt einem in den Adern stocken. Da möchte ich nicht an Bord sein. Na, vielleicht ist es sogar besser so. Da ist es doch mit einem Schlag aus!«

Karl Dönitz, der Befehlshaber der Unterseeboote, später Großadmiral und noch später Nachfolger des ›Führers‹, das letzte Staatsoberhaupt des ›Großdeutschen Reichs‹ – hier im ›Sardinenschlößchen‹ Kernével nahe Lorient, wo der BdU-Stab eine Zeitlang untergebracht war.

Für den Nachschub an ›Menschenmaterial‹ sorgten die Schulflottillen in der Ostsee. Als Schulboote dienten die sogenannten ›Einbäume‹ (links). Sie hatten sich vor allem bei Mineneinsätzen gegen englische Häfen bewährt. Gegen Ende 1939 wurden sie an die U-Boot-Schulen gegeben.
Im Verlauf des Kriegs blutete die U-Boot-Waffe so schnell aus, daß die Besatzungen immer jünger wurden. Dönitz äußerte sich dazu am 8. Oktober 1943:
»... Wir werden die große Zahl der U-Boote mit sehr viel jungen Menschen besetzen müssen. Die Jugend ist kein Fehler, wenn ein Kerl dahinter ist. Sie ist unbeschwert, sie ist gesund. Aber um so gründlicher muß die Ausbildung sein und um so wertvoller ist, daß wir möglichst wertvolles Menschenmaterial in die Kriegsmarine hineinkriegen.«

Vergeltung gegen Vergeltung

»Der Führer hat angeordnet, daß der Luftkrieg gegen England in erhöhtem Maße angriffsweise zu führen ist. Hierbei sollen solche Ziele im Vordergrund stehen, deren Bekämpfung möglichst empfindliche Rückwirkungen auf das öffentliche Leben mit sich bringt. Neben der Bekämpfung von Hafen- und Industrieanlagen sind hierzu auch im Rahmen der Vergeltung Terrorangriffe gegen Städte außer London durchzuführen...«
Wehrmachtführungsstab vom 14. April 1942

»Unersetzliche Kulturwerke werden vernichtet, wie sie in keinem Kriege seit dem Dreißigjährigen Kriege in annähernd gleichem Umfang in keinem Kriege zu verzeichnen gewesen sind. Was hierdurch erreicht wird, muß sich in einem unergründlichen Haß von Volk zu Volk auswirken und zwangsmäßig zu einer Verschärfung in der Anwendung aller Kriegsmittel und damit zu Wertzerstörung in Europa führen, die vom Standpunkt der abendländischen Kultur aus sehr zu bedauern sind. Für die Kriegführung selbst kann dies jedoch keine Rolle spielen, und es bleibt nichts übrig, als Gleiches mit Gleichem zu vergelten.«
Kriegstagebuch des Marinegruppenkommandos Nord vom 26. April 1942

Von der Royal Air Force tot gebombte französische Stadt.

Toter britischer Pilot auf französischem Boden.

NNT
82877

Da die Alliierten nicht über Sturzkampfbomber mit erhöhter Zielgenauigkeit verfügten, zerstörten sie ganze Ortschaften, wenn sie Brücken meinten, ausgedehnte Wohnviertel, wenn Hafenanlagen Bombenziel waren.

Während die See die Spuren des Kampfes sofort tilgt, bleiben auf dem Land die Bilder der Zerstörung bewahrt: links die Reste eines von Flugzeugbomben getroffenen Munitionszugs, rechts ein deutsches Schnellboot nach Bombenvolltreffer. Darunter eine abgeschossene deutsche Maschine.

In geschlossener Formation greifen Boeing-Bomber den Stützpunkt an. Ihre Piloten wissen nicht, daß Marineflak mit hochtragenden Geschützen die Heeresflak abgelöst hat. So fliegen sie in ihrer gewohnten Flughöhe an – direkt ins Verderben. Die Marineflak erzielt in kurzer Zeit sechs Treffer. Am Himmel dunkelgraue Sprengwolken, weiße Fallschirme und dazwischen abmontierte Tragflächen, die wie Papierstücke herunterregnen – harmlos, bis man ihr böses Sausen hört. Viel zu wenig Fallschirme. Von einigen Maschinen lösen sich gar keine. Ein Mann stürzt durch, ohne daß sich sein Fallschirm öffnet.

Aus einem Boeing-Bomber, der brennend in ein Kiefernwäldchen gestürzt ist, haben Landser, obwohl die MG-Munition prasselnd hochgeht, den Piloten herausgezerrt – aber diesen zerschlagenen Körper kann kein Arzt mehr zusammenflicken.

Die U-Boote verkriechen sich

Die U-Boote, die nach harten Feindfahrten zur Reparatur in die Trockendocks mußten, waren bei Luftangriffen auf die Stützpunkthäfen besonders gefährdet. Sie waren es, die immer neue Bomberflotten über die Häfen lockten. Auf Pallen mit ihren breiten Kielen aufsitzend, rechts und links von Seitenhölzern gegen die Dockwände abgestützt, waren sie während der Werftzeit hilflos wie aufs Land geworfene Fische.
Da uns die Flugzeuge fehlen, um die Bomberflotten der Alliierten offensiv zu bekämpfen, werden für die äußerst verletzlichen Boote Schutzhöhlen gebaut: die U-Boot-Bunker. Baustellen von gigantischen Ausmaßen entstehen. Wahre Termitenheere von Arbeitern werden zum Bau dieser Bunker aufgeboten.
Noch heute ist es schwer erklärlich, daß die Alliierten diese Bunker nicht während des Baues angegriffen haben, obwohl es damals leicht gewesen wäre, sie zu zerstören, sondern sie erst zum Ziel ihrer Bomben machten, als die mit besonders starker Eisenbewehrung versehenen Betondecken von schließlich acht bis zehn Meter Dicke bis zum letzten Kriegsjahr standhielten. Bis Ende 1944 wurde kein einziges U-Boot mehr im Hafen durch Bomben beschädigt. Erst zu allerletzt gelang es den Briten, die Decke des Brester Bunkers an einer Stelle mit Superbomben zu durchschlagen.
In einem Bericht der Kriegsmarinewerft Lorient vom September 1942 heißt es:
»Die U-Boot-Bunker und ihre nähere Umgebung waren im vergangenen Jahre größeren Bombenangriffen ausgesetzt. Sie haben dabei bewiesen, daß auch Bomben bis zu 1000 kg Gewicht, die auf die Decke fallen, ihnen nichts anhaben können. Als unbedingt richtig hat sich die Anbringung eines Wellbleches an der Deckenunterseite gezeigt, weil ohne dieses der Beton trotz Bewehrung ausbröckelt. Die Panzertore der Land- und Seeseite waren noch keinen Belastungsproben ausgesetzt. Die Wirkung der Bomben auf die Umgebung der Bunker hat dazu geführt, daß es notwendig werden wird, auch Zusatzeinrichtungen, wie z.B. Speiseräume, Großküchen, Büros usw. bombensicher unterzubringen. Nach früherer Auffassung war Bunkerraum für solche Anlagen zu kostbar. Diese Ansicht hat sich als falsch erwiesen. Ereignisse der letzten Zeit haben mich veranlaßt, in Lorient die Planung eines auch als Flakturm zu verwendenden Zusatzbunkers, in St. Nazaire die Planung einer entsprechenden Vergrößerung des bombensicheren Heizhauses vorzusehen. Falls die Vermehrung von geschützten Liegeplätzen – auch für Lorient und Brest – angeordnet werden sollte, so muß ich die grundsätzliche Forderung stellen, daß die Bunker etwa 3 bis 3,5 m höher gebaut werden müssen, um durch Einziehen einer Decke den nötigen geschützten Raum für Arbeiter, alle sanitären Einrichtungen und alle Zusatzbauten zu gewinnen, denn ich bin nach wie vor – wie oft betont – gegen jede *un*geschützte U-Boot-Instandsetzung. Eine im luftgefährdeten Raum arbeitende Werft muß im ›Klarschiffzustand‹ sein, d.h., kein Mann ›an Deck‹ zu sehen.«

Ein Mann der Organisation Todt in der Konfrontation mit französischen Bauarbeitern.
Die Bunker wurden von importierten deutschen Arbeiterheeren und zwangsverpflichteten französischen Arbeitern gebaut.

Eine halbfertige Stützwand und die riesige Baugrube des U-Boot-Bunkers St. Nazaire.

Der gewaltige Bunker erstreckt sich so sehr in die Breite, daß seine Höhe, obwohl er alle Häuser ringsum überragt, das Auge kaum beeindruckt. Die einzige Gliederung schafft die vorgekragte Betondecke, die mit ihrem Gewicht die dicken Mauern in die Erde zurückzudrücken scheint. Das ganze wirkt wie das Fundament für einen Bau, der in den Himmel reichen soll.

Nicht nur die Boote, auch die Werkstätten, die für die Reparatur der zurückgekehrten Boote gebraucht werden, verkriechen sich nach und nach unter Beton, bis sich eine komplette Werft mit all ihren komplizierten Anlagen im sicheren Schutz der dicken Betondecke eingerichtet hat.

Auf dem Fangedamm, hinter dem die Baugrube zur Erweiterung des Bunkers ausgeschachtet wird, liegen Riesenstapel von rostroten Spunteisen bereit. Ein Goliath-Kran nimmt ein ganzes Bündel Spunte auf einmal an den Haken. Andere werden schon von gewaltigen Dampframmen, einer neben dem anderen, in den Boden gewuchtet – in ringförmiger Anordnung, so daß schließlich ein riesiger Topf entsteht. In einen schon fertigen Topf wird durch schenkeldicke Spülrohre Sand von Prähmen gespült, den die Bagger weiter draußen aus der Flußmündung hochgeschaufelt haben.
Vom Goliath-Kran aus sehen die im Halbbogen aneinandergereihten Spunttöpfe wie Perlen einer Kette aus. Mit simplen Spuntwänden wäre hier nichts zu machen: Der Druck des Hafenwassers ist allzu groß. Mächtige Betonpumpen drücken flüssigen Beton aufs Bunkerdach: Gemäß Führerbefehl sollen alle Bunkerdächer nochmals verdickt werden. Der Biegeplatz für die Moniereisen sieht aus wie ein riesiges Waffenarsenal für Lanzenreiter.

Das Kampfboot VII C

Das VII C-Boot war 67 Meter lang. Sein größter Durchmesser sechs Meter. Die beiden Dieselmotoren leisteten 2800 PS. Der Ölvorrat für die Diesel betrug 180 Tonnen. 14 Torpedos oder 22 TMC- oder 44 TMA- oder 60 TMB-Minen konnten in den Torpedorohren und im Bootsinnern verstaut werden.
Seine Tauchfähigkeit macht das Unterseeboot auch als Minenträger zu einer wirkungsvollen Waffe. U-Boote können sich auch am Tage ungesehen bis vor die feindliche Küste schleichen, die Stellen ausmachen, an denen sich der Verkehr des Feindes bündelt und dort ihre Minen placieren. Die eigentliche Waffe des U-Boots aber ist der Torpedo. Beweglichkeit, Tauch- und Tiefensteuereigenschaften des Boots – alles dient dem Torpedoangriff, selbst die kleine Silhouette, die das Boot auf der Überwasserfahrt in der Dämmerung oder nachts fast unsichtbar macht.
In Verbindung mit dem Torpedo wird von ›Schießen‹ gesprochen. Man sagt: ›Der Torpedo wird geschossen‹, ›ein Boot hat sich verschossen‹. In Wirklichkeit ist der Torpedo aber kein Geschoß. Er wird nicht mit Explosivkraft, sondern mit Preßluft aus dem Rohr gestoßen. Mit Motor, Schraube und Ruder versehen, ist der Torpedo selbst ein hochentwickeltes Unterseeschiff, das unbemannt seinen Kurs dicht unter der Oberfläche nimmt. Seine Fracht ist die Sprengstoffladung.

Vom Typ VII C wurden über 650 Boote abgeliefert; vom Typ VII insgesamt wurden 691 Boote gebaut.
Die Wasserverdrängung des Boots betrug aufgetaucht 761 Tonnen, getaucht 865 Tonnen. Der Fahrbereich war außerordentlich groß, nämlich 8850 Seemeilen bei 10 Knoten Fahrt über Wasser, 6500 Seemeilen bei 12 Knoten Fahrt über Wasser. Unter Wasser betrug er nur 80 Seemeilen bei 4 Knoten Fahrt.
Die Höchstgeschwindigkeit war 17,3 Knoten über Wasser, 7,6 Knoten unter Wasser. Aber bei Höchstfahrt erschöpften die Elektromotoren die in den Batterien gespeicherte Kraft sehr schnell, wie überhaupt für diese Boote die Gefahr, von Verfolgern ›ausgehungert‹ zu werden, groß war. Daten über die Batteriekapazität wurden vermieden, da die Leistungen der Batterie nach Pflegezustand und Lebensalter (wie bei der Autobatterie) zu unterschiedlich waren. Unter Wasser konnte ein VII C-Boot mit einer Maschine kleine Fahrt gut 3 Tage fahren, mit beiden Maschinen äußerste Kraft nur zirka 1 Stunde. Wenn der ›Batteriesaft‹ zu Ende ging, mußte das Boot unweigerlich auftauchen, es konnte sich nicht statisch, sondern nur dynamisch, also mit der Wirkung seiner Schrauben und Tiefenruder in einer bestimmten Tiefe halten.

Die Boote vom Typ VII waren, obwohl im Verlauf des Krieges veraltet, wahre Wunderwerke der Schiffbaukunst und Waffentechnik. Der Druckkörper umschloß ein verwirrendes Konglomerat von komplizierten Maschinen: Diesel- und Elektromaschinen, Taucheinrichtungen und die Anlagen der Torpedowaffe.
Welcher Aufwand an Arbeitsleistung und Material nötig war, um ein solches

Deutlich sind bei diesem eingedockten VII C-Boot unter der scharfen Schneide des Bugs Ankerklüse, Flutschlitze und die ein wenig geöffnete Mündungsklappe des steuerbord oberen Torpedorohrs zu erkennen. Die vorderen Tiefenruder stehen wie Flossen ab. Hinter dem Turm ist ein. Stück vom ›Wintergarten‹, der mit einer Reling versehenen Flakplattform, sichtbar. Der Peilrahmen und das Luftzielsehrohr sind ausgefahren.

Schiff zu bauen, zeigen Angaben des Amts für Kriegsschiffbau (23. 7. 1941): »Für die Ablieferung eines U-Bootes werden je Monat etwa 2400 Arbeiter benötigt, für 21 Boote demnach 50400. Die Instandsetzung eines fertigen U-Boots erfordert mindestens 70, im Höchstfall 100 Arbeiter. Der nachstehenden Berechnung sind daher 85 Köpfe im Mittel zu Grunde gelegt. Für die Instandsetzung von 300 Frontbooten (davon 150 jeweils in Reparatur) werden somit 85mal 150 = 12750 Arbeiter auf den Werften gebraucht. Dazu kommen die für die Instandsetzungs- und Restarbeiten an jeweils 63 (3 mal 21) in der Erprobung und in der Frontausbildung befindlichen Neubau- und etwa 65 Schul-U-Booten notwendigen Arbeiter. Die Zahl der sich aus diesen zuzüglich ergebenden Reparaturboote wird überschlägig auf laufend 30 U-Boote geschätzt, für die weitere 2550 Arbeiter erforderlich sind. Es ergibt sich demnach ein Gesamtbedarf von 50400 + 12750 + 2550 = 65700 Arbeitern. Diese Zahl ist verhältnismäßig gering, wenn man berücksichtigt, daß nach den Angaben von M Wa Wi (Marine-Waffenamt) heute bereits rund 136000 Arbeiter, davon mehr als 70% Facharbeiter, auf den für die Kriegsmarine arbeitenden Werften des In- und Auslandes (ausgenommen die S- und R-Bootswerften) beschäftigt sind, ferner daß die Zahl der in Reparatur befindlichen U-Boote heute die Zahl von 60 (was einem Bedarf von nur 5100 Köpfen entspricht) kaum erreicht haben dürfte, der Gesamtbedarf an Arbeitern sich daher heute erst auf 55500 beläuft. Mithin stehen noch 80500 Köpfe für die sonstigen Werftaufgaben zur Verfügung. Skl.-U. (Seekriegsleitung Abteilung U-Bootwesen) steht daher auf dem Standpunkt, daß in Anbetracht der Vordringlichkeit der Durchführung des U-Boot-Neubauprogramms mit dem Ziel der schnellstmöglichen Vernichtung des englischen Zuführungsverkehrs, bei der das U-Boot heute noch die entscheidende Rolle spielt und sie d. E. auch weiter spielen muß, die hierfür erforderlichen Arbeitskräfte unter allen Umständen bereitgestellt werden müssen, zudem die materiellen und werftmäßigen Voraussetzungen für den Bau von monatlich 24–25 U-Booten ohne weiteres gegeben sind. Falls die 80500 Arbeiter zuzüglich der noch anfallenden Arbeitskräfte, die in gewisser – wenn auch nicht ausreichender – Höhe auch trotz der vorliegenden erheblichen Schwierigkeiten immer noch laufend verfügbar gemacht werden konnten (rund 30000 ab Januar 1940 bis Juni 1941) und voraussichtlich auch weiterhin bereitgestellt werden können, für die sonstigen Aufgaben der Werften nicht ausreichen, müssen d. E. zunächst dort Ausgleichsmaßnahmen und Abstriche vorgenommen werden, bis es gelingt, auch diese Bedürfnisse voll zu befriedigen.
Skl.-U. hat es als zuständige Stelle für die Sicherstellung der Durchführung des U-Boot-Programms für seine Pflicht gehalten, eindeutig darzulegen, wohin jede weitere – besonders eine so weitgehende, wie von K (Amt für Kriegsschiffbau) gemeldete – Einschränkung der U-Boot-Neubautätigkeit führen muß. Eine solche kann daher nicht in Kauf genommen werden. Sie wäre gleichbedeutend mit einem Verzicht auf das U-Boot als Hauptkampfmittel im Kampfe gegen die englische Zufuhr, wenn nicht auf die Wirksamkeit des U-Bootkriegs überhaupt.«

Räume im eigentlichen Sinn gibt es im U-Boot nicht. Es gibt nicht einmal die auf Schiffen übliche Trennung von Last-, Maschinen- und Wohnräumen.

Im Innern gleicht das U-Boot eher einem D-Zug-Waggon mit Mittelgang und einzelnen offenen Abteilen rechts und links davon. Auch durch die ›Offiziersmesse‹ geht zu jeder Zeit der Verkehr. Alle abgelösten und neu aufziehenden Wachen müssen sich an der seitlich aus dem Mittelgang versetzten Back der ›Schiffsführung‹ vorbeizwängen. Das Sofa mit drei Eßplätzen für den Kommandanten, den Leitenden Ingenieur und einen Wachoffizier ist eigentlich die Koje des Leitenden. Sie wird nur untertags auf diese Weise zweckentfremdet. Alle Schreibarbeiten werden auf der gleichen Back, von der auch gegessen wird, erledigt. Auch die Ver- und Entschlüsselung von Funksprüchen geschieht hier.
Der ›Kommandantenraum‹ ist nicht mehr als eine schmale Nische, nur durch einen grünen Vorhang vom Mittelgang getrennt. Diese Nische ist zugleich auch ›Büro‹. Hier schreibt der Kommandant Kriegstagebuch.
Sogar noch in die Rückenlehnen sind Spinde eingebaut, damit ja kein Kubikzentimeter ungenützt bleibt. Und wenn man eine Spindtür öffnet, bieten sich weißlackierte Rohre und Kabelleitungen dem Blick, und man stellt fest, daß das bißchen feingemaserte Holz nur Camouflage technischer Einrichtungen ist, mit der die Illusion geweckt werden soll, die Konstrukteure hätten beim Entwerfen des Schiffs auch an menschliche Bedürfnisse gedacht. In Wirklichkeit ist das Ganze nichts anderes als ein mit Maschinen und Waffen vollgestopfter Stahlzylinder. Alles was nicht aus Stahl oder Eisen ist, wirkt hier fehl am Platz.
Menschliche Bedürfnisse: Für fünfzig Leute gibt es ein einziges Klo. Ein zweites, dessen Schott sich direkt in die Kombüse öffnet, ist zwar eingebaut, wird aber als Proviantlast gefahren, um dem Boot noch ein bißchen mehr Seeausdauer zu geben. Und das einzige Klo ist nicht einmal immer benutzbar: bei Tauchfahrt nicht unter 25 Metern Tiefe, aber auch bis auf 25 Meter ist es ein Kunststück, mit der komplizierten Maschinerie zurechtzukommen.

Meine Koje ist im U-Raum – oben an Steuerbordseite des Ganges von der Zentrale nach achtern zu Kombüse, Dieselraum und E-Maschinenraum. Wenn die Schotts nach achtern offenstehen, kommt der Maschinengestank herein. Es gibt keine Bulleyes, keine Skylights zum Entlüften.
Zu beiden Seiten des Ganges sind je vier Kojen eingebaut. Eine festgeschraubte Back steht mitten im Gang. Ihre Platte kann rechts und links heruntergeklappt werden, damit Leute den Raum passieren können. Gegen die Zentrale hin schließt ein druckfestes Kugelschott den Raum ab. Würste und Rauchfleischstücke hängen zwischen Leder- und Ölzeug rings um die Schottöffnung wie die liederliche Dekoration eines Fleischerschaufensters. Unter der Decke führen in dicken Bündeln Leitungen und Rohre hin. Wenn man eine Spindtür öffnet, erlebt man dasselbe wie in der O-Messe: auch hier Rohre, Leitungen, Ventile.
Unter den Bodenplatten des U-Raums sind die Zellen der Batterie II, des Kraftspeichers der Maschine für die Unterwasserfahrt, dazu Treibölbunker, Schmutz- und Trinkwasserzellen. In allen ›Räumen‹ steht man etwa auf halber Höhe des Druckkörpers.
Wenn ich auf meiner Koje liege und gegen die Rundung der Druckkörperröhre starre, schwindet die Vorstellung vom Tiefseefisch, dem das Boot im Dock glich. Einem Fisch gibt ein Grätengerüst Halt. Etwas Vergleichbares

gibt es hier nicht. Ich lebe eher wie ein Jonas in einem riesigen Muscheltier, das seine verletzlichen Organe mit einem Panzer umschlossen hält.
In meinem Spind könnte man allenfalls eine Aktentasche verstauen. Die Spinde können so winzig sein, weil während der Hafenzeit keiner an Bord wohnt. Auch hierdurch unterscheidet sich das U-Boot von anderen Schiffen: Es bietet der Besatzung keine Heimstatt. Ganz und gar Kampfmaschine, läßt es nur soviel Raum, daß die Leute gerade vegetieren und die notwendigen Tätigkeiten vollführen können. Die Würste, die auch in der Zentrale zwischen Rohrleitungen von der Decke baumeln, sind karnevaleske Symbole für die in dieser Kampfmaschine deplacierte menschliche Existenz.

Die U-Boote des Zweiten Weltkriegs waren fast bis zu dessen Ende, genauso wie die U-Boote des Ersten Weltkriegs – so befremdlich das auch klingen mag – Überwasserschiffe. Eigentlich müßten sie – abgesehen von den späteren Schnorchelbooten – ›Tauchboote‹ heißen: Sie tauchten nur zum Unterwasserangriff, um verfolgenden Zerstörern oder Korvetten zu entkommen, bei sehr schwerem Wetter, und wenn die Sichtbedingungen so schlecht waren, daß Gegner besser mit dem Horchgerät zu orten als zu sehen waren. Bezeichnend für das wahre Wesen der U-Boote der beiden Weltkriege ist, daß ein tägliches Prüfungstauchen durchgeführt werden mußte, um sicherzustellen, daß ›im Notfall‹ das Boot überhaupt tauchklar war – es ›marschierte‹ und operierte *über* Wasser.
Auch das über Wasser fahrende U-Boot war bei bewegter See für den Gegner kaum zu erkennen: Es ragte nur wenig über die Oberfläche und hatte, wenn es nicht gerade auf parallelem Kurs zum Beobachter lief, keine auffällige Silhouette.
Der Nachteil daraus war seine geringe Ausguckhöhe und der dadurch bedingte enge Gesichtskreis. U-Boote brauchen im Grunde ein ›fremdes‹ Auge – also Flugzeuge, von denen aus größere Seeräume zu überblicken sind. Daß es im Mittelatlantik nicht zu kombinierten Einsätzen von U-Booten und Seefernaufklärern kommen konnte, weil die Deutschen außer den von Bordeaux aus startenden Condor-Maschinen gar keine weittragenden Viermotorigen besaßen, ist eine der Ursachen der letztlichen Niederlage der deutschen U-Boote.
Vom Typ VII wurden nicht weniger als 691 Boote gebaut. Das dürfte der größte Kriegsschiffs-Serienbau aller Zeiten sein. Die Führung setzte entschieden auf massierten Einsatz eines bewährten Typs, statt Neuentwicklungen zu wagen. Das mag anfangs im Sinne der Dönitzschen Rudeltaktik seine Vorteile gehabt haben – im Verlauf des Kriegs erwies sich diese Art von Rüstungspolitik als verhängnisvoll: Bis zum Ende des Zweiten Weltkriegs mußten die deutschen Besatzungen mit Booten zur See fahren, die spartanisch wie bei keiner anderen Marine der Welt ausgerüstet waren und sich in Konstruktion und Waffen kaum von denen des Ersten Weltkriegs unterschieden. Auf die Fortentwicklung beim Gegner wurde die Antwort viel zu spät gefunden. Trotzdem wurde am 11. Juli 1941 ins KTB der Seekriegsleitung notiert: »... BdU weist darauf hin, daß die vorhandenen U-Boot-Typen in jeder Beziehung als sehr glückliche Konstruktionen anzusehen sind, die keinerlei Kritik aus der Front hervorrufen. Marine kann mit den vorhandenen Typen voll zufrieden sein ...«

Einzelne Boxen im U-Boot-Bunker sind so konstruiert, daß sie ausgepumpt und als Trockendocks verwendet werden können. Im Bunkerdock sieht das Boot aus wie ein riesiger an Land geworfener Wal aus der Vorzeit. Seinem Element entrissen, zeigt es seine Formen: die scharfe Bugschneide, den rund ausladenden Schiffsbauch – die Wölbungen der Tauchzellen – die Flossen der Tiefenruder und die Mündungen der Torpedorohre. Von der eigentlichen Form des Bootes, dem sich nach hinten und vorn verjüngenden zylindrischen Druckkörper, ist nichts zu sehen. Weil dieser Zylinder für Überwasserfahrt schlecht geeignet wäre, ist er von einer der Form normaler Schiffe ähnelnden zweiten Hülle umbaut, die ein schmales Oberdeck trägt. Diese Umbauten sind nicht druckfest. Deshalb sind sie von zahlreichen Flutschlitzen durchbrochen, durch die das Wasser in die Räume zwischen dem eigentlichen Druckkörper und der Außenhaut dringen kann. So wird verhindert, daß die für die Überwasserfahrt notwendige Verkleidung bei Unterwasserfahrt Schaden nimmt.

Für die Werftreparatur von 150 Booten wurden nach einem Bericht des Amts für Kriegsschiffbau 12750 Arbeiter auf den Werften benötigt.
Da außer dem deutschen Werftpersonal auch französische Werftspezialisten und im ganzen Hafenbetrieb Tausende französischer Arbeiter gebraucht wurden, war es dem Gegner ein leichtes, sich über die Anzahl der in den Docks und Schwimmboxen liegenden Boote und die Aus- und Einlaufdaten genau zu informieren. (Das Boot selbst hatte für die Engländer keine Geheimnisse mehr: Bereits 1941 wurde U-Lemp, nachdem der Kommandant gefallen war, von seiner Besatzung verlassen, in der Annahme, daß das Boot sinken würde. Die Übernahme des Bootes durch ein britisches Kommando wurde bis Ende des Krieges geheimgehalten.) Das ins Schlepptau genommene Boot ließ sich nicht halten. Es sank schließlich doch. Den britischen Seeleuten gelang es aber, die für den Gegner äußerst wichtigen Geheimsachen abzubergen und das geheimzuhalten.

Zwischen den glitschigen Wänden der Bunkerdocks reparieren deutsche Werftarbeiter von kleinen Arbeitsbühnen aus die Boote, die hart mitgenommen von Feindfahrt zurückkommen.

In welchem Ausmaß die besiegten Franzosen ihren Tribut zur Seegeltung ihrer deutschen Okkupanten – offiziell hieß das ›Zusammenarbeit‹ – leisten mußten, zeigt eine Vortragsnotiz der Operationsabteilung Marine im Wehrmachtsführungsstab vom 4. Februar 1944:
»Kriegsmarine weit mehr als beide anderen Wehrmachtteile angewiesen auf Zusammenarbeit. Allein auf 4 Arsenalen (Brest, Cherbourg, Lorient, Toulon) mitarbeiten 93 franz. Offz., ca. 3000 Soldaten, 160 höhere, 680 gehobene Baubeamte und 25000 Arbeiter. Schlepper, Schwimmkräne, Netzsperren, Docks, Kraftwerke, Fahrzeuge aller Art werden von diesem Personal bedient. Nachschub, Art.-Betriebe stützen sich im wesentlichen, Überwasserschiffsreparatur 100prozentig auf franz. Mitarbeit …«
Es war kein Wunder, daß die Kommandanten, wenn sich schwer erklärliche und oft für die Besatzung lebensgefährdende Schäden an den Booten zeigten, an Sabotage dachten, die ›Wuhling‹ auf den Stützpunktwerften verfluchten und ihre Flottillenchefs mit ihren Sorgen alarmierten.

Zwei U-Boote in einer Schwimmbox des Bunkers von St. Nazaire. Rechts ein normales Kampfboot vom Typ VII C, links eine ›Seekuh‹.

Ausrüsten zur Feindfahrt

Die Torpedoübernahme ist der schwierigste Teil. Vierzehn Stück der 1,6 t schweren ›Aale‹ müssen in die Rohre, die Oberdeckstuben oder auf den Boden des Bugraums. Dazu wird das Boot an der Ausrüstungspier verholt. Für die ›Torpedofritzen‹ heißt es jetzt hart anpacken.

Ich bin im Bugraum. Hier sieht es aus wie in einer Höhlenwerkstatt: Ladeschienen an den Decken, von denen silbern blinkende Ketten von Flaschenzügen herabhängen, an den Wänden die hochgeklappten Matratzen der Kojen. Nicht auszudenken, daß hier bald vierundzwanzig Leute für die lange Dauer einer Feindfahrt wohnen sollen. Ich muß aufpassen, daß ich mit dem Kopf nicht anstoße.
Die Bodenverschlüsse der Rohre sind offen. Von oben fällt blaugraues Tageslicht durchs Torpedoübernahmeluk. Ich höre: »Fier weg!« – »Gib Lose! – Verdammt noch mal – gib endlich Lose!«
Der Torpedomechanikersmaat neben mir ruft nach oben: »Aal kann kommen!« Der blaugraue Mond des Luks wird zum umgekippten Halbmond. Langsam gleitet der Aal auf der Lademulde herunter. Von oben kommt kein Licht mehr. »Langsam!« – »Fest!« – »Den Stopper weg!« wird gebrüllt. Und weiter: »Fier weg!« – »Langsam, sag ich, Gottverdammichnochmal!«

Der Torpedo wirkt, so schräg im Raum liegend, noch größer, als er tatsächlich ist. Er wird mit Stahlbändern unterfangen und an der Ladeschiene in die Waagerechte dirigiert. Die wenigen Lampen im Raum schimmern im Fett, das ihn überzieht.
Jetzt wird vorn der Abdecktopf abgenommen. Aus einem grauen Behälter nimmt der Torpedomechanikersmaat die Gefechtspistole und setzt sie auf. Mit sicheren Griffen entfernt er Plomben. Dann liest er die Nummer ab und notiert sie in sein Buch.
Fünf Mann hängen sich an einen waagerecht ausgebrachten Flaschenzug, und mit viel »Hau-ruck!« wie beim Tauziehen wird der scharfe Torpedo ins Rohr gezerrt.

So sehen die ersten Eintragungen ins Kriegstagebuch aus:
16. 10. Ausdocken des Boots
17. 10. Treiböl-Übernahme und Schmieröl-Übernahme
18. 10. Standprobe
19. 10. Probefahrt
21. 10. Funkbeschickung. Kompensieren. Trimmversuch. Artilleriemunitionsübernahme. Torpedo- und Proviant-Übernahme
25. 10. Frischproviant-Übernahme

Die Torpedoübernahme gehört zu den Sorgen des I WO: Mit einem Kran wird der Torpedo von einem Speziallaster gehievt, eingefettet, mit einem Abdecktopf versehen, damit er am empfindlichen Teil nicht beschädigt werden kann und dann von den ›Torpedofritzen‹ am Kranhaken über das Boot dirigiert. Auf einer Lademulde wird er durchs Torpedoübernahmeluk sodann ins Boot gesenkt oder mit Hilfe von Flaschenzügen in eine Oberdeckstube verstaut.

Über die deutsche Torpedoproduktion heißt es im KTB der Seekriegsleitung unter dem 10. Oktober 1941: »... Die Torpedofertigung hat jetzt mit einem monatlichen Firmenausstoß von 1450 Torpedos einen sehr befriedigenden Stand der Torpedolage ergeben. Die Erfahrungen haben gezeigt, daß sich hinsichtlich der U-Boots-Verbräuche der von der Skl. im Oktober 1940 errechnete Durchschnittsverbrauch von 6,6 Torpedos pro Monat bestätigt hat. Es ist nunmehr eine solche Aufstockung der Torpedos erzielt, daß auch besondere Verbrauchsspitzen und höherer Torpedoeinsatz infolge notwendiger Änderungen der Angriffstaktik mit dem bereits stark angewachsenen Torpedostapel überbrückt werden können.« Torpedos gab es also genug – nur zu wenig Boote.

Alle Vorräte müssen durch ein einziges enges Luk nach unten gereicht werden. Der Bootsmann hat sein wachsames Auge überall. Er betet mir vor: »Brennstoff, Wasser, Schmieröl, Sauerstoff, Kalipatronen, neue Leinen, Ölzeug haben wir – von tausend Kleinigkeiten überhaupt nicht zu reden. Dauerproviant ist auch zum Teil schon an Bord.«

Der Obersteuermann macht sich wie immer Sorgen um alles. Für Leinen ist der Bootsmann zuständig, für Proviant der II WO.

Ich fasse demonstrativ die Stapel auf der Pier und die Wuhling an Oberdeck ins Auge. »Ein bescheidener Rest«, sagt da der Obersteuermann. Dabei liegt das gesamte Achterdeck noch voller Kartons, Stapel aus großen Dosen, Netze mit Würsten und Speckseiten, Gemüsesteigen mit Äpfeln und Weintrauben. Und noch wird immer Neues herangefahren: Kabel, Seestiefel, Tauchretter, Felljacken, Gummizeug ...

Ganz vorn sind sogar noch Teile der Grätings weg. Werftarbeiter plagen sich in gekrümmten Stellungen im Raum darunter ab. Es riecht nach Öldunst und verbrannter Farbe. Aus dem Kombüsenluk kommt ein Geschlinge von Leitungen hoch. Ein großer Packen Twist wird hinabgereicht, eine Pütz heraufgeholt. Ich höre: »Die Frischwassertanks sind undicht. Müssen noch geschweißt werden.«

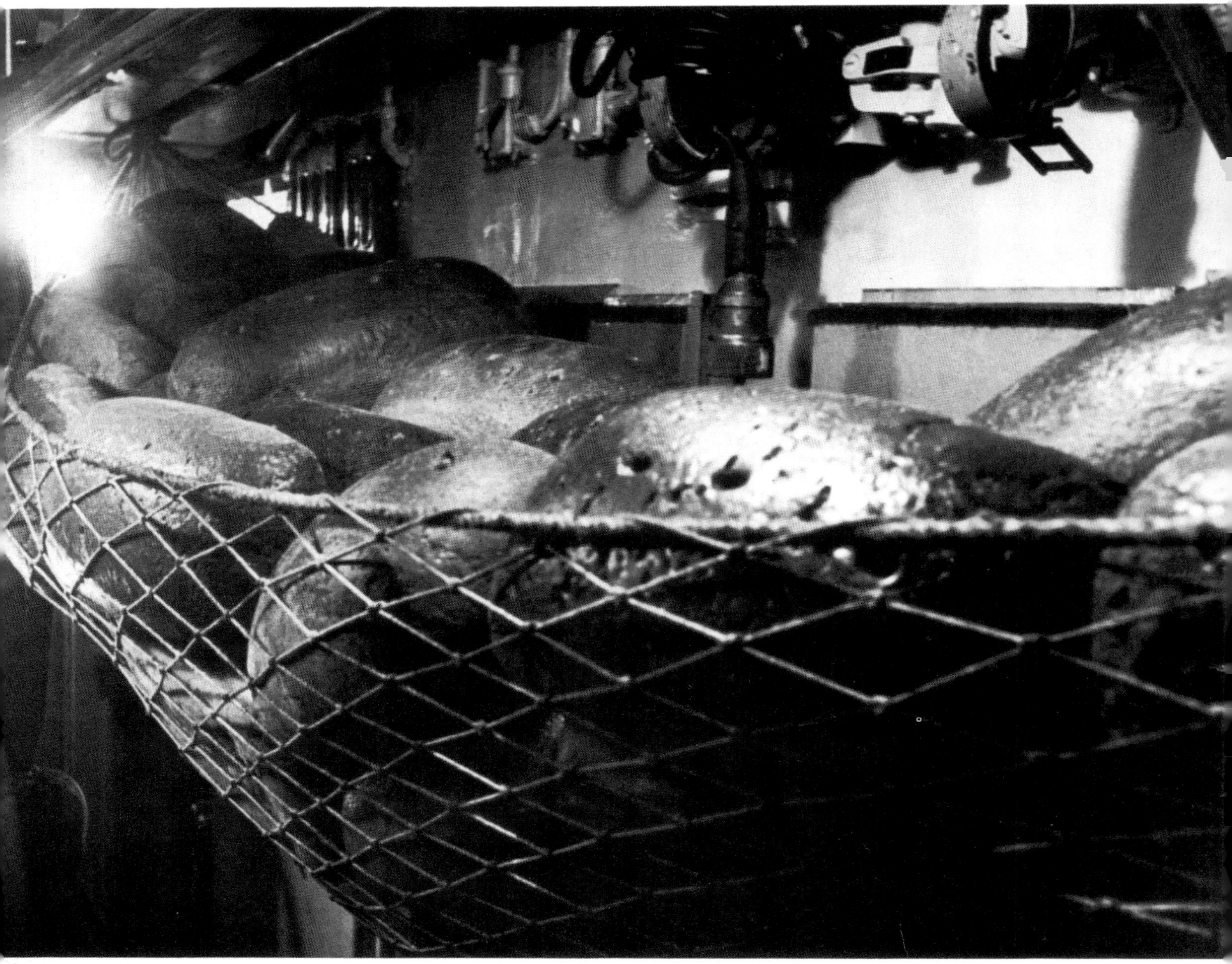

Weil niemand wissen kann, wie lange die Unternehmung dauert, muß viel Proviant an Bord. Da es keine richtigen Provianträume gibt, muß jeder nur erdenkliche Winkel zum Proviantlagern dienen. Sogar unter der Decke der schmalen Gänge ist in den Augen der Proviantstauer noch Platz. Wer durch muß, kann sich ja bücken! Und gar in der Zentrale, dem Herzen des Boots, wo sich Steueranlagen, Sehrohre, Flut- und Lenzverteiler und alle möglichen Maschinen und Aggregate nur so drängen, werden Würste an die Rohrleitungen unter der Decke geknüpft: die hängenden Gärten der Semiramis.

Auslaufen · Marsch ins Operationsgebiet

Der Kommandant trägt sein Gammelpäckchen: uralten Pullover und graue Lederjacke. Er läßt einen Umweg fahren: die geschlungene Straße an der Küste entlang. Die Kiefern weichen zurück und geben den Blick auf rotbraune Küstenfelsen frei, dahinter die graue See.
Wir wechseln nur belanglose Worte. Wir tun, als sei das nichts anderes als eine Fahrt zum Bahnhof. »Schlechtes Wetter«, sagt der Kommandant, »sicher allerhand steam draußen.«

Das Oberdeck ist aufgeklart, kein Werkzeug mehr, kein Sack, keine Kiste. Keine Spur von Schmutz. Die Leinenenden sind sauber aufgeschossen. Bugraum- und Kombüsenluk sind dicht: Das Boot ist seeklar. Der IWO läßt die Besatzung stillstehen und kommt dem Kommandanten entgegen: »Melde gehorsamst: Besatzung vollzählig angetreten. Maschinenanlage, Unter- und Oberdeck seeklar!«
»Danke! – Heil Besatzung!«
Der Kommandant ist kein Mann der vielen Worte. Er befiehlt sogleich: »Auf Manöverstationen!«
Die Batteriepfeife schrillt: ein Lang zwei Kurz.
Der Kommandant fährt das Ablegemanöver selber: »Achterleine los und ein!« Die Trossen klatschen ins Wasser, werden eingeholt und aufgeschossen. Ein paar Leute gebärden sich aufgedreht und rufen Witze zu den Werftarbeitern hinüber. Da setzen die Männer vom Musikzug ihre Instrumente an, und die Reden gehen unter im laut nachhallenden Getön. Die letzten Blumen werden an Oberdeck geworfen.
Die Spring wird vorn zum Eindampfen noch festgehalten, damit das Boot nicht an der Pier schamfielt, werden Fender nach rückwärts gezogen. »Hart backbord! – Steuerbordmaschine kleine Fahrt voraus!«
Das Achterschiff löst sich von der Bunkerpier. Vorn stemmen vier Matrosen den Bug mit Bootshaken ab. Die Spring ist gefallen.

Der Signalgast gibt einen Winkspruch an den Sperrbrecher, der uns durch minenverseuchtes Gebiet geleitet und uns Flakschutz gibt.

Wir laufen über den Achtersteven aus der Bunkerhöhle. Vor dem anflutenden silbrigen Licht muß ich die Augen schließen. An Oberdeck werden die Leinen schon wieder klargelegt – zum Schleusenmanöver.
Es ist Hochwasser: Wir müssen nicht noch einmal in der Schleuse festmachen. »Besatzung an Oberdeck!« befiehlt der Kommandant. Mancher aus der Maschine tut nun für die Dauer der Reise den letzten Blick ins Tageslicht.

Unsere Ausreise ist keine Ausreise im Sinne Joseph Conrads: Das U-Boot, das aus dem Stützpunkt ausläuft, steuert keinen Hafen an wie ein normales Schiff. Der Besatzung steht am Ende der Reise kein Landfall an fremder Küste bevor. Unser Ziel sind die Schiffe des Gegners.

Aus dem Kriegstagebuch von U 96:

26. Oktober
10.00 Abgelegt. Auslaufen. Nordwest 2–3. Seegang 1–2. C 2. Gute Sicht. Trimmversuch
21.48 Prüfungstauchen. Unterwassermarsch. Torpedoarbeiten

27. Oktober
00.36 U-Boot passiert. Gebe Erkennungssignal. Antwort mit Erkennungssignal
09.46 Übungsalarm mit Störungsexerzieren und Tieftauchen. Tiefensteuer- und Feuerleitübungen
10.55 Übungsalarm
15.44 Übungsalarm
16.03 Übungsalarm. Waffenverwendung beschränkt wegen Wetterlage. Marsch in Angriffsraum

28. Oktober
Besteckversetzung 12 sm

Das Operationsgebiet des Bootes liegt im Mittelatlantik – ein von zwei Buchstaben bezeichnetes Planquadrat. Um zu diesem Quadrat zu kommen, braucht das Boot nach den Berechnungen des Obersteuermanns bei Marschfahrt zehn Tage. Es könnte schneller dort sein, wenn der Kommandant die Diesel große Fahrt laufen ließe. Es wird aber Marschfahrt gewählt, weil der Brennstoff gespart werden muß.

Der Rudergänger im Turm braucht kaum Ruder zu legen: Unter dem Steuerstrich schwankt immer dieselbe Zahl der Kompaßscheibe hin und her: 265 Grad. Das Boot gewinnt stetig Raum nach Westen. So oft es geht, bin ich auf der Brücke. Der Anblick unseres immer wieder durchbrechenden Bugs gibt mir inneren Aufschwung. Ich kneife die Augen zu, ziehe die Lippen hoch. Ich beiße mit bloßen Zähnen in die Luft. Der Wasserstaub schmeckt salzig. Das uralte Meer trägt uns, hebt uns, und läßt uns wieder sinken. Seine Bewegungen ergreifen den ganzen Körper.

Der Obersteuermann nimmt mit dem Peildiopter letzte Landpeilungen und trägt sie anschließend in die Wegekarte für die Reise ein. Hinfort wird er den genauen Schiffsort nurmehr durch astronomisches Besteck ermitteln können.

Der Kommandant und die Besatzung

Seit wir in See sind, hat der Kommandant sich verwandelt: Sonst meist mürrisch und abwehrend, gibt er sich jetzt, wenn er auf der Brücke erscheint, aufgekratzt und zutunlich. Meist hält er eine dicke Zigarre zwischen Zeige- und Mittelfinger der rechten Hand, bläst den Qualm großtuerisch von sich und zeigt, wie sehr es nach seinem Geschmack ist, wieder in See zu sein. Ich bin sicher nicht der einzige, der ihm für diese Attitüde dankbar ist: Vertrauen in den Kommandanten ist hier an Bord wichtiger als auf irgendeinem anderen Schiff, denn schließlich ist er der einzige, der beim Sehrohrangriff den Gegner sieht, und der wissen muß, wie hoch er ausreizen darf.
Die rechte Hand des Kommandanten ist der LI, der Leitende Ingenieur. Er ist der unumschränkte Herrscher in den Maschinenräumen und verantwortlich für exakte Tiefensteuerung. Technisches Wissen allein nützt ihm nichts, er muß auch Gefühl mitbringen, um als Tiefensteuerleiter jeder Tendenz des Bootes, zu fallen oder zu steigen, rechtzeitig zuvorzukommen, denn wenn erst einmal die Instrumente ausschlagen, ist es meist schon zu spät.
Der I WO und der II WO führen als Seeoffiziere die erste und die zweite Wache an. Auf sie verläßt sich der Kommandant, wenn er selber nicht auf der Brücke ist. Dem I WO untersteht auch die Torpedowaffe, dem II WO die Maschinenwaffen und die Artillerie.
Unsere Besatzung gehört zu den alteingefahrenen. Wohlausgebildete Spezialisten für Diesel und elektrische Maschinen, für die Torpedowaffe, für Funken und Horchen – und die Seeleute.
Außer Bootsmann, Obersteuermann, Maschinisten und einigen Maaten sind alle blutjung.
Nach den ersten Tagen, die mit Übungsalarmen ausgefüllt waren, greift nun der Kommandant nicht mehr in den Bordbetrieb ein. Der Vorhang vor seiner Koje ist meist zugezogen. Er schläft mit Vorsatz und Beharrlichkeit. Seine Gegenwart ist weniger augenscheinlich als spürbar. Seine Maxime ist: »Man kann gar nicht genug schlafen, damit man gute Nerven hat, wenn es drauf ankommt.«

Die Lehre, die er immer wieder seinen Wachoffizieren gibt: Nicht zu viel in den Gegner hineingeheimnissen. Der Gegner ist auf seine Weise stur. Er tut nur das Naheliegende. Nicht zu sehr auf sogenannte innere Stimmen lauschen.

Später äußerte sich der Kommandant so: »Als U-Boot-Kommandant war man letztlich ein Einzelkämpfer. Man traf ja am Periskop seine Entscheidungen allein. Im Augenblick des Angriffs wurde man meist von Zerstörern gejagt, von Wasserbomben bedroht und hatte in diesen Momenten die ganze Last der Verantwortung für die Mannschaft, die mit einem in diesem eisernen Sarg steckte. Ja, dieses Gefühl hatte man schon. Ein erzielter Treffer war dann auch so etwas wie eine Rechtfertigung vor der Mannschaft.«

Brückenwache

Die Brückenposten – das sind: ein Offizier (bei der dritten Wache der Obersteuermann), ein Bootsmaat und zwei ›Piepels‹. Unablässig suchen sie – jeder in seinem Sektor von 90 Grad – mit ihren starken Doppelgläsern die Kimm und den Himmelsraum nach Anzeichen vom Feind und nach Beute ab: Einzelfahrer oder Geleitzüge.

Im KTB der Seekriegsleitung ist unter dem 8. Dezember 1940 notiert: »Der U-Boot-Einsatz steht und fällt mit dem Erfassen der wichtigen gegnerischen Verkehrsrouten und Geleitzugwege. Schlechtwetterlage, lange Nächte und kurze Tage erschweren die Operationsmöglichkeiten der U-Boote und schränken die Aussichten, den Gegner zu finden und zu halten, in erheblichem Umfange ein. Zerstörer und Flugzeugüberwachung des Gegners drücken die Boote bei Tage unter Wasser, nehmen ihnen damit die eigene Aufklärungsmöglichkeit und beschränken ihren Sichtradius auf ein so geringes Gebiet, daß ein erfolgreiches Operieren stärkstens beeinträchtigt, in vielen Fällen unmöglich gemacht wird. Die Kampfführung der U-Boote bedarf daher mehr und mehr der unmittelbaren Ergänzung durch planmäßige Luftaufklärung.«

Die ›planmäßige Luftaufklärung‹ bleibt ein frommer Wunsch. Wohl sichtet hier und da mal eine ›Condor‹ einen Dampfer oder ein Geleit, aber gewöhnlich sind die Schiffsortangaben derart ›über den Daumen gepeilt‹, daß nach ihnen das gesuchte Objekt nicht zu finden ist.

Vier Stunden unablässige Wachsamkeit – das kann eine Ewigkeit bei diesigem oder sonstwie schlechtem Wetter sein. Jede Möwe wird dann zum angreifenden Flugzeug, jeder vom Horizont aufsteigende Wolkenfetzen zur Rauchfahne, die Umrisse ferner Seen zu den Silhouetten von Schiffen.

Gefahr fürs Boot kann von allen Seiten und aus jeder Wolke kommen. In jeder Falte im graugrünen Tuch der See kann sich ein Periskop verbergen.

Marschfahrt ins Operationsgebiet. Tagaus, tagein das gleiche Bild. Auch das Etmal bleibt das gleiche.

Prüfungstauchen

Aus dem Kriegstagebuch:
14. November
07.02 bis 07.29 Prüfungstauchen
13.05 Getaucht vor Flugzeug. Kurs rechtweisend 40 Grad

16. November
01.18 Schatten in rechtweisend 120 Grad. Darauf zu gedreht. Kommt 01.40 plötzlich aus Sicht. Vermutlich U-Boot, das getaucht ist. Tauchstelle umgangen
09.16 bis 09.47 Getaucht vor Flugzeug, das nördlichen Kurs fliegt

17. November
07.05 bis 07.35 Prüfungstauchen

Beim täglichen Prüfungstauchen wird die Funktionsfähigkeit des Boots für die Tauchfahrt geprüft. Es wird festgestellt, ob alle Ventile und Außenbordverschlüsse dichthalten. Durch den Druckkörper führt eine Anzahl von Bohrungen für Gestänge – zum Beispiel für das Öffnen und Schließen der Mündungsklappe der Torpedorohre – und Leitungen nach außenbords. Diese sind mit Flanschen, den Lindenblattstellen des Bootes, gedichtet. Alles muß sorgfältig kontrolliert werden.
Das Prüfungstauchen dient aber auch zum Einsteuern des Bootes. Das heißt: Der Gleichgewichtszustand des Bootes im Wasser, der durch Abgabe von Abfall, Verbrauch von Wasser oder durch Änderung des Salzgehalts des Seewassers seit dem letzten Prüfungstauchen gestört ist, muß durch Zufluten von Seewasser neu geschaffen werden. Unter Umständen muß kurioserweise zur Wiederherstellung des Gleichgewichtszustands auch gelenzt werden, dann nämlich, wenn durch hohe Fahrtstufen beträchtliche Mengen von Treiböl verbraucht und durch Wasser automatisch ersetzt wurden. Das im Vergleich zu Treiböl höhere spezifische Gewicht von Wasser schlägt dann zu Buche – im Wortsinn, denn der Zentralemaat führt über alle Verände-

rungen des Bootsgewichts tatsächlich Buch. Der Tiefensteuerleiter bereitet das Prüfungstauchen durch Fluten oder Lenzen der von ihm errechneten Mengen systematisch vor.

Der ideale Gleichgewichtszustand ist der freilich nicht zu erreichende Schwebezustand: Gewicht des Bootes (Gesamtgewicht mit allem ›Inhalt‹) gleich Gewicht des verdrängten Wassers.

Das Manöver beginnt mit dem Einsteigen der Brückenwache, von der ein Maat und ein Seemann die Tiefenruder besetzen. Der WO schließt das schwere Luk und zieht den Deckel fest. In Sekundenschnelle – wie bei einem Alarm – melden die Räume tauchklar. Der Befehl zum Stoppen der Diesel kommt per Maschinentelegraph, wie es auf allen Schiffen gebräuchlich ist, an die Maschinenräume. Ein scharfes Schrillen begleitet das optische Signal. Im Dieselraum gibt es kein Kommandorufen. Alles geschieht mit genau einexerzierten Handzeichen. Der Füllungshebel wird auf Null gelegt – die Diesel bekommen nun keinen Brennstoff mehr. Gleichzeitig mit dem Stoppen der Diesel werden die großen Kanäle, durch welche die Abgase der Diesel nach außen befördert werden, und auch die Leitungen für die Dieselzuluft geschlossen. Die Diesel werden ausgekuppelt und dafür die E-Maschinen auf die Wellen geschaltet. Sie übertragen nun die in den Batterien gespeicherte Kraft auf die Schraubenwellen.

Der Tauchklarzustand wird zur Zentrale gemeldet.

Der Bugraum meldet auch klar. Der Leitende Ingenieur meldet an den Wachoffizier daraufhin: »Klar zum Tauchen!«

Der WO hat das Turmluk schon dichtgesetzt. Er ist noch direkt unter dem Luk und ruft jetzt herab: »Fluten!«

Der Leitende Ingenieur wiederholt: »Fluten!«

Jetzt reißen die Zentralegasten die Schnellentlüftungen auf und betätigen die Flutgestänge. Die Entlüftungen müssen teilweise gezogen, teilweise gedreht werden. Mit zischendem, donnerndem Schwall entweicht die Luft, die dem Boot Auftrieb gab, vor dem von unten in die Tauchtanks einströmenden Wasser.

Die Tiefenrudergänger haben ohne Befehl die Tiefenruder vorne hart unten und hinten unten zehn gelegt. Das Boot kippt an, es wird stark vorlastig, durch die Entlüftung verliert es Auftrieb und schießt nun mit starker Lastigkeit nach unten. Der Zeiger des Tiefenmanometers beginnt über die Zahlen des Zifferblatts zu streichen. Der Turm schneidet unter. Ein letzter dröhnender Wellenschlag gegen die Brücke, dann reißt das Brausen der Wellen ab. In der Zentrale ist auf einmal Stille: Kein Schüttern der Diesel mehr, kein Summen der Entlüfter. Nur ein Rauschen vom Öffnen der hinteren Tauchzelle und das Zischen der Preßluft, mit der die Untertriebszellen ausgedrückt werden. Auch das Radio ist verstummt, die Funkwellen dringen nicht mehr bis zu uns.

Der LI befiehlt: »Vorne oben zehn – hinten oben fünfzehn!« Die Vorlastigkeit wird aufgehoben. Der Schraubenstrom achtern drückt auf das oben gelegte Tiefenruder und macht das Boot langsam achterlastig. Das Boot ›pendelt durch‹. Luftblasen, die sich in den Ecken der Tauchzellen festgesetzt haben, entweichen nun. Der LI meldet dem Kommandanten: »Boot ist durchgependelt«. Daraufhin der Kommandant: »Entlüftungen schließen!«

Wenn jetzt wieder angeblasen würde, hielte sich die Luft in den Tauchtanks.

Beim Durchpendeln ist das Boot achterlastig geworden. Es liegt damit richtig, um die befohlene Tiefe von unten her durch Betätigen der Tiefenruder dynamisch anzusteuern.
»Boot auf Sehrohrtiefe einsteuern!« befiehlt auch gleich der Kommandant. Nach den Weisungen des Leitenden drücken die Tiefenrudergänger ihre Knöpfe, und langsam dreht sich der Zeiger des Tiefenmanometers zurück, bis er auf Sehrohrtiefe stehenbleibt. Der WO entert auf, um oben im Turm Sehrohrwache zu gehen.
Der Kommandant läßt auf kleine Fahrt gehen. Der Leitende läßt hundert Liter fluten und dreißig Liter nach vorn trimmen.
Das Boot hat noch eine leichte Steigtendenz. Da befiehlt der Leitende: »Beide Ruder Mitte!« Wenn alles stimmt, dürfte das Boot nun weder steigen noch fallen. Wie ein Luftschiff müßte es in seiner Höhe weiterziehen. Die Wassersäule im ›Papenberg‹ bleibt tatsächlich stehen.
Der Leitende nickt zufrieden. Jetzt kann mit geringster Schraubenarbeit

Der Kommandant gibt von der Brücke seine Befehle für das Prüfungstauchen an den Rudergänger im Turm, der sie weitermeldet.

Der Rudergänger im Turm, der auch den Maschinentelegraphen bedient, hat kein Steuerrad.
Nur im äußersten Notfall kann achtern im E-Maschinenraum ein Handruder bedient werden. Hier im Turm und am zweiten Steuerstand in der Zentrale wird mit Hilfe von Druckknöpfen gesteuert. Der Rudergänger sieht, auch wenn das Boot aufgetaucht fährt, nichts vom Meer.

Zu Beginn des Prüfungstauchens geht per Maschinentelegraph an den Dieselmaschinenraum der Befehl zum Stoppen der Diesel. Hier hält der Dieselfahrgast nach dem Anschlagen des Maschinentelegraphen den Zeiger fest im Blick, um blitzschnell reagieren zu können und den Füllungshebel seines Diesels auf Null zu legen. Nach dem Stoppen der Diesel wird sofort auf E-Maschine umgeschaltet.

Am achteren Teil des Steuerborddiesels ein Dieselmaat beim Entwässern der Abgasklappen. Diese Entwässerung sitzt zwischen innerer und äußerer Abgasklappe. Das Wasser läuft in die Dieselbilge ab. Mit den Handrädern an der Decke können die inneren Abgasklappen betätigt werden.

manövriert und das Boot mit Hilfe der vorderen und achteren Tiefenruderpaare leicht in Horizontallage gehalten werden. Ohne daß seine E-Maschinen laufen, läßt sich ein getauchtes Unterseeboot nicht auf einer bestimmten Tiefe halten. Die allerkleinste Gewichtsveränderung, die das Boot leichter oder schwerer macht als das verdrängte Wasser, dessen spezifisches Gewicht sich mit seinem Salzgehalt verändern kann, gibt ihm Auftrieb oder Untertrieb. Nur mit Hilfe der Ruder und der Kraft der Maschinen ist das Boot dynamisch in der gleichen Tiefe zu halten.
»Klar zum Peilen!« gibt der Leitende über die Sprechanlage durchs Boot. Im Bug- und Heckraum werden die Verschlüsse zu den Peilrohren aufgemacht, an die Peilstäbe wird Kreide geschmiert. Der Leitende hat seine Instrumente fest im Blick. Als das Boot genau waagerecht liegt, gibt er: »Achtung Null!« Im gleichen Augenblick werden die Peilstäbe auf den Boden gestoßen, wieder herausgezogen und abgelesen. Aus den einzelnen Räumen kommen die Meldungen: »Torpedozelle eins fünfhundert Liter«.

Der Zentralegast schließt an der Decke der Zentrale das Dieselluftkopfventil – ein Ventil in der Turmumwandung zum Einlaß der Zuluft für die Diesel.

Rechts: Beim Befehl ›auf Tauchstation‹ haben zwei Leute der Brückenwache die Tiefenruder besetzt. Die Tiefenruder werden durch Druckknopfschaltung, die mit den Handballen betätigt wird, bedient.

10
15
20
25

»Torpedozelle zwei sechshundertfünfzig Liter.«
Der Zentralemaat trägt die Meldungen sofort ins Tauchtagebuch ein. Seine errechneten Zahlen sollten sich möglichst mit den gemeldeten decken.

Der Kommandant kommt jetzt erst durchs Rund des vorderen Kugelschotts in die Zentrale gestiegen. »Alles klar?« fragt er den Leitenden.
»Jawoll, Herr Kaleunt!«
»Welcher Einsteuerunterschied?«
»Boot einhundert Liter zu leicht und dreißig Liter achterlastig«, meldet der Leitende.
»Hat das der Zentralemaat vorbereitet?«
»Jawoll, Herr Kaleunt!«
»An Zentralemaat – leidlich zufrieden.«
Jeder weiß, daß ein solches Lob des Kommandanten ein maximales ist. Der Zentralemaat kann sich freuen.
Der Kommandant läßt tieftauchen, um für alle Fälle gerüstet zu sein.

Der E-Maschinenmaat stellt an der Steuerbord-E-Maschine die Schaltung für die befohlene Fahrtstufe ein.

Rechts: Die Wache ist eingestiegen, als letzter der zuständige Wachoffizier, der hinter sich das Turmluk geschlossen hat. Im Turm hockt unter dem Lautsprecher für die Befehlsübertragung der Rudergänger. Das geschlossene Turmluk: Symbol der Klaustrophobie an Bord von U-Booten.

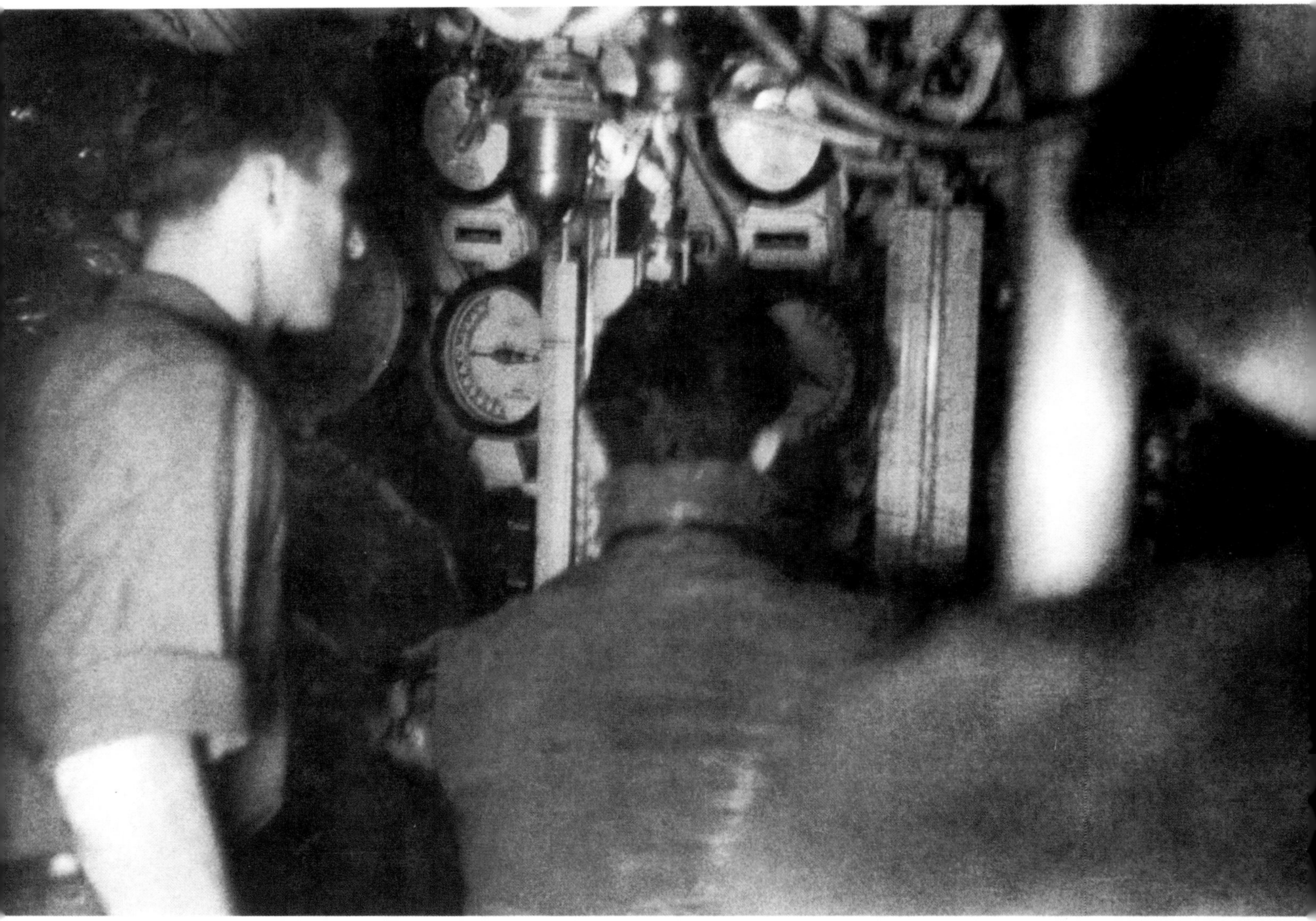

Vom Druck der Tiefe wird der Stahlzylinder einem scharfen Test unterzogen. Es ist totenstill im Boot. Wer in der Zentrale steht, läßt die Manometerzeiger nicht aus dem Auge. Nur der Leitende wuselt herum. Er kontrolliert, ob alle Verschlüsse dichthalten. Dann läßt er lenzen. Lenzen? Jetzt? Ich muß die Augen zum scharfen Nachdenken schließen: Das Boot wird zusammengedrückt, verdrängt weniger, wird schwerer – also lenzen.
Im ganzen Boot beginnt es zu knistern und zu knacken. Schließlich wird das Knacken so scharf, als schlüge jemand gegen den Stahl. Immer noch dreht sich der Zeiger auf dem Manometer für große Tiefen langsam voran. Der Kommandant will anscheinend aufs Äußerste gehen. Aber was ist hier das Äußerste? Wie tief ein Boot wirklich tauchen kann, weiß niemand. Es gibt Zahlen von der Werft, über die nur gelacht wird. Im Zweifelsfall, das heißt, wenn das Boot mit Wasserbomben attackiert wird, muß es tiefer und tiefer gehen: tiefer als die Wasserbomben-Detonationstiefe.
Beim Prüfungstauchen ist der Leitende in seinem Element. Seine schwierigste Aufgabe ist die Tiefensteuerung. Er muß sie absolut beherrschen. Ganz und

Der LI hinter den beiden Tiefensteuerern beim genauen Einsteuern. Auf den Ruderlageanzeigern liegt das vordere Ruder Mitte, das achtere liegt unten 5 Grad. Beim Prüfungstauchen wird das Boot auf etwa 20 Meter gesteuert. Normalerweise erfolgt keine Sehrohrbeobachtung.
Der einzige, der aus dem Boot über die nächste Umgebung hinaus noch Sinneswahrnehmungen hat, ist der Horcher.

Der Zentralegast am Flut- und Lenzverteiler. Je nach den Befehlen des Tiefensteuerleiters öffnet oder schließt der Zentralegast die Ventile zum Fluten oder Lenzen der Regelzellen. Das Prüfungstauchen wird zeigen, ob die berechnete Menge der Realität entspricht. Der Trimmzustand des Bootes muß ebenfalls reguliert werden. Dazu dienen die an den äußersten Enden des Boots angebrachten Trimmzellen, die etwa der Balancestange eines Seiltänzers entsprechen – hier freilich in der Längsrichtung wirksam.

gar auf seinen Kommandanten eingespielt, muß er mitdenken, mitfühlen und gefühlsmäßig erfassen, wie sich Aktionen im Boot auf die Trimmlage auswirken. Wenn es hart auf hart geht, bleibt keine Zeit zum Rückfragen und Probieren. Wenn der Kommandant einen Sehrohrangriff fährt, muß der Leitende jeder Tendenz des Bootes, zu fallen oder zu steigen, frühzeitig entgegenwirken, damit das Sehrohr nicht herauskommt und dadurch für den Feind sichtbar wird, oder unterschneidet, so daß der Kommandant nicht mehr sehen kann.
Der Leitende sieht nicht, was oben vorgeht. Trotzdem muß er ohne Verzögerung reagieren, zum Beispiel sofort zum Gewichtsausgleich fluten, wenn ein Torpedoschuß gefallen ist – beim Fächerschuß sogar noch vor dem Losmachen, da später der plötzliche Auftrieb nicht mehr abzufangen wäre, und das Boot nach oben durchbräche.

Zum Auftauchen wird dynamische Wirkung zu Hilfe genommen. Um einen größeren Druck auf die Tiefenruder zu erlangen, werden die E-Maschinen

Die Diesel stehen still. Die Schotten des Dieselraums sind geschlossen. Links im Bild ein flacher Trichter, in den Rohre von den Treibölhochbehältern münden. Über diesen Trichter wird das abfließende Öl-, Wasser- und Schmutzgemisch in die Schmutzölzelle, die unterhalb der Flurplatten liegt, geleitet.
An der Decke die Handräder für die inneren Abgasklappen, in der Mitte oben Lautsprecher und Radioübermittler, rechts die Antriebstange für die Schmierölpumpe.

auf größere Fahrtstufe geschaltet. Bei kleinerer und mittlerer Fahrtstufe sind die Batterien parallel geschaltet.
Im Dieselraum wird zunächst die Ersatzmotorenölpumpe angestellt, die die Motorenlager mit Öl versorgt. Noch vor dem Anstellen der Diesel wird mit Druckluft der Diesel bei geöffneten Indikatorhähnen durchgeblasen, um den Zylinderraum auf eingedrungenes Wasser zu prüfen und Rußrückstände durch die Indikatorventile entweichen zu lassen. (Wenn sich der Kompressionsraum verkleinert, laufen die Pleuelstangen Gefahr, zu brechen.)
Die Meldung aus dem Dieselraum in die Zentrale: ›Diesel sind klar zum Auftauchen!‹ erfolgt über Meldekette.
In der Zentrale wird am Anblaseverteiler, jener senkrecht stehenden Ventilgruppe, mit den zahlreichen Handrädern, die wir ›Tannenbaum‹ nennen, das Hauptanblaseventil geöffnet. Dadurch strömt Druckluft in die Tauchzellen 1, 3 und 5. Hat das Boot genügend Auftrieb erlangt, und ist das Turmluk aus dem Wasser herausgekommen, wird festgeblasen, das heißt: Das Hauptanblaseventil wird geschlossen.
Jetzt wird Druckausgleich durch Öffnen des Dieselkopf- und -Fußventils hergestellt, damit der Überdruck, der im Boot durch das Entlüften von Regelzellen ins Boot hinein entstanden ist, entweicht und das Turmluk

Dieselmaat am Steuerborddiesel. Der Dieselmaat benutzt die Zeit des Ruhens des Diesels, um die Temperatur der Kipphebellager durch Abfühlen zu prüfen.

Der E-Maschinist stoppt nach dem Auftauchen die E-Maschinen. Im Dieselraum hat der Dieselgast Schmieröl vorgepumpt, damit alle Lager der Motoren sofort Schmierung bekommen, hat das Luftanlaßventil geöffnet und den Füllungshebel, der außen neben dem Anlaßhebel sitzt, auf die gewünschte Treibstoffmenge einrasten lassen. Jetzt drückt er den Anlaßhebel nach unten, und die Anlaßluft strömt in die Zylinder. Gleich wird das Boot wieder wie ein gewöhnliches Überwasserschiff mit seinen Dieselmotoren fahren.

sich ›normal‹ öffnen läßt. Ohne Druckausgleich würde das Turmluk wie ein Sektkorken hochknallen und dem Wachoffizier aus der Hand gerissen werden.
Die Seewache hat sich klar gemacht. Das Turmluk wird nun vom Wachoffizier der Wache geöffnet. Die Seewache entert auf.
Um die letzten Wassermengen aus den Tauchzellen zu entfernen und außerdem der Korrosion in den Tauchzellen entgegenzuwirken, insbesondere aber, um die Druckluft aus den Druckluftflaschen zu sparen, werden die Tauchzellen – in diesem Falle 1, 3 und 5 – mit den fettigen Dieselabgasen ausgeblasen.
Deutlich ist zu hören, wie die Diesel anspringen. Der Leitende beobachtet den Ausblasedruck am Schwingzeiger des Ausblasedruckmanometers. Als der richtige Druck da ist, beginnt er, die Ventile der Dieselausblaseleitungen der Tauchzellen aufzudrehen. Dann meldet er an die Brücke: »Drei beide Seiten werden ausgeblasen!« Jedesmal, wenn der Leitende ein Ventil öffnet, zischt es heftig. Als ganz ausgeblasen ist, befiehlt der Kommandant: »Wegtreten von Tauchstationen!«

Operation per Funk

So selbständig der Kommandant auch in seinen taktischen Entscheidungen ist, geführt wird sein Boot per Funk wie an einer Longe über die Weite der Seeräume. Anders ließen sich Konvoischlachten nicht schlagen.

Aus dem KTB der Seekriegsleitung 22. Juli 1941:
»Zum gegenwärtigen Stand des U-Boot-Kriegs meldet der BdU auf Anfrage der Skl. folgende Beurteilung, der sich die Skl. grundsätzlich anschließt:
1. Das Hauptproblem des U-Boot-Kriegs liegt nach wie vor im Finden des in Geleitzügen konzentriert fahrenden Gegners im weiten Raum.
2. Der Versuch, eine Bündelung der Verkehrswege weiter im Westen zu erfassen, hat nicht zum Erfolg geführt. Nebel und schlechtes Wetter haben dabei eine wesentliche Rolle gespielt …«

Unmittelbar vor der Zentrale, gegenüber dem ›Raum‹ des Kommandanten, hat der Funker und Horcher sein Schapp. Der Funker kann im getauchten Boot Längstwellen bis in eine Tiefe von etwa zwanzig Metern empfangen, das heißt bei einer Wassertiefe von zehn Metern über Antennenhöhe. Kurz- und Mittelwellen dringen nicht ins Wasser ein.

Das Boot empfängt eine Funkmeldung. Mir wird bewußt, daß wir nicht allein und losgelöst auf unserem Kurs fahren. Im Lagezimmer des Befehlshabers bezeichnen kleine Fähnchen auf den riesigen Seekarten an den Wänden die Schiffsorte der Boote. Hin und wieder geben die Boote Positionskurzsignale, und die Fähnchen werden umgesteckt. Sobald eins der Boote per Funk Feindsichtung meldet, werden andere Boote, die in der Nähe stehen, mittels der Funkwellen an den Gegner dirigiert.
Mit Spannung erwarte ich den Klartext des Funkspruchs. Er betrifft uns nicht. Ein anderes Boot hat Befehl bekommen, seinen Standort 70 Meilen nach Westen zu verlegen. Vielleicht wird dort der Durchgang eines Geleits erwartet. Vom Obersteuermann lasse ich mir die bezeichnete Stelle zeigen. Sie ist in der Nähe der amerikanischen Küste. Wir sind von ihr viele Tagereisen weg.
Eine Weile später nehmen wir einen Funkspruch an ein Boot auf, das dicht bei Island steht, und an ein anderes, das bei Gibraltar operiert. Der Ozean ist auf einmal nicht mehr leer. Überall suchen VII C-Boote nach Konvois.
Ans Boot gerichtete, aber auch die für andere Boote bestimmten Funksprüche werden von unserem Funker aufgenommen und im KTB verzeichnet:

05.00 von BdU: L. bisherigen Angriffsraum von T. besetzen
05.30 von R: Horchpeilung. Geleit im Quadrat XY fährt westlichen Kurs.
07.10 Feindlicher Geleitzug in Sicht. U 520
07.50 Geleitzug in Sicht. Quadrat XW. 160 Grad. 10 sm. U 430
08.22 Feind steuert Zickzackkurse um den Hauptkurs von 50 Grad. Fahrt 9 sm. U 520
15.30 Geleitzug fährt in mehreren Kolonnen. Sicherung rings um den Geleitzug. Fahrt 9 sm. Kurs 100 Grad. U 430

Für uns nicht erreichbar. In der Nacht kommen Erfolgsmeldungen: Geleit Quadrat XW. Kurs West. 9 sm. Wind West 7, Regenschauer. Aus Geleit drei Dampfer, einmal Sinken nicht beobachtet. Wasserbomben. U 82

Viel schweres Wetter. Tiefe Temperaturen. Dampfer D aus Geleit versenkt. U 430

Der Funker hat seine Kopfhörer so übergestülpt, daß nur eine Hörmuschel am Ohr klemmt. So kann er ankommende Morsezeichen und mit dem freien Ohr zugleich Befehle aus dem Boot hören.

Normaltag · Suchkurse

Den Suchstreifen, den wir abfahren, hat der Stab auf den stolzen Namen ›Störtebecker‹ getauft. In dieser Gegend wird zweifellos der Durchmarsch eines Geleitzugs vermutet. Wir sind ein Zinken in dem Rechen, mit dem ein großes Seegebiet regelrecht abgeharkt werden soll.

So erfolgversprechend das klingt, so unsicher ist das Verfahren. Solche Harkenzüge, meist im rechten Winkel zur vermuteten Geleitzugsrichtung, muß man sich auf einem riesigen Sandstrand vorstellen, um aus dem Verhältnis von Rechenbreite zur Größe der Fläche eine Vorstellung von den tatsächlichen Relationen zu gewinnen.

Die Breite des Streifens, den eine ›U-Boot-Harke‹ von – sagen wir – zehn Booten durch den Atlantik zieht, läßt sich kaum fixieren, weil der Gesichtskreis des einzelnen Bootes von allzu vielen Faktoren abhängt und vom Gesichtskreis der Boote wiederum der Abstand von Boot zu Boot. Gutes Wetter und eine Masthöhe der Dampfer von vierzig Metern vorausgesetzt, kann grob gelten, daß Schiffe an ihren äußersten Zeichen bis in eine Entfernung von 12 bis 15 Meilen zu sehen sind. Der Abstand der Boote zueinander müßte also jeweils 24 bis 30 Meilen betragen, um eine geschlossene Suchkette zu erreichen.

Tatsächlich wurden die Boote jedoch weiter auseinandergezogen, weil sich die Führung schlau sagte: Just in der Mitte zwischen zwei Booten wird ein Konvoi ja wohl nicht durchsteuern. Bei gutem Wetter wurden deshalb bis 50 Meilen Abstand und mehr von Boot zu Boot riskiert – aber wann ist im Mittelatlantik das Wetter und damit die Sicht schon mal gut? Allenfalls im Sommer: 10 bis 20 Seemeilen. Im Winter aber schrumpfte sie auf weit weniger als 10 Seemeilen Radius zusammen, und dann ließ der Vorpostenstreifen, den die Boote fuhren, eben zu große Lücken, oder die ›Harke‹ blieb zu schmal.

Zum Vergleich: Der Radarhorizont einer in 2000 Meter Höhe fliegenden Maschine mißt mindestens 30 Seemeilen – und das bei *jedem* Wetter. Ein Flugzeug ›sieht‹ aber bei schlechtem Wetter auch deshalb viel mehr als eine ganze Kette von U-Booten, weil es mit seiner Geschwindigkeit sehr schnell seine Strecken abfliegen kann.

Das Hauptproblem der Alliierten war, die Suchstreifen rechtzeitig zu erkennen, um sie zu umgehen. Für die Deutschen stand das Finden vor dem Kampf, für die Alliierten das Erkennen und Ausweichen vor der Verteidigung gegen die deutschen U-Boote.

Der Leitende faltet über der Back eine Karte von Deutschland auseinander: ›He, erlaubt mal!‹

Die Karte ist ein großes Blatt – braun und grün.
Als hätten wir alle drei uns dazu verabredet, beginnen wir sofort auf der Karte zu suchen. Ich suche den Starnberger See. Während der letzten Wochen war er weit weg. An die Landschaft um den See habe ich nur selten gedacht. Aber nun liegt diese Karte auf der Back. Keiner sagt etwas. Jeder füllt die grün oder braun gedruckten Flächen mit seinen Erinnerungen.
Als ich den Obersteuermann am Kartenpult beschäftigt sehe, frage ich ihn: »Na, wie wird denn das Wetter?«
Er hebt den Zirkel auf, wendet sich mir zu und zeigt sich, ganz gegen seine Gewohnheit, zu einer ausführlichen Antwort bereit: »Zyklonen, Rückfrontenwetter, Kälteeinbruch .... Da ist allerhand im Busch, doch am Ende wird wohl alles beim alten bleiben. Keine rechte Besserung, obwohl das Barometer gut steht!«
»Seit wann richtet sich das Wetter denn nicht nach dem Barometer?« versuche ich zu ulken.
Der Obersteuermann richtet die Augäpfel nach oben. Gegen so viel meteorologische Unbefangenheit will er nicht angehen. Er zieht die Schultern hoch und macht sich wieder mit Dreieck und Zirkel an die Arbeit.

Jeder Tag bringt dasselbe: Müdes, hirntötendes Dahinschleichen auf den von der Führung festgelegten Suchkursen. Die von unserem Boot zurückgelegte Wegstrecke sieht auf der Karte wie eine von einem Schwachsinnigen hingezeichnete Krakelei aus.
Ich wende zynische Gedanken an jene Leute, die zur Marine gingen, um die Welt zu sehen. Und das sehen sie nun: Schalttafeln, Handräder, Leitungen, Aggregate. Statt der fremden Küsten dieses stumpfsinnige Hin und Her.

Ich gehe zur Abwechslung eine Wache als Rudergänger. Das Boot hat eine hundsföttische Tendenz, seitlich auszubrechen – mal backbord, mal steuerbord. Um das auszugleichen, gebe ich mit meinen Druckknöpfen zu viel Gegenruder: Die Gradzahl, die ich unter dem Steuerstrich festhalten möchte, wandert durch, läßt sich nicht festhalten, das Boot steuert nach der anderen Seite weg. Schlimm, wenn man den Bug nicht sehen kann. Vor mir habe ich statt des Ausblicks über das freie Meer eine weißgetönte Wand mit Rohrleitungen und Schiebern: Blindekuh.
Von oben höre ich mosern: »Was für eine bildschöne Hecksee wir haben!«
Oben auf der Brücke ist auch ein Ruderlageanzeiger. Der IWO, der gerade Wache geht, kann so immer kontrollieren, ob der Rudergänger Kurs hält.
Ich gebe mir alle Mühe, die Scheibe vor mir zu arretieren. Ich starre sie an, als könne ich sie allein mit dem Blick festhalten – eine vertrackte Angelegenheit wie die kleinen Geduldspiele, bei denen man Kugeln oder Mäuse in bestimmte Löcher manövrieren muß. Einmal trommle ich sogar auf das Glas: »Mistbiest verdammtes – nun benimm dich mal!«
Von unten höhnt der Leitende: »Aha, der neue Rudergast! Ich frage mich schon die ganze Zeit, was mit unserem Dampfer los ist...«

Der Kommandant beugt sich über das Kartenblatt, beide Ellenbogen aufgestemmt, die Füße weit zurückgestellt, damit er mit schräggelehntem

›Die Augen des Bootes‹, die Brückenposten, dürfen nicht müde werden. Für sie gilt äußerste Wachsamkeit – auch noch nach wochenlanger Gammelei.

Körper besseren Halt am Kartentisch hat. Er stützt den Kopf in die Handflächen und starrt auf das Quadratnetz.
»Die scheinen jetzt große Nordbögen zu schlagen. Hier sollte man jetzt stehen.« Dabei streicht er mit dem flach gelegten Zirkel über ein Gebiet, das sich nur durch andere Zahlen von unserem unterscheidet. Der Kommandant betrachtet die gleichförmig blau bedruckte Fläche mit den feinen Quadratteilungen so intensiv, als könnten ihm vom bloßen Betrachten Offenbarungen kommen. Endlich schnauft er auf, schüttelt heftig den Kopf, macht ein paar fahrige Bewegungen mit den Armen und schimpft los: »Dieses dreimal verfluchte Dahinschippern – das soll der Satan holen!«

Ich klettere nach oben. Das grau vergreiste Meer, die grau eingetrübte Luft, der nur wenig hellere Deckweißtupfer auf dem Grau, der die Sonne

darstellen soll, aber wie das Auge eines toten Kalbes aussieht – das ist nicht gerade ein Anblick, der fröhlich macht. Keine richtige schwarze Düsternis, keine volle Tristesse – ein graues Mittelding, das Widerwillen weckt.
›Miesepetrig‹ wäre als Bezeichnung für diesen Himmel möglich. Miesepetrig – gar nicht so übel. In ›Nieselwetter‹ steckt dieser langgedehnte Laut auch. Fies, mies – das geht einem alles gegen den Strich.
Die Tage vergehen im Wechsel von Wachen und Freiwachen. Die Freiwächter essen oder schlafen, so gut das bei dem Betrieb im Boot geht.
Der Schmutt ist ein geplagter Mann. Durch seinen ›Raum‹ geht der ganze Verkehr zu den Diesel- und E-Maschinen. Die Leiter zum Kombüsenluk nimmt ihm das letzte bißchen Bewegungsfreiheit. Für ein halbes Hundert Menschen auf zwei elektrischen Kochplatten bei jedem Wetter alle Tagesmahlzeiten zu bereiten, ist ein rechtes Kunststück. Und auch noch nachts brauchen die Brückenwachen heißen Kaffee, den ›Mittelwächter‹.

Die Backschafter versehen an Bord eine Art Kellnerrolle – kein gesuchter Posten. Im Bugraum, im Mannschaftslogis, ist jeden Tag ein anderer an der Reihe. Die Maate, Feldwebel und Offiziere werden von einem für die ganze Reise zugeteilten Backschafter bedient. Die Backschafter für die Feldwebel und die Offiziere müssen bei ihrem Weg von der Kombüse nach vorn mit vollbeladenen Schüsseln, Kannen, Barkassen durch die engen Ringe zweier druckfester Kugelschotts turnen. »Wie dressierte Löwen durch den Reifen«, spotten die von diesem Dienst Verschonten.

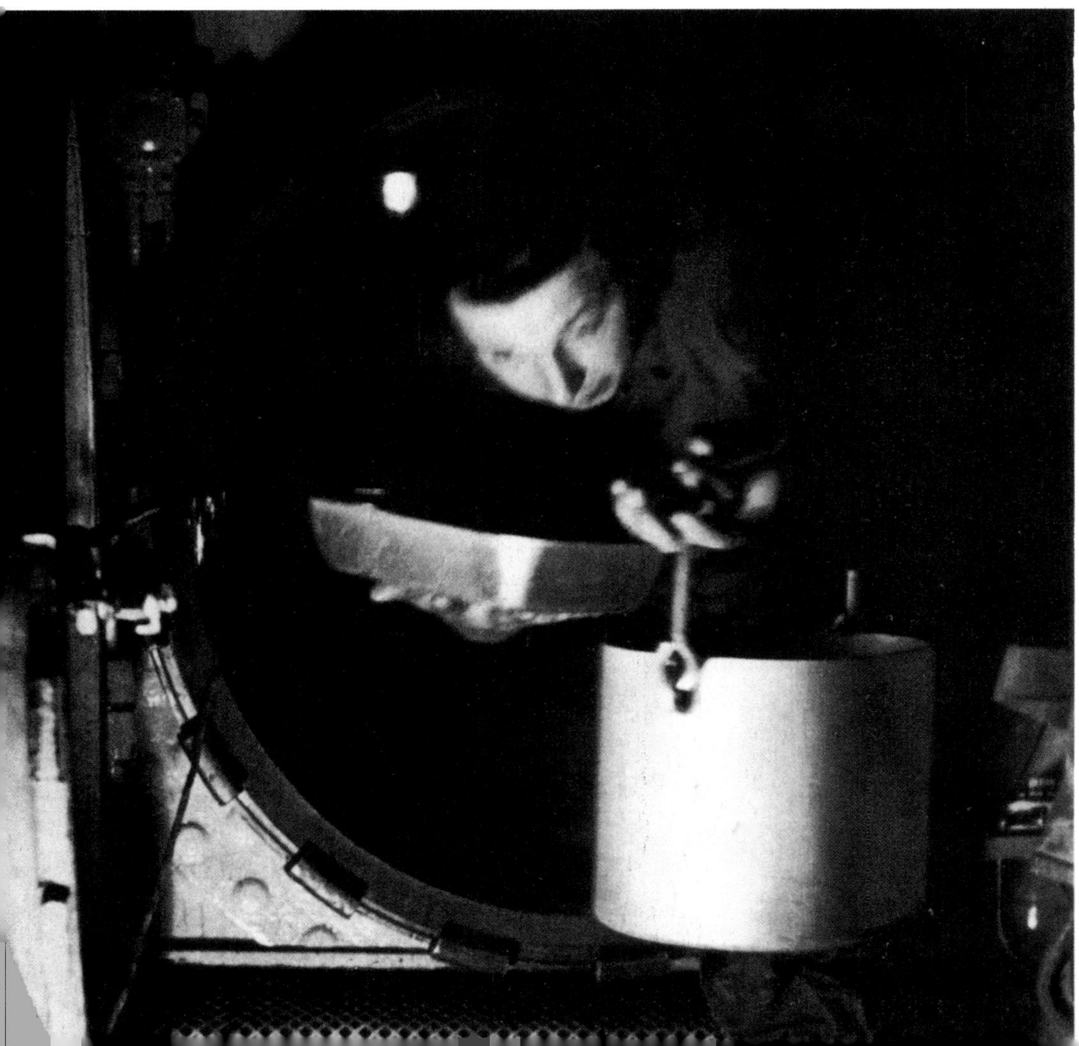
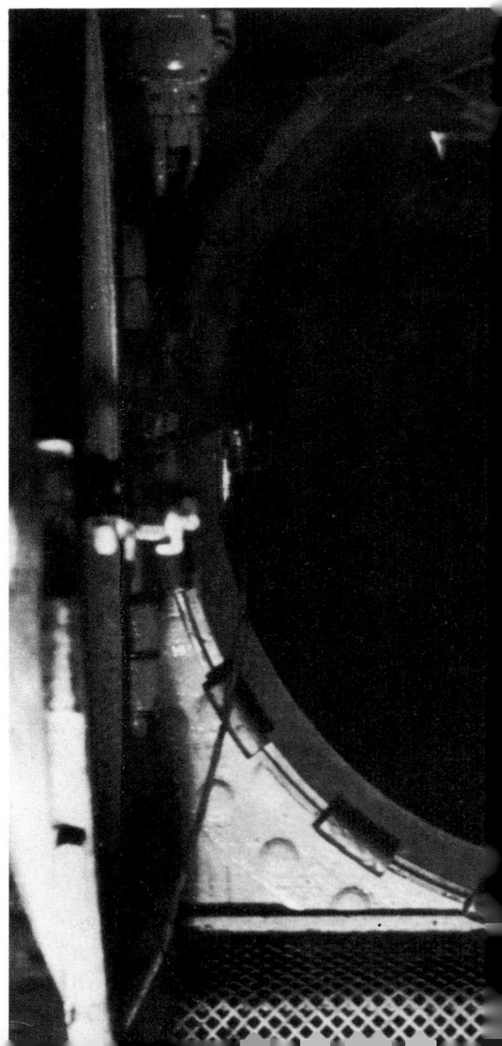

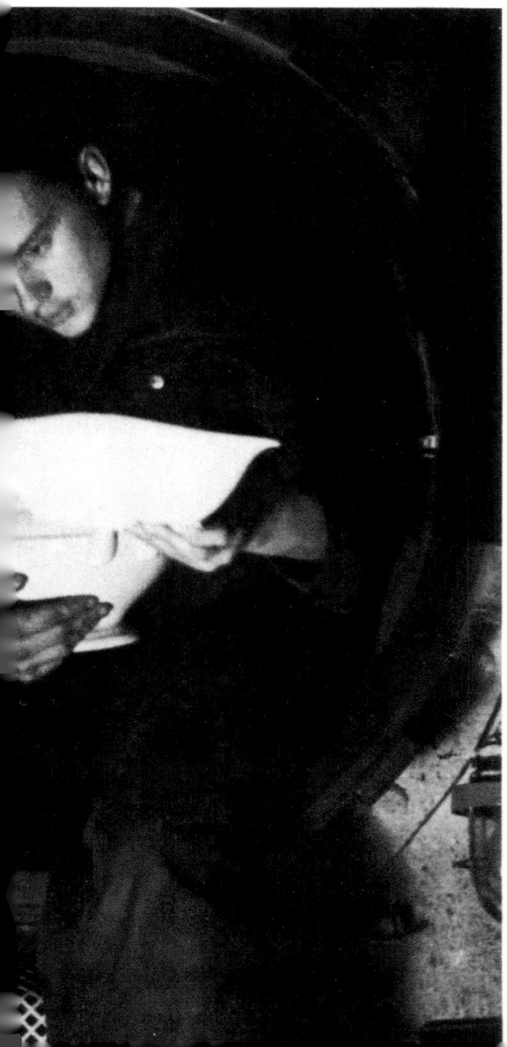

Links: Die steuerbord achteren Kojen im U-Raum mit der abgeschlagenen Back. Im offenen Schott der Schmutt.

Rechts: Blick in den Bugraum. Der größte Teil der Besatzung schläft, ißt und wohnt in dieser wenige Kubikmeter messenden Höhle, die zugleich Torpedoraum ist. Links und rechts wegklappbare Kojen, an der Decke Hängematten, in denen Freiwächter schlafen.

Im Wechsel der Wachen immer der gleiche Anblick: unser Bug, der im schweren Seegang gegen die grünen Brechseen mit den weißen Häuptern anrennt. Wenn dieser Bug sich in die Sturzseen einbohrt, sich hochreckt, die Lasten schüttelt und schon wieder gegen die nächste See anrennt, ist er ein rechtes Sinnbild für Kraft, Zähigkeit und Behauptung gegenüber dem Element.

Torpedoziehen

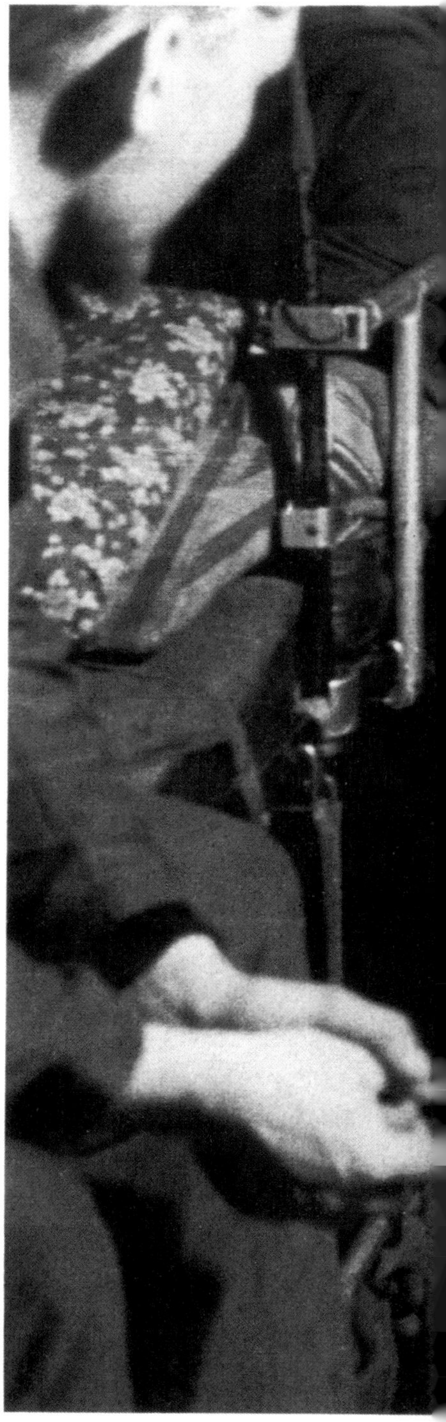

Zu den regelmäßigen Arbeiten an Bord gehört auch das ›Torpedoziehen‹: die Torpedos aus ihren Rohren ziehen und ihre Funktionsfähigkeit prüfen, sie ›regeln‹.
Alle vier bis fünf Tage verwandelt sich der Bugraum in eine Maschinenhöhle. Heißringe werden an den Wagen, der auf den Ladeschienen läuft, angebracht, und der Bodenverschluß des Torpedorohres wird geöffnet. Mit einem horizontal arbeitenden Flaschenzug wird der dick eingefettete Torpedo aus seinem Rohr gezogen und an die Ladeschiene gehängt. Der Luftkessel wird nachgefüllt, wenn es sich um einen mit Preßluft angetriebenen Torpedo handelt, und die Antriebsmaschine durchgetörnt, damit alle Lager und Wellen leichtgängig bleiben. Auch der Seiten- und Tiefenruderapparat wird durchprobiert und an den Schmierstellen Öl nachgefüllt.
Das klingt einfach, in der drangvollen Enge des Bugraums ist das Torpedoziehen aber eine schwere Arbeit.
Da möglichst immer drei Torpedos schußbereit bleiben sollen, wird jedes Mal nur ein Torpedo geregelt.

Zu Anfang des Krieges war vor allem der G7A-Torpedo in Gebrauch, ein mit Preßluft angetriebener Torpedo. Später wurde vor allem der G7E, ein Torpedo mit elektrischem Motor, eingesetzt, der keine verräterische Blasenbahn mehr zeigte. Die Torpedos hatten einen Durchmesser von 53 Zentimeter, die transportierte Sprengladung wog zirka 300 Kilogramm, der Torpedo insgesamt eineinhalb Tonnen. Die Fabrikationskosten betrugen zirka 6000 Reichsmark pro Torpedo (wenn bei Kriegsrüstung eine Kostenbezifferung überhaupt etwas sagt).
Die Torpedos unterschieden sich wesentlich nach ihren Zündpistolen. Entweder hatten sie Aufschlagpistolen oder Magnetpistolen, die vom magnetischen Feld des Zieles ausgelöst wurden, oder beides. Diese ›Rückgratbrecher‹ detonierten direkt *unter* dem Schiff. Der berühmte ›Zaunkönig‹ war ein ›akustischer‹ Torpedo. Er suchte sich, nachdem er nur ungefähr in die Richtung, in der der Gegner stand, ausgestoßen war, sein Ziel, die Quelle der stärksten Lärmemission, selber. Die letzte Entwicklung waren flächenabsuchende Torpedos, die nicht auf ein bestimmtes Ziel, sondern auf die Herde der Geleitzugdampfer gerichtet wurden und im Geleitzug so lange Zickzackkurse liefen, bis sie ein Schiff trafen oder am Ende ihrer Laufstrecke absackten.

So sieht es im Bugraum aus, wenn die Reserveaale noch unter den Bodenbrettern lagern. Unter den Hängematten an der Decke kann man nicht einmal gerade stehen. Das Stampfen des Bootes spürt man hier vorn am stärksten. Bugraumältester ist der Torpedomechanikersmaat, der einzige Unteroffizier, der im Bugraum schläft – direkt an seinem Arbeitsplatz, denn der Bugraum ist ja zugleich Torpedoraum.

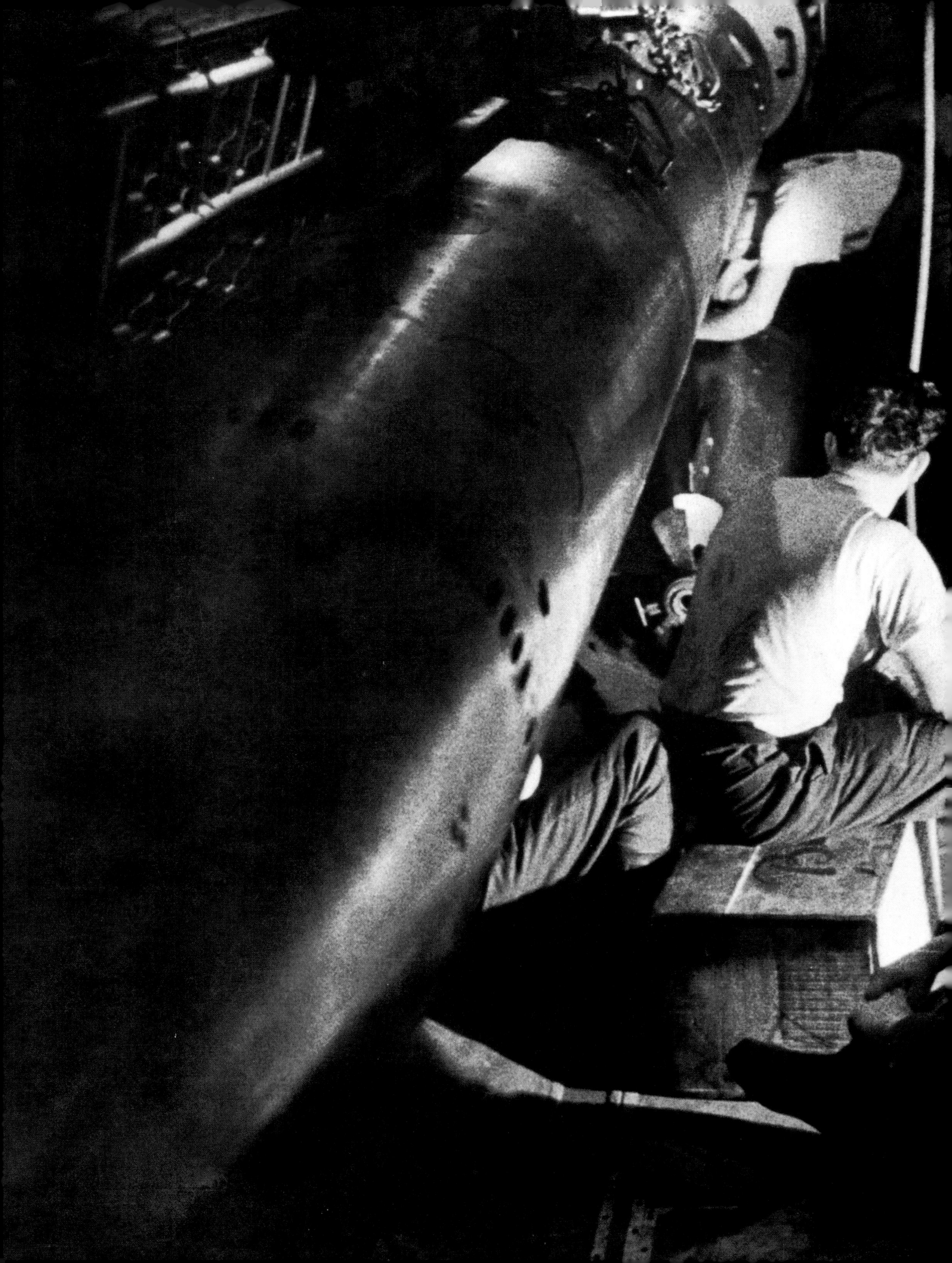

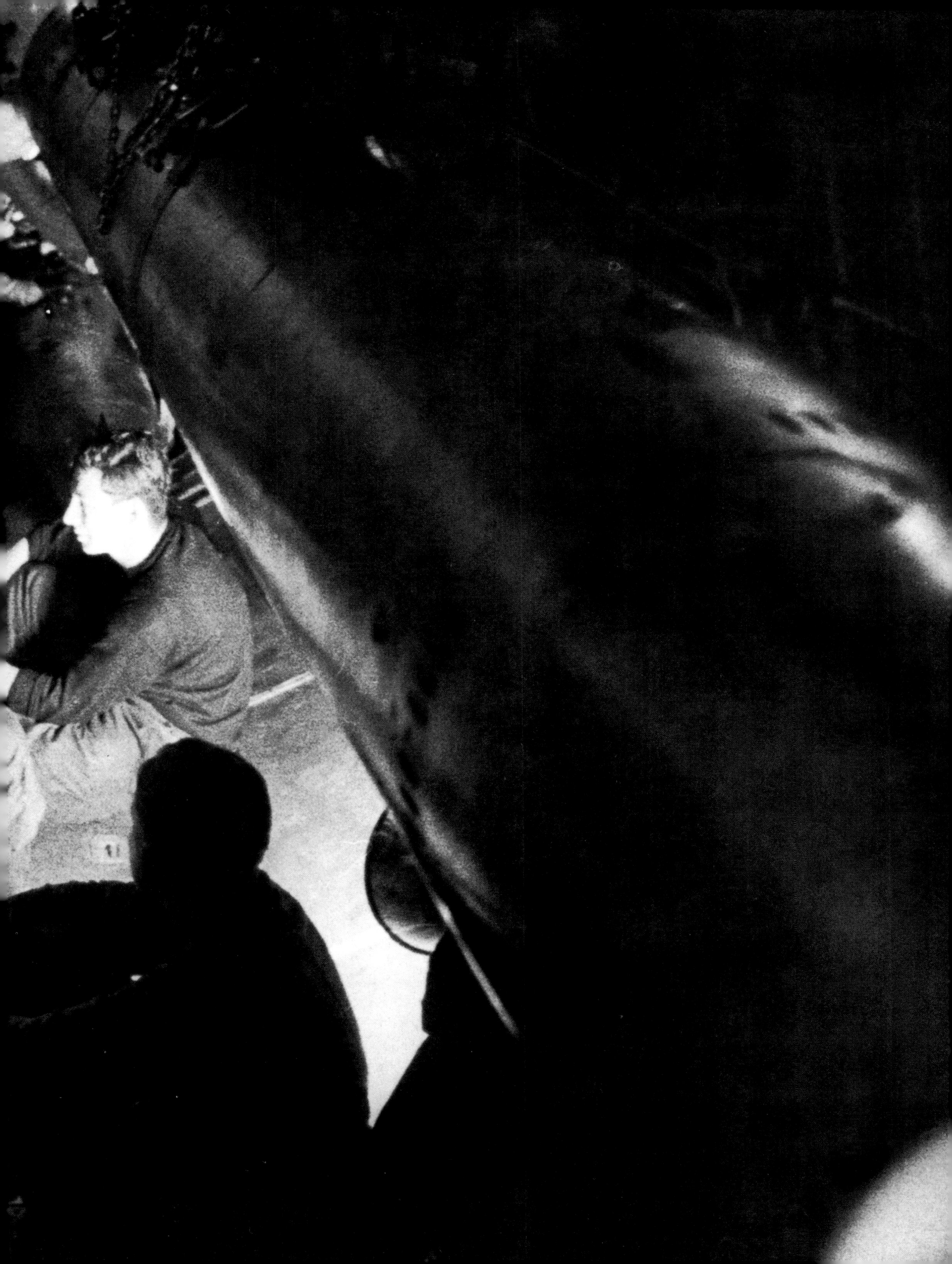

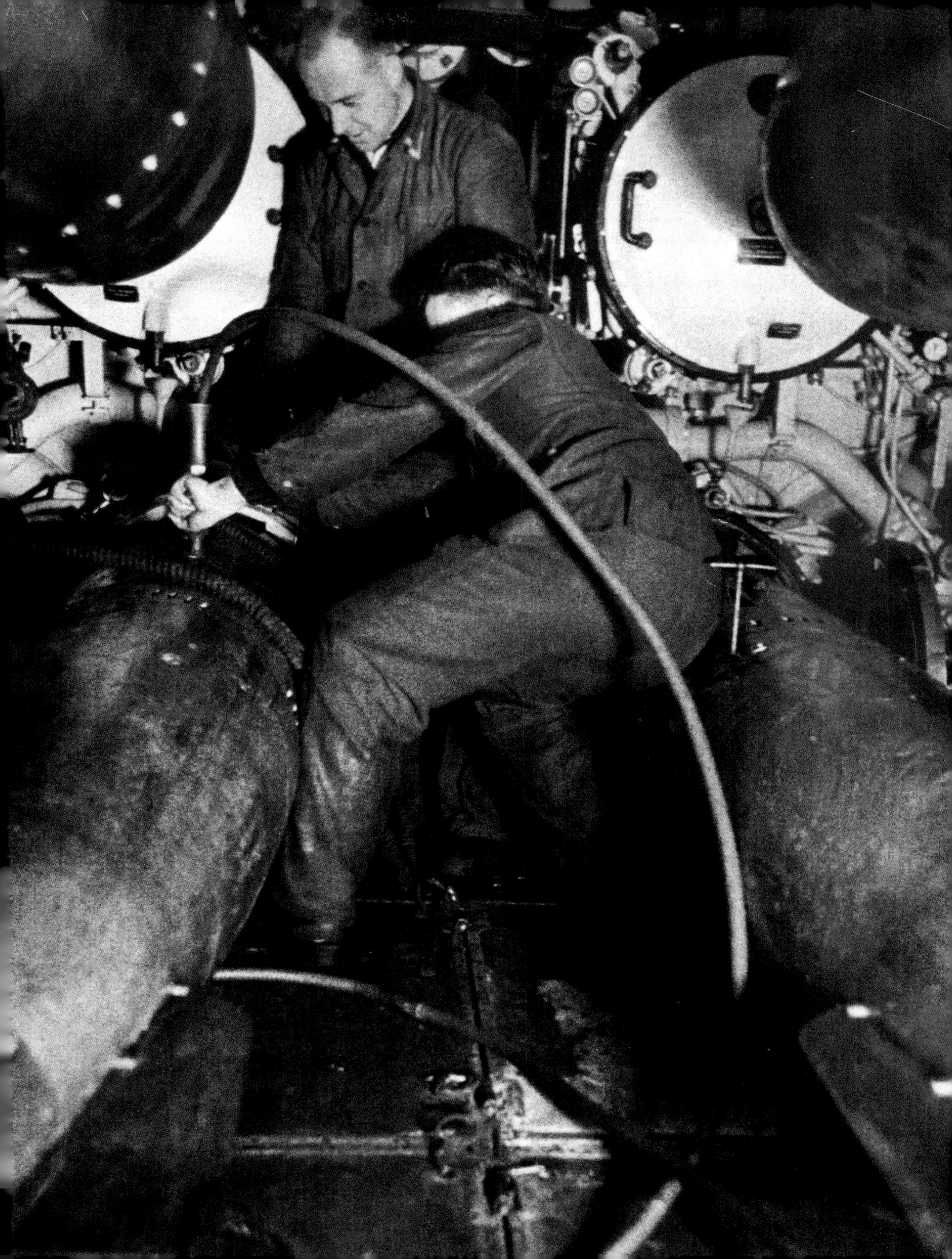

Die Schiffsroutine läuft gleichmäßig weiter. Vier Stunden Wache für die Seeleute, sechs Stunden Maschinenwache. Der Treibölvorrat nimmt ab, nur der Dreck im Boot vermehrt sich, und unsere Bärte werden länger.
Das Wort ›Hygiene‹ wird von U-Boot-Leuten wie ein Komikerausdruck verlacht. Frischwasser ist kostbar. Es wird allenfalls zum Mundspülen und Zähneputzen genommen. Wer sich unbedingt waschen will, wozu im Boot kaum Platz ist und bei Sturmfahrt schon gar keine Möglichkeit, muß salziges Seewasser und eine Spezialseife verwenden. – Ans Rasieren denkt kaum einer. Der Bart wird mit Sorgfalt gepflegt, bei der Rückkehr ist seine Dichte für das Empfangskomitee auf der Pier ein Indiz für die Länge der Reise. Zum Wäschewechsel wird keiner angehalten, mag die Reise noch so lange dauern. ›Nuttenwäsche‹, das heißt schwarze, empfehlen sich die Leute: »Schmutzt ja nicht«.

Ich notiere in mein Tagebuch: Donnerstag. Wieder neuer Streifen. Starke Dünung, kein Waffeneinsatz möglich. Das Wetter gibt sich als der Verbündete eines Gegners, von dem nichts zu sehen ist.
Freitag. Funkstille bis auf Feindmeldungen. Anscheinend sind jetzt mehrere Boote in unserem Seegebiet massiert.
Vom gemutmaßten Geleit keine Spur. Es sieht aus, als angelten wir in einem Teich, in dem es gar keine Fische gibt. Mittlere Dünung. Wenig Wind aus Nordwest. Stratokumulus. Aber Dunstschichten dicht über dem Wasser. Dieser niederträchtige Dunst nimmt uns das kümmerliche bißchen Sicht. Er engt unseren Waschbeckenhorizont zu einem Fingerhuthorizont ein. Es wäre ein Supermonstrezufall, wenn uns bei derart schlechten Sichtverhältnissen ein Schiff vor die Rohre liefe.

Ein Funkspruch ist eingegangen: »Im Quadrat XY suchen. Seenotfall. Seefernaufklärer.«
Wir sind alle perplex. Haben wir tatsächlich noch Seefernaufklärer? Aber das dauert nur Sekunden, dann ist der Alte am Kartentisch. Es vergeht kaum Zeit, bis er Ruder- und Maschinenbefehle gibt.
Ich sehe Bilder: Die armen Schweine, die irgendwo im Bach treiben. Wie lange hält sich eine Maschine auf der Wasseroberfläche? Weiß der Satan, ob ihre Bestecksangaben gestimmt haben.
Unser Boot jagt mit Höchstfahrt auf die vermeintliche Stelle zu.
Der Alte will immer wieder die Uhrzeit wissen. Er geht nicht mehr von der Brücke. Jetzt will er die Signalpistole haben. Ich reiche sie nach oben. Dann entere ich selber auf.
Der Seegang erschreckt mich. Da werden die Flieger sich nicht lange halten können.
Der Alte streckt den Arm hoch und drückt ab. Zischend geht die Patrone los. Über uns entfaltet sich weißes Licht. Doch wir starren wie fixiert auf das beleuchtete Wasser.

Später, nach erfolgloser Suche, herrscht große Beklommenheit. Gespräch über die Fragwürdigkeit des Vertrauens, das wir in die Maschinen setzen. Der II WO empfindet sie als Wesen, die einem Angst machen können: heimtückisch, erpresserisch.

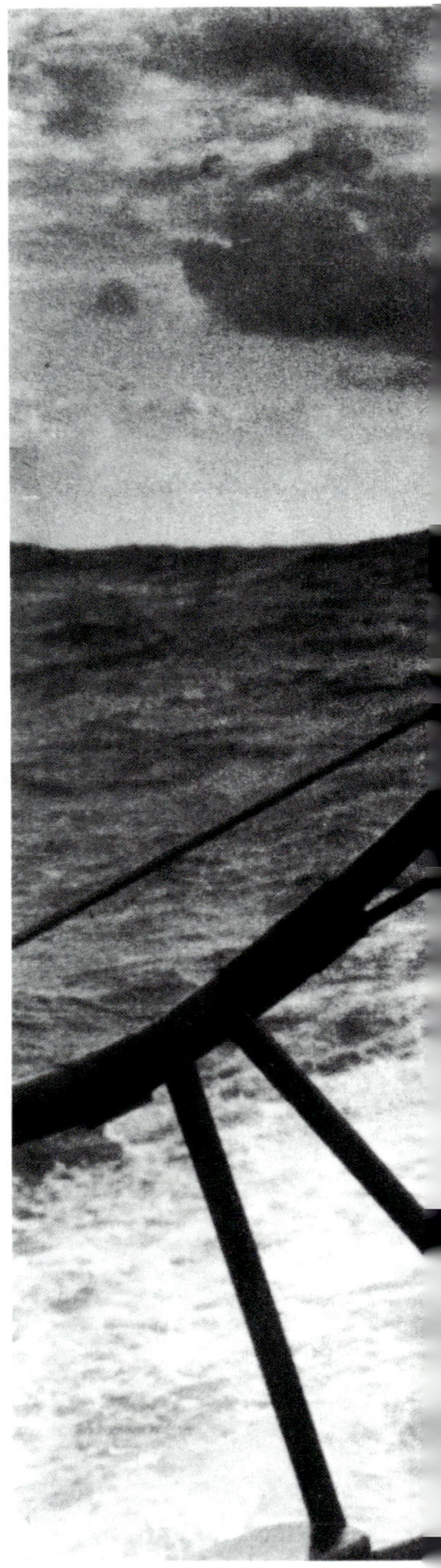

»Guter Ausguck ist das halbe Leben«, heißt es unter U-Bootfahrern.

Wer von den Brückenposten den Sonnensektor hat, ist übel dran: Feindliche Flugzeuge greifen aus der Sonne an.

Ich habe meinen Spitznamen weg: ›Leutnant Lederlappenhoch‹, weil ich, wenn ich auf der Brücke bin, alle paar Minuten trockene Lederlappen zum Putzen der Kameraobjektive verlange.
Während einer Sturmperiode gebe ich es auf. Statt mit quatschnassen Lederlappen die Salzschlieren über das Objektiv zu verteilen, lecke ich mit der Zunge darüber.
»Salzig macht lustig!« höhnt der Kommandant, als er es sieht.
Immer wieder großes Rätselraten: Hat der Verschluß diesmal funktioniert? Haben die empfindlichen Innereien der Kamera den letzten Salzwasserguß überstanden? Ist überhaupt etwas auf den Film gekommen?

Ein Boot hat sich per Funk tauchunklar gemeldet. Es ist jetzt nur mehr ein außerordentlich empfindliches Überwasserschiff, der Entdeckung und dem Angriff des Gegners fast wehrlos ausgesetzt. Mitten in der Wüste kann keiner verlassener sein als jeder auf diesem Boot, dem seine Fähigkeit, zu tauchen, genommen ist. Wahrscheinlich ist nur ein Außenbordverschluß leckgeschlagen – ein Nichts fast in diesem feinnervigen Maschinenorganismus –, aber dieser Schaden genügt, um das Boot seines größten Schutzes, der Unsichtbarkeit in der Tiefe, zu berauben.
Wir hocken zu viert in der Offiziersmesse. Der Kommandant schreibt ins Kriegstagebuch: Keine besonderen Ereignisse. Also nur ein paar nackte, für den Unkundigen nichtssagende Zahlen und ein paar ganz und gar entsinnlichte Sätze. Kargheit ist hier Trumpf.
Plötzlich legt der Kommandant den Stift weg und sagt mehr für sich als für uns: »U-Bootkrieg stellt sich wahrscheinlich mancher anders vor – und uns auch! Nicht so wie Angestellte bei einer Speditionsfirma...«
Das ist ein Stichwort für mich: Speditionsfirma. Wir spedieren Torpedos, Artilleriemunition, MG-Munition – wir spedieren das Ganze stumpfsinnig hin und her, weil uns der rechte Empfänger fehlt.
Papperlapapp! fahre ich mir selber in die Gedanken. Lieber den Kommandanten fragen, wieviel Boote wohl jetzt gleich uns im Nordatlantik herumkariolen.
Der Kommandant weiß es auch nicht.
»Die Bunker waren ganz schön voll, als wir ausliefen«, murmelt er schließlich. »Etliche sind auf dem Anmarsch, andere auf dem Rückmarsch oder in entfernten Seegebieten. Da bleibt doch für diese Gegend höchstens eine Handvoll übrig – zwanzig vielleicht.«
Und diese zwanzig Boote sollen ein Stellnetz spannen, um einen Konvoi zu fangen? Dieses Netz hat Maschen, die Hunderte von Seemeilen weit sind. Auf die Karte übertragen ist unser Gesichtskreis nur ein Punkt. Hier ein Punkt und viele Seemeilen weg wieder einer. Dazwischen können Dutzende von Geleitzügen in aller Ruhe unentdeckt durchfahren – in breiter Phalanx sogar. Diese Art Seekrieg ist zu sehr auf den Zufall gebaut.
Alle schweigen. Ich habe Zeit, mich meinen Gedanken hinzugeben: zwanzigmal die gleiche Szene wie hier bei uns – nicht ganz die gleiche auf den großen Booten, die im Süden operieren. Die haben mehr Platz als wir und sitzen in der Hitze halbnackt herum. Dafür tragen die Brückenbesatzungen bei Murmansk Pelze. Wir sind eben eine weltumspannende Speditionsfirma, von Murmansk bis Kapstadt und bis in den Machtbereich der Japse.

Schon zum Schlafen auf der Koje, putzt ein Bootsmaat noch sein Glas.

Ich verbringe die meiste Zeit mit ›Mulschen‹. Ich drehe mich herum, lege den Kopf auf den linken Arm – das ist aber die rechte Lage noch nicht. Also das kleine Kopfkissen zwischen Arm und Wange – ja, so geht es.
Einmal wache ich auf, weil der Maschinenlärm aussetzt. Im Raum brennt nur eine Lampe. Ich kann auf einmal hören, wie die Seen gegen den Bootskörper schlagen.

Alarmklingeln mitten in der Nacht. Gedankenfetzen rasen mir undeutlich durchs Hirn wie schlecht belichteter Film.
Unter mir drängt alles fluchend dem Kugelschott zu. Da tönt eine Stimme aus dem Lautsprecher: »Belege Alarm, Belege Alarm!« Und dann von der Zentrale her: »Das war Herr Rott, Herr Matrose Rott hat das geschafft!«
Der II WO klärt mich aufgeregt auf: »Ich habe den Mann als Rudergänger in den Turm gesetzt. Der blöde Kerl hat die Alarmklingel erwischt!«

Der Matrose Rott kann von Glück reden, daß er oben im Turm sitzt. Hier unten stehen einige herum, die ihn gern auseinandernehmen würden.

Ich habe noch eine Art Kalendergefühl bewahrt. Die Leute anscheinend auch: In der Zentrale steht eine Pütz mit Waschwasser. Einer nach dem anderen wäscht sich mit entblößtem Oberkörper und zieht sich den Scheitel gerade vor einer halbblinden Spiegelscheibe, die unter dem Kreiselkompaß hängt – Sonntag.
Beim Arbeitsdienst war das auch schon so: Das Reinigungsritual blieb auf den Oberkörper beschränkt. Dort, wo Waschungen am nötigsten wären, dringt kein Tropfen hin.

Der Schmutt hat sieben Napfkuchen gebacken und gefragt, ob ich sie nicht fotografieren wolle.
»In der Kombüse kann ich mich ja nicht rühren. Zu wenig Abstand. Aber wenn sie erst mal auf der Back stehen, dann bestimmt!«
Zum Mittag gibt es als Nachtisch Erdbeeren mit Schlagsahne, und für 15.30 Uhr ist ›Kaffee mit Kuchen‹ angesetzt. Da will ich dem Schmutt den Gefallen tun.
»Wenn wir nur erst mal die Aale los wären!« höre ich einen Seemann stöhnen. Der Wunsch ist durch die bevorstehende Kaffeetafel dringend geworden: Im Bugraum kann die Back immer noch nicht angeschlagen werden. Man kann dort vorn nur im Schneidersitz hocken, weil im Mittelgang unter den Bodenbrettern Reservetorpedos liegen: Bei 53 Zentimeter Durchmesser nehmen sie mit ihren Holzklötzen vom Bugraum, der ohnehin durch die Hängematten an der Decke niedrig wie ein Stollen ist, nochmal 70 Zentimeter weg. Hier vorn wünscht sich mancher die Begegnung mit dem Feind herbei, nur damit endlich Platz wird.
Der Leitende hat sich die Wangen rasiert, den Spitzbart aber stehen lassen. Jetzt sieht er bis aufs Haar wie Conrad Veidt in der Rolle Rasputins aus.
Der I WO muß, weil er Wache hatte, nachessen. Wir gucken mit deutlich zur Schau getragenem Interesse zu, wie er auf seinem Teller herumfuhrwerkt. Das macht ihn hochgradig nervös – ein gerechter Ausgleich, denn uns machen seine Eßsitten nervös. Beim Frühstück fischt er mit allen Zeichen des Widerwillens auch noch die kleinsten dunklen Pünktchen aus der Haferflockensuppe. Wir müssen uns das zu oft ansehen.
Der LI mault, ich solle das Knie herunternehmen. Wenn ich das Knie so einstemme, würden die heruntergeklappten Schlingerleisten bald aus den Scharnieren reißen. Der LI ist eben um jedes Schräubchen an Bord besorgt und nicht nur um seine Dieselmaschinen.

Der II WO kann nicht lachen. Ihm ist die Backe angeschwollen.
»Was hat denn das Lieberchen für ein nettes Bäckchen?« verhöhnt ihn der LI. Der II WO hat Angst, daß es schlimmer werden könne: kein Arzt an Bord. Immer wieder mal stellt er sich vor seinen Rasierspiegel und fuhrwerkt mit einer Stablampe herum. Aber es will ihm nicht recht gelingen, Spiegel, Lampe und Mundhöhle in das rechte Verhältnis zu bringen.
Der LI schildert ihm dabei genüßlich, was ihm alles noch passieren wird: »... und wenn gar nichts hilft: Bohrer aus der E-Maschine ansetzen!«

Ein öder Tag. Schon am frühen Morgen kam mich die Ahnung an, daß dieser Tag nichts bringen würde.
Der Vorpostenstreifen ist wieder einmal verlegt worden. Beim Stab werden die Planquadrate, in denen wir suchen sollen, anscheinend ausgewürfelt.

Übers Radio kommt die Meldung, deutsche U-Boote hätten im Mittelmeer einen Flugzeugträger versenkt. Was mag nur der Plural bedeuten? In dieser Gegend hier ist jedenfalls gar nichts los.

Der Kommandant klettert nach oben, betrachtet skeptisch Himmel und Wasser und lüftet seinen Griesgram aus: nichts in Sicht. Wir sind, scheint es, auf der Suche nach der sprichwörtlichen Stecknadel im Heuhaufen.
»Rien ne va plus«, murrt der Kommandant, »kein Schwanz zu finden«.
Anscheinend ist der ganze Ozean leer von Schiffen.
Der Kommandant hat eine Erklärung: »Die sind gewitzt. Die wählen mal einen Weg bis hart an Grönland heran und mal ganz nach Süden – nach Gibraltar hinunter. Da kann nur der Zufall helfen... Schlimm wäre es, wenn die über unsere Aufstellungen Bescheid wüßten.«

Sehrohrangriff

Wir sitzen gerade beim Mittagessen. Der II WO erscheint und meldet sich beim Kommandanten, der gerade seinen Teller leergegessen hat: »WO abgelöst – nichts Besonderes.«
Der II WO ist dabei, seine Gummihose auszuziehen, da kommt von der Brücke die Meldung: »An Kommandant: Masten steuerbord voraus!«
Der Kommandant schnellt vom Ledersofa hoch und hastet am taumelnden II WO vorbei nach achtern.
Der Leitende ist auch schon hoch und zwängt sich zwischen meinem Rücken und der Spindwand durch.
Der Geleitzug, nach dem wir seit Wochen suchen! Gleich sackt mir das Herz weg: oder ein Zerstörer? Masten – das klingt nicht gut!
Die Sicht ist miserabel. Ich habe Mühe, die gemeldeten Masten zu finden.
»Keine Zerstörermasten«, brummt der Kommandant.
»Mußn einzelfahrender Dampfer sein – komisch!«
Der Kommandant ruft nach dem Obersteuermann. Der Obersteuermann steht gleich da wie herbeigezaubert.
»Mal fürs KTB notieren: Einzelfahrer auf zirka neun Seemeilen gesichtet – in spitzer Lage. Sicht wechselnd bis schlecht.«
Der Kommandant setzt das Glas wieder an. Jetzt brummt er zwischen seinen glasstützenden Händen hindurch: »... müßten wohl auch was über sein Tempo sagen ... Ich schätze gut und gerne zehn Seemeilen. Aber wir wollen erst mal kurz mitlaufen. Kann auch mehr sein.«
Unsere Bugwelle hat sich verändert – sie hat sich entfaltet wie die Flügel eines Vogels, der aus dem Schlaf erwacht ist.
Auch das Dieselgeräusch ist anders geworden: ein geschlossenes Dröhnen. Die Diesel laufen große Fahrt: Wir jagen.

Um meine Kamera zu holen, verschwinde ich wieder von der Brücke.
Im U-Raum fragt mich ein wachfreier Dieselmaat: »Elend mit R und vier Buchstaben?« Dabei guckt er mich erwartungsvoll an. Ich starre zurück, als hätte ich es mit einem Irren zu tun. Kreuzworträtsel – jetzt? Gleich habe ich mich wieder an der Kandare. Nicht das Gesicht verlieren! Elend mit R – vier Buchstaben? Ich muß die Augen schließen, um schnell scharf nachdenken zu können: RUIN – das könnte stimmen.
»Ruin«, sage ich gleichmütig.
Der Dieselmaat staunt: »Ruine?«
»Nein, Ruin – wie Urin, nur mit vertauschten ersten beiden Buchstaben.«
»R-U-I-N!« Der Dieselmaat spricht jeden Buchstaben einzeln und schreibt dabei. »Haut hin. Verbindlichen Dank! Ruin – habe ich nie gehört.«
Ich muß, kaum bin ich auf der Brücke, sie auch schon wieder verlassen.
Der Kommandant hat sich zum Sehrohrangriff entschlossen. »Brücke tauchklar bis aufs Sprachrohr!« lautet sein erster Befehl. Die Kamera behindert mich wie stets beim Hinabklettern im Turmschacht. Ich wünschte, ich könnte sie einfach in eine Hosentasche stecken. Schon werden die Diesel durch ihren Meldeschalter tauchklar gemeldet. Das Boot taucht.

Mastspitzen sind gesichtet worden: ein Einzelfahrer. Jetzt wird durch Parallellaufen an der Sichtgrenze sein Zacksystem und seine Geschwindigkeit festgestellt. Statt der normalen Brückenbesatzung von vier Leuten sind sechs auf der Brücke: Jetzt gilt es, besonders scharf Ausguck zu halten und sich von Außensicherungen nicht überraschen zu lassen.

In der Zentrale sitzt der Leitende Ingenieur mit den beiden Tiefenrudergasten vor Tiefenruderzeigern, Tiefenmessern, Trimmzeigern – inmitten der verwirrenden Fülle durcheinanderlaufender Leitungen, grauroter Handräder, weißer Zifferblätter, Skalen, Manometerzeiger. Die Kräfte des Bootes und seine Bewegungen werden im Spiel von Zeigern und Standgläsern sichtbar.
Neben dem LI hockt der Zentralemaat vor den Handrädern für die Luftverteilung.
Die Lüfter werden abgestellt. Gleich riecht es nach Öl, Schweiß, Bilge, und die Luft im Raum kondensiert zu feinen Schwaden.
Die plötzliche Stille im Boot ist beklemmend. Wie aus großer Ferne nur das leise Summen der E-Maschinen. Irgendwo tropft mit dünnen Tönen Wasser in die Bilge. Ein Zittern wie von einem Kälteschauer durchläuft das Boot.

Der Kommandant traut dem Standsehrohr nicht: Eine Kittschicht im Linsensystem hatte sich bei einer Wasserbombenverfolgung während der letzten Reise gelöst. Der Schaden ist von der Werft nicht ordentlich behoben worden. Das schlechte Wetter macht ihm die Entscheidung, lieber mit dem vorderen Sehrohr anzugreifen, leicht: Das Luftzielsehrohr hat den größeren Lichteinfall.
In der Zentrale sind jetzt außer den beiden Tiefenrudergängern der Zentralemaat, der Leitende als Tiefensteuerleiter und natürlich der Kommandant. Der I WO hockt oben im Turm am Vorhaltrechner, in den er jetzt die Gegnerdaten eingibt. Der vom Rechner ermittelte Vorhalt wird bis zum Ausstoß des Torpedos laufend mit einer Spindel in dessen kreiselgesteuerten Gradlaufapparat eingedreht.
Der Kommandant gibt das Kommando: »Seite folgen!«
Ein Nachdrehmotor sorgt jetzt dafür, daß der Kurs, den der Torpedo steuern muß, um sein Ziel zu erreichen, ständig verbessert wird. Erst beim Abschuß wird die Spindel ausrasten.
Wieder ein Befehl: »Backbord fünfzehn – auf dreißig Grad gehen – langsam voraus!«
Der Kommandant zeigt nicht die Spur von Aufregung. Jetzt läßt er sich sogar zu einer Mitteilung an den Leitenden herbei: »Chief, wir sind in guter Position! – Wir setzen uns noch etwas mehr vor die Kurslinie!« Gleich darauf wieder im üblichen Befehlston: »Bitte auf dreizehn Meter einsteuern! Sehrohr bleibt noch ein!«
Dann dreht sich der Kommandant halb herum. Er tut so gleichmütig, als ginge es hier um nichts anderes als eine Übung: »An Funker: Außer dem Einzelfahrer – jetzt backbord achteraus – war nichts in Sicht. Noch Zeit für Rundhorchen!«
Nun nimmt er sein Kinn hoch und richtet seine Worte klar artikuliert in den Turm: »I WO – sollten wir heute zufällig zum Schuß auf einen lohnenden Brocken kommen, werden wir voraussichtlich einen Doppelschuß einsetzen... aber für alle Fälle...« An dieser Stelle hebt der Kommandant seine Stimme und ruft knarsch: »Rohr eins bis vier klarmachen zum Unterwasserschuß – Rohre bewässern – Mündungsklappen öffnen!«
Wie Echos kommen die Bestätigungen von vorn.
Der Funker – jetzt Horcher – meldet: »Schraubengeräusche in zwohundertzwanzig Grad – Peilung steht – ziemlich laut – sonst keine Geräusche.«

Vorhergehende Seite: Der Dieselmaat hat die äußeren Abgasklappen geschlossen und zieht ein Handrad nach. Jeder ist jetzt Teil der großen Präzisionsmaschine U-Boot. Mit exakten Handgriffen füllt er die Lücken aus, die im komplizierten Mechanismus noch offen geblieben sind.

Sofort nach dem Tauchbefehl haben der Bootsmann und ein Brückenposten die Tiefenruder besetzt. Sie tragen noch ihr Gummizeug, der Bootsmann sogar noch seinen Südwester.
Präzise Tiefensteuerung ist Gefühlssache. Die Tiefenrudergänger, die vor dem Leitenden vor ihren Druckknöpfen sitzen, halten die Lastigkeitswaage scharf im Auge: Sie müssen das Boot auf ebenem Kiel halten. (Die großen Handräder werden nur benutzt, wenn die elektrische Anlage ausfällt.) Auch bei grober See (bis zu 4–5) reagiert das VII C-Boot noch gut auf die Tiefenruder, während die größeren Boote sich infolge ihrer größeren Schiffsmassen und der größeren Abmessungen des flachen Oberdecks bei solchen Seebedingungen kaum mehr ordentlich auf Sehrohrtiefe halten lassen.

Die Meldung des Leitenden: »Boot ist eingesteuert!« klingt beiläufig. Er bemüht sich offenkundig um eine lässige Haltung, wie der Kommandant sie zeigt.
Der Kommandant krault sich den Bart, aber plötzlich nimmt er den Kopf hoch und ruft nach oben: »Torpedoschaltung Turm. Doppelschuß aus Rohr eins und zwo.«
Jetzt blickt er mir voll ins Gesicht und sagt: »Da wollen wir mal... Frage Uhrzeit?«
»Fünfzehnuhrfünfunddreißig!« antwortet der Obersteuermann.
Endlich fährt der Kommandant das Sehrohr aus und dreht sich wie ein Tanzbär auf den Flurplatten um die Achse des Sehrohrs herum. Dann sucht er in der vermeintlichen Gegnerrichtung.
Als von ihm immer noch kein Wort kommt, blicke ich den Leitenden fragend an. Der zuckt aber als Antwort nur leicht mit den Schultern.
Der Kommandant dreht das Sehrohr nur mehr wenig hin und her. Dabei murmelt er: »An Funkraum – nochmal genaue Peilung!«
Ich will den Befehl schon wiederholen, weil der Horcher ihn nicht gehört haben könnte, da kommt die Rückmeldung:
»Zwohundertfünfundzwanzig Grad – ziemlich schnell lauter – wandert mehr voraus.«
»So«, macht der Kommandant und sucht in der angegebenen Richtung.
»Ganz schön spannend«, murmelt der Leitende.
Ich ziehe statt einer Antwort nur das Feuchte in der Nase hoch.
Der Kommandant steckt das Sehrohr höher hinaus. Plötzlich ruft er mit ungewohnt heller Stimme: »Ei, da ist er ja! – Ganz schöner Dubas! – Verdammtes Mistwetter! – Der zackt doch nicht etwa? – Na sowas! Der zackt doch tatsächlich!«
Der Kommandant löst sein Gesicht von den Okularen, fährt das Sehrohr wieder ein und wendet sich uns zu: »Etwa viertausend Meter. Auf Null Grad gehen! Halbe Fahrt voraus!« Und dann nach oben: »Einstellen – Gegnerbug rechts – Lage sechzig – Gegnerfahrt elf Knoten. Müssen anscheinend Fächer schießen – Fächerwinkel drei Grad!«
Daraufhin an mich: »Nach Fliegern such ich gar nicht erst bei dieser Sicht. Ehe man die sieht, sind sie ja auch schon wieder weg!«
Zwei Minuten lang geschieht nichts. Wir stehen herum wie die Pagoden. Endlich macht der Kommandant den Mund auf: »Frage Horchpeilung?«
»Zwohundertfünfundsiebzig Grad!« kommt es aus dem Horchraum.
Der Kommandant dreht sich halb zum Leitenden herum: »Chief, kann ich ›langsam‹ geben und ausfahren?«
Der Leitende nickt eilfertig. Es sieht aus, als bringe er vor lauter Spannung kein Wort hervor. Dann höre ich aber doch: »Jawoll, Herr Kaleunt!«
Der Kommandant dreht das Sehrohr in zweihundertfünfundsiebzig Grad, dann fährt er es aus. Diesmal brauchen wir nicht zu warten: Kaum ist das Okular frei, ruft er schon: »Habe ihn gut!«
Der Kommandant bewegt das Sehrohr nur noch wenig. Einen nochmaligen Rundblick hält er anscheinend nicht für nötig. Und jetzt fährt er das Sehrohr sogar wieder ein. »Gleich ist es soweit!« läßt er uns wissen.
Kaum hat der Kommandant das Sehrohr wieder ausgefahren, murrt und flucht er auch schon. Anscheinend zackt der Dampfer wieder. Ob die auf dem

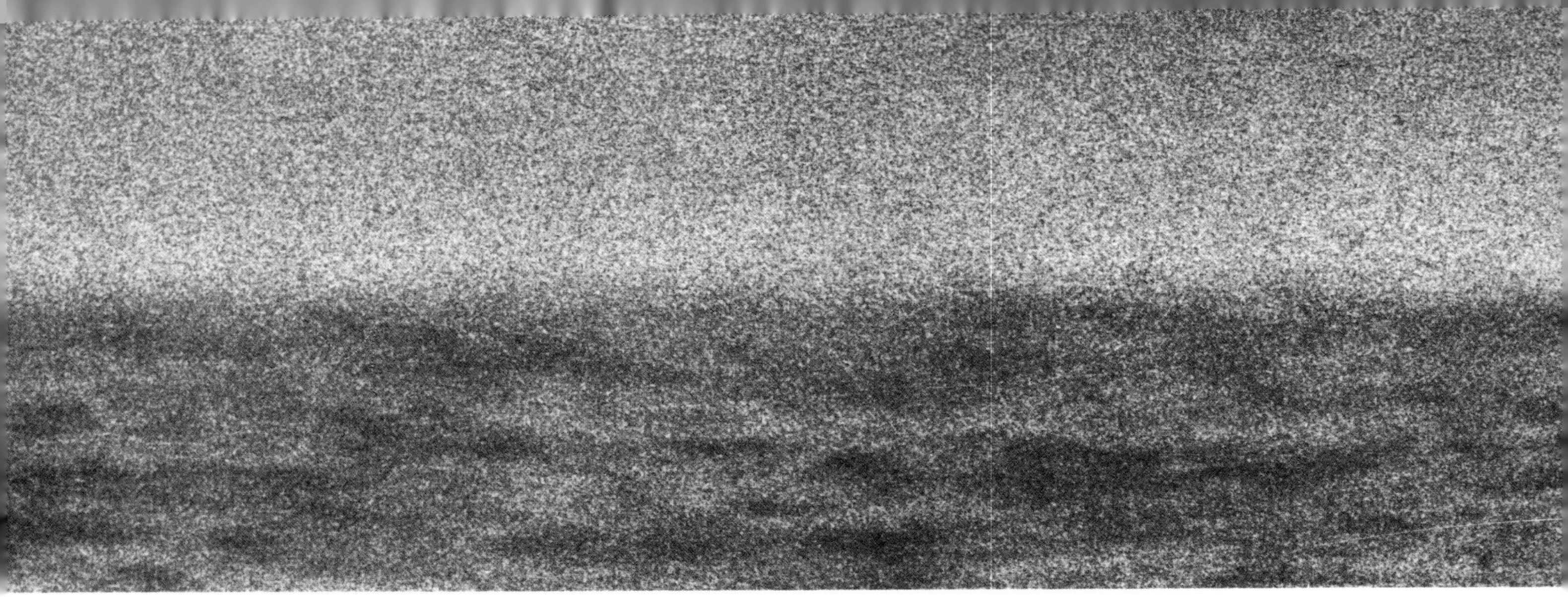

Dampfer gar das Sehrohr entdeckt haben? Das Luftzielsehrohr ist dicker als das Standzielsehrohr, macht also mehr Schaum, kürzer ist es auch, und dadurch ist die Gefahr, daß das Boot bei schlechter Tiefensteuerung durch die Oberfläche bricht, größer. Es ist schon vorgekommen, daß Boote beim Angriff mit dem Luftzielsehrohr von plötzlich zudrehenden Dampfern gerammt worden sind. Endraß ist es so ergangen. Aber da war das Wetter wohl noch schlechter als jetzt.
»Kommt spitz...«, höre ich den Kommandanten murmeln. Wenn er doch einen richtigen ›Schlachtenbericht‹ gäbe! Wie soll man sich aus dem bißchen Fluchen und Murmeln ein Bild machen? Jetzt wünschte ich mir den Rundfunkberichter Schurich am Sehrohr – dem quoll der Palaver nur so aus dem Mund.
Hin und wieder geht der Kommandant in halbe Kniebeuge – nicht gerade eine bequeme Stellung. Und jetzt dreht er sich auch noch in dieser Stellung um die Achse des Sehrohrs. So sieht er täppisch aus. Oben am Standzielsehrohr hätte er es besser. Da kann er auf einer Art Motorradsattel sitzen, den dicken Schaft zwischen den Knien, und mit einem einzigen Pedaldruck Karussell fahren.
Der Obersteuermann hat sein Gesicht maskenhaft erstarren lassen. Er hält in der Linken ein Schreibbrett, in der Rechten die Stoppuhr.
»So isses recht – kommt wieder schön breit«, murmelt der Kommandant. Dann dreht er sich wieder im Kreis herum: neuer Rundblick. Man kann ja nie wissen, ob ein Zerstörer in der Nähe ist – solche einsam und allein durch die grüne See schippernden Dampfer können auch Fallen sein.
Bei all der Spannung habe ich nicht gehört, ob die Rohre klar gemeldet haben. Sie werden schon, sage ich mir.
Der Kommandant fährt das Sehrohr wieder aus. Er beobachtet gute zwei Minuten, dann sagt er: »Sieh einer an – jetzt zackt er wieder zu! – Aber nicht viel – eigentlich genau passend! – Schätze Schußentfernung wird tausendfünfhundert. Chief, Doppelschuß aus Rohr eins und zwo. Geht das mit halber Fahrt?«
»Jawoll Herr Kaleunt – geht klar!«
»An Turm!« hebt der Kommandant mit lauter Stimme an: »Gegnerfahrt zwölf Knoten – Torpedos auf fünf Meter – Tiefenapparat – Bug rechts – Lage fünfzig – Rechner folgen!«

Ich höre deutlich den Rechner schnurren und die neue Sehrohrzielrichtung und den Vorhalt an die Aale übertragen.
Die Spannung ist jetzt übermächtig. Ich wünschte, ich könnte auch einen Blick durch das Sehrohr tun.
Die Befehlslitanei geht weiter:
»An Turm: Gegnerlage fünfundsiebzig – weiter folgen!«
Der Kommandant hat seine Stimme mit dem letzten Wort nicht wie sonst sinken lassen. Daran merke ich, daß es gleich weitergehen wird. Da kommt auch schon: »Rohr eins und zwo fertig! – Halbe Fahrt voraus! – Chief, Tiefe ist gut! –«
Ich sehe, wie der linke Kinnmuskel des Leitenden spielt. Sein Mund bleibt fest geschlossen. Jetzt ist für ihn nicht die Zeit, sich über das Lob des Alten zu freuen.
Es sieht aus, als wolle der Kommandant seinen Kopf ins Metall des Sehrohrs hineinpressen; so sehr ist sein ganzer Körper nach vorn gespannt.

»Rohr eins!« sagt er jetzt mit ungewohnt harter Stimme in die Stille hinein, macht eine Pause und läßt genauso hart folgen: »Los!«
Ich spüre gerade dem leichten Ruck nach, der vom Torpedoausstoß herrührt, da höre ich den Kommandanten: »Rohr zwo – los!«
Ich habe kapiert: Wir haben keinen Fächer geschossen, sondern zwei Aale auf Parallelkurs – aber nacheinander, also mit Treffpunktverlegung.
Der Funker meldet: »Beide Torpedos laufen!«
Sofort wird nachgeflutet.

Wir tauchen auf. Wir zeigen uns. Der tückische Fisch kommt hoch.
Ich habe mich oft gefragt: Was müssen die Leute auf dem todgeweihten Schiff empfinden, wenn plötzlich unser Turm triefend in einem Fleck schäumenden Wassers erscheint, wenn die Bugspitze die Oberfläche durchbricht, der graue Hai im Schaumkranz dümpelt, und unsere glasbewehrten Köpfe über dem Schanzkleid erscheinen ... Haß? Entsetzen? Lähmung?

Das Achterschiff des von der Torpedodetonation auseinandergerissenen Tankers schwimmt genauso weiter wie sein vorderer Teil. Weil Tanker vielfach durch Schotten unterteilt sind, bleiben solche Wrackteile schwimmfähig.

Gleich nach dem Kommandanten bin ich oben und habe auch schon das Ziel im Glas: Unser Torpedo hat den Dampfer in der Mitte getroffen. Bug und Heck des waidwunden Schiffes ragen hoch. Aber jetzt fallen sie zurück: Das Schiff wird grotesk lang, als wäre es aus Gummi. Immer weiter treiben die beiden Hälften auseinander.
»Vollkommen irre«, sagt der Kommandant, »Laufgang hält... und Antenne!«
Deutlich ist zu erkennen, daß vom Heckteil zwei Boote ausgesetzt werden. Aber auf dem Vorschiff sind auch Leute zu sehen. Und dort ist anscheinend weder Boot noch Floß.
»Mal rum um das Ganze«, sagt der Kommandant und gibt Ruder- und Maschinenbefehle.
Während des Manövers bewegen sich die beiden Schiffshälften nicht mehr. Die Antenne hält immer noch.
»Da müssen Luftlöcher rein!« sagt der Kommandant und befiehlt gleich darauf: »Geschützbedienung an Oberdeck!«
»Beeilung!« blafft der Bootsmann hinterher. Das hätte er sich sparen können: Die Leute hasten herauf, so schnell sie nur können.
Früher habe ich mich gefragt: Warum dieses gnadenlose Artilleriegeballere? – So ein Schiff ist doch sowieso verloren. Jetzt weiß ich: Englische Bergungsschlepper holen in tollkühnen Aktionen auch noch schwimmende Wrackteile in die Häfen der englischen Westküste ein. Es ist allemal billiger, ein Schiff aus einem Bugteil und einem Heckteil zusammenzusetzen als ein neues zu bauen. Und auf Schiffbauschönheit kommt es dem Gegner jetzt nicht mehr an.
Die Katastrophe für das gestellte Schiff schildert unser KTB nur lakonisch:

12.32 Tanker in Sicht
Zwei Torpedos geschossen. Beide werden Treffer. Tanker knickt sofort ein. Starke Rauchentwicklung bei Detonation.

15.10 Aufgetaucht. Tanker arbeitet schwer in der groben See, bricht an der Einschußstelle auseinander. Besatzung in 4 Boote, 1 Floß. Beide Teile schwimmen weiter. Brücke brennt aus. Tanker ›Clea‹ 7987. Geschütz achtern. Auf jeder Brückennock ein gepanzerter runder Beobachtungsstand mit Sehschlitzen

16.10 Artillerieeinsatz. 83 Schuß auf beide Schiffsteile. Achterschiff sinkt um 16.59. Vorschiff stellt sich senkrecht, bleibt aber noch bis Namen über Wasser. Mit MGC/30 auf Vorschiff geschossen. Schiffswand wird durchschlagen. Räume entlüften langsam.

Tatsächlich versinkt das Vorschiff erst gegen 17.30 Uhr vollständig.

Sonst wird aus größerer Distanz geschossen – auf Dampfer, die nur Schatten sind. Da kann man die Phantasie zum Kuschen bringen. Aber hier? Was wird den armen Hunden in den Booten passieren? Das konnte nicht die ganze Besatzung sein. Die Leute auf dem Vorschiff werden die Kumpels in den Booten noch gefischt haben – aber die anderen? Sind die etwa vor den Kesseln verbrannt? Was spielte sich dort drüben im Maschinenraum ab, als die Torpedos genau dort gegen die dünne Schiffswand krachten, wohin sie gezielt waren, und ihre Ladung explodierte?
Ich muß meiner Phantasie wie einer wegrauschenden Ankerkette einen Stopper aufsetzen, den quellenden Kloß in der Kehle hinunterschlucken.

»Das reine Abwrackunternehmen«, murmelt der Kommandant.
Ich kann sein Gesicht nur im Halbprofil sehen. Es ist gänzlich verschlossen: nichts mehr von Begeisterung wie bei der Entdeckung der Beute. Auch das Jagdfieber ist nun erloschen. Dieses mühselige Killen ist ihm an die Nieren gegangen.
Wie mögen Dampfer nach zwei- oder dreitausend Meter Tiefenfahrt aussehen? Was passiert unseren eigenen Booten, wenn sie nicht mehr zu halten sind? Werden die Wracks zu riesigen Klumpen gedrückt? Oder laufen die Räume und der geborstene Druckkörper so voll, daß Außen- und Innendruck schnell gleich sind? Sinken sie dann, ihre Form bewahrend, in die Tiefe?
Und die Leute, die mit den Schiffen versinken? Vergammeln Wasserleichen nach und nach in großer Tiefe? Gibt es da noch Fische, die ihnen das Fleisch von den Knochen fressen? – Mit keinem kann man darüber reden, von niemandem Schlüssiges erfahren.
Auch über das Los der Schiffbrüchigen verlautet nichts. Sie zu retten ist uns verboten. Der Befehl ist unzweideutig. Der BdU hat ihn als ›M-Offizier‹ an alle Boote gegeben: »Keine Leute retten und mitnehmen. Wir müssen hart in diesem Krieg sein!«

Um weitere Torpedos zu sparen, werden die beiden Teile des von Torpedotreffern auseinandergebrochenen Schiffs mit der Achtkommaacht, dem Bordgeschütz auf dem Vordeck, versenkt.

Das Vorschiff sinkt zuletzt. Sein ›Grabgesang‹, das Reißen der Wände und Brechen der Schotten, ist deutlich im Boot zu hören.

Anstatt in der Offiziersmesse den Sieg feiern zu lassen, hockt der Kommandant halb vergrämt in der Zentrale. Ich weiß aus Berichten, daß er gewöhnlich so reagiert. Für den alten Seemann ist ein Dampfer mit seinem pochenden Maschinenherzen ein lebendes Wesen mit Biographie und Charakter.
Der Kommandant versucht, mit sachlichen Erklärungen über die Beklommenheit wegzukommen: »Wenn der Nachlauf der Seitenpeilung am Sehrohr ausfällt, müssen die Kommandos für die Torpedoeinstellung vom Torpedooffizier – das ist ja hier der IWO – per Sprachrohr oder mittels Befehlsübermittler nach vorn gegeben werden. In einer solchen Lage müßte man auf Winkelschuß verzichten, damit es keine Fehler bei der Kursaufnahme des Aales gibt. Da käme also nur Geradeausschuß in Frage...« Weil der Kommandant jetzt zögert, blicke ich ihm fragend voll ins Gesicht – ein Schüler, der dem Lehrer lauscht. »Der errechnete Vorhalt würde dann am Gradkranz an der unteren Buchse eingestellt«, fährt der Kommandant prompt fort, »und das Sehrohr darauf eingerichtet. Und dann wird losgemacht, wenn der Abkommpunkt durchwandert. Das ganze läuft dann etwa so: Ich gebe die beobachteten Werte an den WO, der gibt den angezeigten Vorhalt runter, der Obersteuermann stellt die Marke ein und liest von fünf Grad zu fünf Grad mittellaut ab, wie weit ich noch mit dem Boot zu drehen

Nächste Seite: Die neue Brückenwache ist aufgezogen und sucht wieder angespannt See, Kimm und Himmelsraum nach Verfolgern und Beute ab. Unten im Bugraum aber ist ›Rabbatz im Kettenkasten‹: die Siegesfeier.

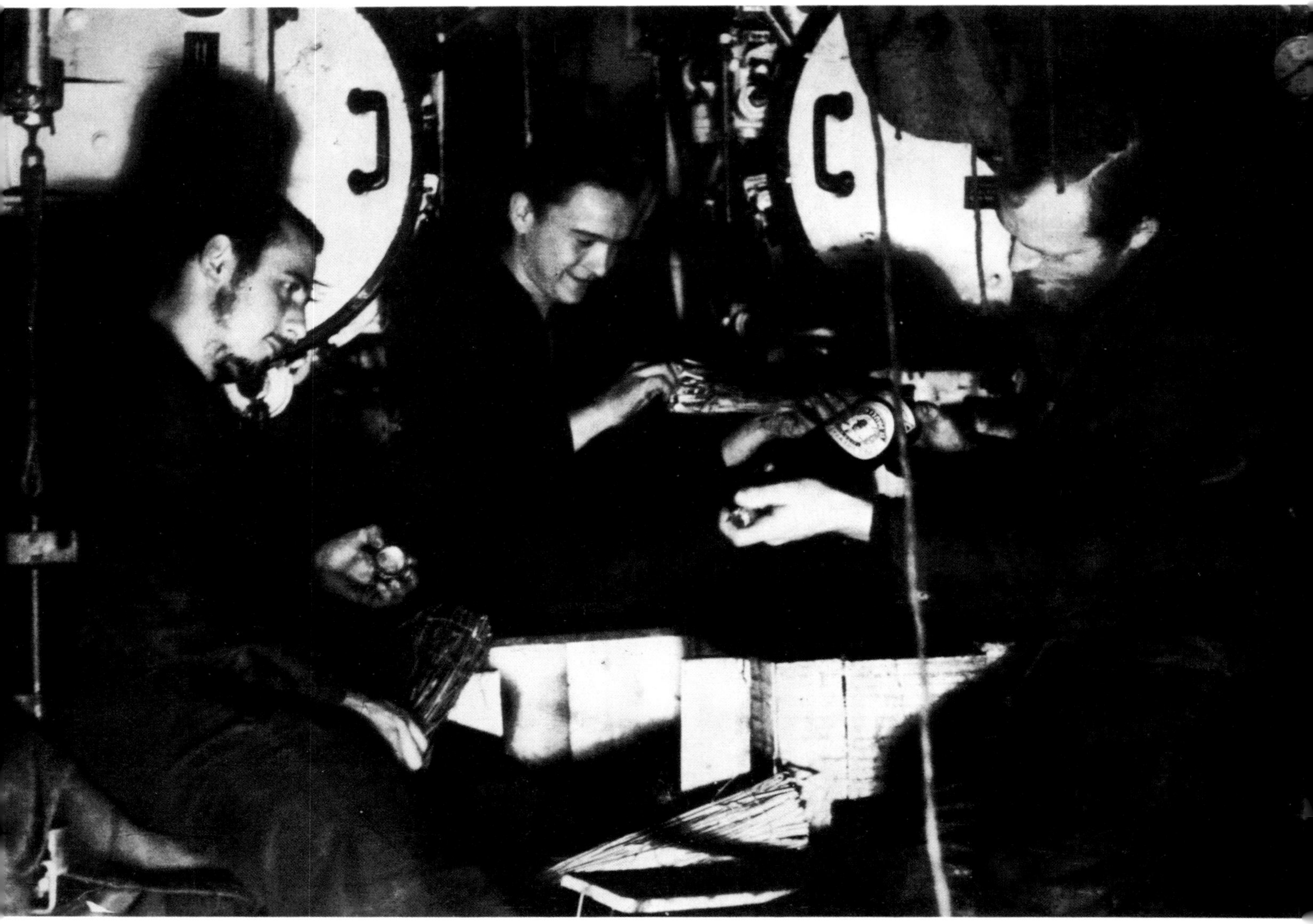

Die Leute im Bugraum, von denen nur die Geschützbedienung die Versenkung erlebte, zeigen eitel Freude: Ihr Boot wird nicht, wie bei der letzten Reise, erfolglos zurückkehren. Zum anderen ist jetzt im Bugraum Platz geworden: Zwei Torpedos sind hinaus. Pro Mann gibt es eine halbe Flasche Bier.

Manche der Seeleute auf diesen Bildern haben keinen Bart. Das bedeutet nicht, daß sie sich rasiert hätten. Sie sind vielmehr so jung, daß ihnen noch kein Bart wächst.

habe, beziehungsweise wie weit der Gegner durch die eingestellte Peilung wandert. Der Torpedo läuft dann genau in Bootskursrichtung weiter. Der Winkel zwischen Sehrohrziellinie und Kurslinie des Bootes ist dann eben der Vorhalt. Da heißts aufpassen, daß der Aal nicht mit doppeltem Vorhaltfehler rausflutscht. Das passiert nämlich schnell – man braucht nur ›Bug links‹ mit ›Bug rechts‹ zu verwechseln.«
Der Kommandant guckt starr geradeaus, als lausche er seinen eigenen Worten nach, dann fügt er noch an: »Wenn sozusagen mit dem ganzen Boot gezielt wird, bekommt der Bugraum übrigens die Anweisung: ›Geradeausschüsse‹. Alles ganz einfach.«

Später bekennt der Kommandant: »Schön ist so ein Treffer nie. Man weiß ja, welches Elend er auf dem betroffenen Schiff bewirkt, und in diesem Moment ist der Gegner ja auch kein Feind mehr, sondern ein armer Kerl, dem irgendwie geholfen werden sollte. Früher sind wir noch rangegangen, um Rettungsboote mit Wasser, Proviant und Standortbestimmung zu versorgen. Über Funk die Position durchgeben konnten wir allerdings auch früher nicht, weil wir sonst der U-Boot-Abwehr unsere eigene Position verraten hätten. Aber jetzt ists ja mit *allem* aus und vorbei.«

Andere – vor allem jüngere – Kommandanten protzten sogar per Funk mit ihren Siegen. So meldete U 37:

»Heute vor Gibraltar/zwo Dampfer auf dem U-Boot-Altar
Eine Falle geknackt/Neun Stunden in der Hölle zerhackt
Brennstoff geht zu Ende/Bug heimwärts wende!«

Der BdU lobte: »Aus diesem Funkspruch spricht der richtige Geist.«

Sturm

Im Westen werden noch ein paar Wolken von rötlichem Lichtweben überzogen. Sie stehen wie brandiger Aussatz am Himmel. Das Wasser darunter trägt rote Funkelpailletten. Der ganze Himmelsgrund nimmt nach und nach das böse Rot von Rotweinflecken auf Tischtüchern an. Dann aber verlöscht plötzlich alle Röte am Himmel, und auch die Pailletten verschwinden mit eins.
Der Mond steht schon hoch. Es ist so hell, daß an Deck jeder Schlitz in den Grätings zu erkennen ist. Dem Vorschiff und den Seen ist die Farbe genommen: Der Mondschein hat alles in Schwarzweiß übersetzt.
Wir ziehen eine imposante Heckseeschleppe hinter uns her. Sie leuchtet silbrig – aber nur eine kurze Strecke. Die sprudelnden Blasen, die unsere Hecksee leuchten lassen, vergehen im Nu wieder zu Nichts.

Die Erde läßt den Menschen glauben, sie bewahre die Zeichen seiner Existenz für alle Zeit. Die See hingegen schenkt uns keine Illusionen: Noch in Sichtweite tilgt sie unsere Wegspuren.

Wenn der Mond für Augenblicke durch die hetzenden Wolken bricht, rieseln strähnige Silberflechten über das dunkle Wasser hin. Im Wechsel des Mondlichts sind die Seen mal scharf ausgezackte Silhouetten, mal silbergeäderte Hänge von unerhörter Plastizität, überdeckt mit Mondgeglitzer, Mondschattenfurchen, Mondströmen. Dieses silberne Rieseln, Strömen und Perlen ist mit nichts vergleichbar. Es ist nicht von dieser Welt. Das Tosen, Donnern, Brausen sind die rechten Klänge dazu – auch sie unirdisch.

Hinter dem Horizont steht am Morgen eine Wolkenwand. Sie steigt immer höher bis zur Himmelsmitte, dann löst sie sich in Flocken auf, die sich über den ganzen westlichen Himmel ausbreiten.
Bald wird es wieder merklich dunkler. Saugende und stemmende Windstöße gehen über das Wasser hin. Das Rauschen der Seen wird heftiger – wird ein einziger schwankender Ton, in den sich das Heulen des Windes mischt.
Der Wind heult einen stetigen hohen Ton, nur manchmal überschrillt er sich, findet aber bald den alten Heulton wieder.
Regenschwaden strichweise.
Später bilden sich offene blaue Lachen hier und da am Himmel, aber das Wetter wird sich nicht bessern, denn der Wind weht weiter aus Nordwest.

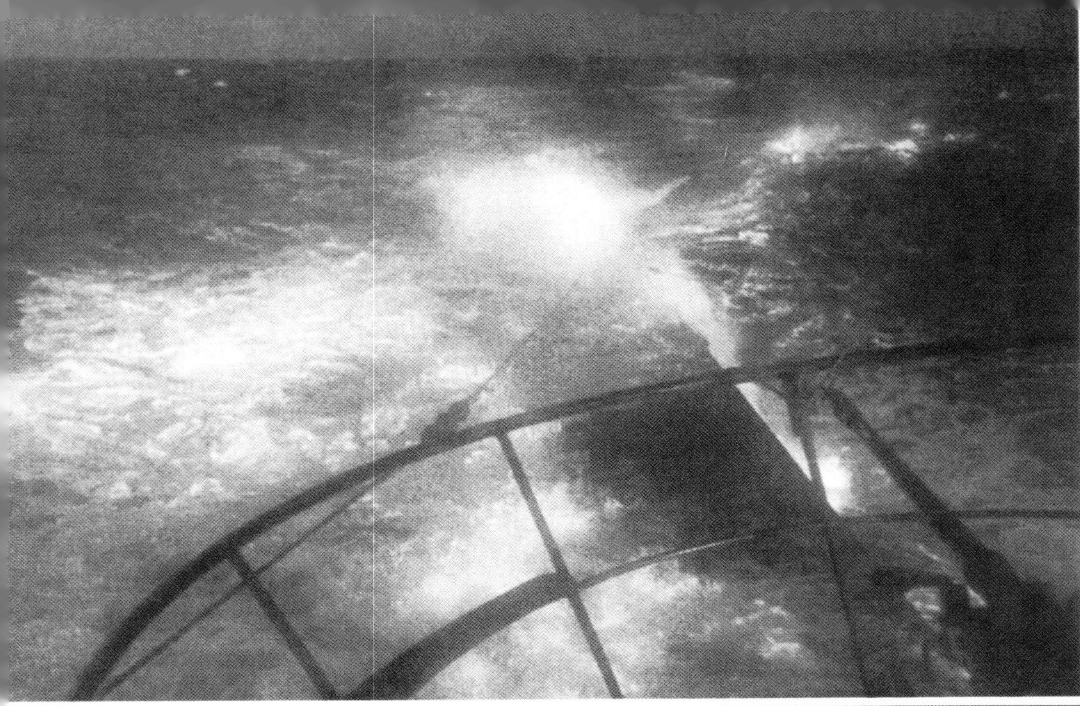

Mittags ist der Himmel wieder grau und eisig. Der Wind ist stärker geworden. Das Meer ist ein riesenhaftes Brandungsfeld. Die Seen gehen zwar noch nicht sehr hoch, aber jede einzelne See bricht sich. So weißgrau sieht das Meer wie vergreist aus.
Der Sturm schlägt uns das Spritzwasser in scharfen Würfen ins Gesicht. Immer wieder brüllt der Wachoffizier: »Festhalten – Achtung – Null!« Dann heißt es: Festklammern und sich hinter die Brückenverschanzung ducken. Schwer schlägt das Wasser auf die gekrümmten Rücken und steigt gurgelnd und zerrend an unseren Beinen hoch, ehe es Ablaß findet. Wir haben alle längst keinen trockenen Faden mehr am Leib. Aber immer wieder müssen wir uns hinter der deckenden Brückenverschanzung aufrichten und Himmel und See nach Dampfern oder Verfolgern absuchen.

Zum Abendbrot müssen wir Schlingerleisten auf die Back aufsetzen und auf der Hut sein, daß uns die Suppe nicht überschwappt. Wenn es so weiter geht, wird es bald nur noch ›kalte Küche‹ geben.
»Ganz ungewöhnlich. Muß sich um eine nordatlantische Störfront handeln«, kommentiert der Kommandant das Wetter.

Ehe ich am nächsten Tag nach oben klettere, vermumme ich mich: Arbeitszeug, Lederzeug, Isländer und darüber Gummihose und Gummijacke.
Es ist kalt geworden. Wir sind bis fast unter die Südküste Islands gekommen. Den Südwester verknote ich gut unter dem Kinn. Jetzt bin ich gegen das Wetter gewappnet. Für die Kamera aber habe ich keinen Schutz. Was ihr fehlt, ist ein wasserdichtes Gehäuse. Mir wird wieder nichts anderes übrig bleiben, als alle paar Minuten über das salzwasserbenäßte Objektiv zu lecken, weil die nassen Lederlappen nur Schlieren machen.
Das Turmluk ist dicht. Ich muß auf der Aluminiumleiter – die Kamera in einer Hand – direkt unter dem schweren Stahldeckel so lange balancieren, bis ich erlausche, daß über mir kein Wasser gurgelt. Dann erst stemme ich mit den Ellbogen das Luk auf und arbeite mich hoch.
Der Sturm kommt in einem plötzlichen Angriff aus einer Wetterwand direkt voraus herangerast und fetzt die weißgrüne Haut nur so von den Wellen. Es saust und rauscht, als würden ganze Wasserfälle über den Abstich von Hochöfen gestürzt. Größer und gröber laufen die Seen an. Ihre Schlagkraft nimmt noch ständig zu. Das Boot fährt schräge Hänge hoch, stößt mit dem Bug suchend ins Leere und taucht gleich darauf wieder hinein in das grüne Fleisch der Seen. Eine Wand kommt heran, noch höher als alle zuvor. Die Wand wird hohl, sie leuchtet gläsern grün. Oben trägt sie eine Schaumkrone – sie kommt direkt auf das Boot zugewandert. Und jetzt sticht der Bug in die Wand hinein. Davon bricht sie entzwei – und prasselnd stürzt sie über unsere gekrümmten Rücken und begräbt das ganze Boot.

Der Kommandant läßt zum Mittagessen tauchen. Aber schon nach zwei Stunden müssen wir wieder hoch: unsere Aufgabe ist es ja, den Gegner aufzuspüren. Die See nimmt das Boot sofort wieder in ihre Fänge.
Welch ein Bild: Die Luft ist klar und hart. Am Himmel sind sogar weiße Wolken zu sehen. Nur dicht über den Seen der Dunst vom Flugwasser. Die See – das sind jetzt tiefe Täler und große grüne Hügel, die eilig dahinwandern.

Der II WO und der steuerbord vordere Ausguck. Das Boot läuft in eine Schlechtwetterfront hinein.

Jedesmal, wenn der Bug aus den grünen Fluten bricht und die weiß quirlende Wasserlast von sich geschüttelt hat, hängt er wie zum Triumph eine leuchtende Wasserfahne nach Lee. Unsere wasserdichte Back ist es, die dem Vorschiff auch nach den schwersten Stauchern diesen sieghaften Auftrieb gibt.
Trotz der Schläge, die ich hinnehmen muß, erfüllt mich ein Hochgefühl: Diesen Anblick kennt kein Dampferkapitän. Wir sehen nicht auf die See hinab, sondern blicken, vom Wasser wie Schwimmer umfangen, aus ihr hoch. Wenn wir gar in ihre Täler hinabgerissen werden, müssen wir die Köpfe nach oben recken: Wir sehen mit den Augen der See.
Trotz der Gewalt von Sturm und See sind wir sicher: Unser Schiff trägt keine Aufbauten, die die Seen zertrümmern könnten. Es läßt sich tragen, es weicht aus wie ein Boxer vor dem Hieb und ist gleich wieder parat, um sich dem nächsten Schlag zu stellen.
Diese VII C-Boote sind überhaupt nicht unterzukriegen. Sie haben zwar keine ausladende Back und kein breites Heck, um Stampfbewegungen aufzufangen, die Stabilität ihrer äußeren Form ist sogar besonders gering, weil die Hohlräume zwischen Druckkörper und Verkleidung vom Wasser durchflutet werden – aber trotzdem ist das aufrichtende Moment bei diesem Bootstyp besonders stark. Es beruht auf dem tiefen Schwerpunkt. Der mit Eisenbarren gefüllte Ballastkiel richtet das Boot noch aus der ärgsten Schräglage wieder hoch wie ein Stehaufmännchen.
Und obwohl der Auftrieb des über Wasser fahrenden Boots minimal ist – nur 100 Tonnen, was einem Tauchzelleninhalt entspricht –, kann es selbst noch bei voller Sturmstärke höchste Fahrtstufe laufen – eben weil es der See keine Widerstandsflächen bietet. Nur der kleine runde Turm bleibt ihren Schlägen ausgesetzt, der eigentliche Schiffskörper liegt tief im Wasser.
Selbst wenn Brecher quer kommen, brauchen wir keine Angst zu haben. Dem Boot kann auch dann nichts passieren, weil ja keine Räume vollaufen können: Das Turmluk bleibt bei schwerem Wetter dicht.
Vorsicht ist nur beim Tauchen quer zur brechenden Sturmsee geboten. Sie kann theoretisch das Boot im Augenblick der Flutung ›umlegen‹. In dieser Lage zur See ist es möglich, daß das Boot die Oberfläche schneller nach unten durchbricht, weil der ansaugende Effekt der Wellenschwingung längs zu Wellenberg und -tal größer ist als quer dazu.
Solange wir aber als Überwasserschiff den Sturmseen die Stirn bieten, können wir uns absolut sicher fühlen.

Wir müssen uns angurten: Es ist schon passiert, daß eine gewaltige See eine ganze Wache aus der Brückenwanne wusch, und im Boot niemand etwas davon merkte. Das Turmluk war, wie immer bei solchem Wetter, dichtgetreten.

Für die Brückenposten ist der alte Spruch ›Wasser hat einen kleinen Kopf‹ eine handgreifliche Erfahrung. Noch durch die engste Naht dringt es ein. Es braucht nur Zeit, um trotz aller Vorsorge seinen Weg unter das Wetterzeug bis auf die nackte Haut zu finden und über Rücken und Brust hinunterzulaufen. Die Seestiefel sind ohnehin falsch konstruiert: Wie jeder Stiefel oben offen, schöpfen sie das Wasser nur so, bis es quatschend bis obenhin steht.

Unsere Gesichter sind rotgepeitscht. Wir müssen sie immer wieder direkt in das Flugwasser kehren. Die Augen brennen. Salzkrusten bilden sich in den Augenwinkeln und um den Mund herum. Die Finger sind klamm vom Festkrampfen an der Brückenverschanzung.
Wenn die See von achtern ›einsteigt‹, stehen wir im Nu bis zum Bauch im Wasser, das uns strudelnd aus dem Stand reißen will.

Was für ungeheure Gewalten müssen das sein, die das Wasser zu diesen schaumgetigerten Bergen türmen und die tiefen Täler einkerben!

Um das Sturmmeer – den herrlichsten Anblick, den die alte Erde bietet – auf den Film zu bekommen, muß ich die Kamera in Salzwasserstaub und Spritzwasserwürfe halten. Später entdecke ich: Das Sturmwetter hat sich selber in Tropfen und Salzschlieren auf die Bilder gezeichnet.

Das Boot wird auf einen riesigen Kamm emporgetragen. Mein Blick geht über die rollenden Seen hin wie über die Rücken einer endlosen wandernden Herde. Schräg gestrählte Vorhänge von Regenböen schleifen über sie hin. Einmal gleichen die Seen urzeitlichen, von ihren Sockeln gelösten und lebendig gewordenen Schiefergebirgen, dann wieder den Mähnen einer wild stürmenden Herde.

Zwei Tagen vergehen so. Aber das Westwetter bleibt. Nach wie vor enge Horizonte, eine flache schwarzgraue Himmelskuppel, heulende Böen, jagende Wolken, Flugwasser, das einen schnell bis auf die Knochen durchnäßt. Jetzt kommen die Seen schräg von achtern. Wir können uns beim Abfahren unseres Vorpostenstreifens den Kurs ja nicht aussuchen. Wieder und wieder wird der Achtersteven angehoben, die weißgekrönten grüngrauen Brecher rauschen in Höhe der Brückenverschanzung von achtern vorbei, überfluten das Vorschiff und stauchen es in ganzer Länge weg. Das Turmluk kann noch immer nicht offen gefahren werden.

Das Wetter wird am nächsten Tag noch schlechter. Wind und Seegang nehmen nochmals zu, bis es kaum noch eine Trennung zwischen See und Himmel gibt: Die Elemente Luft und Wasser vermischen sich. So muß es vor der Schöpfung ausgesehen haben: alles ein tobendes Chaos.

Den Brückenposten wird das Äußerste abverlangt. Vier Stunden auf diesem Schleuderbrett mit Blechwandung – das hält kein Mensch aus. Der Kommandant läßt deshalb die Wachzeit auf die Hälfte verkürzen.

Trotz ›zwomal halbe‹ machen wir keine Fahrt mehr über Grund. Wir knüppeln nur gegen die See an. Wenn wir vorankommen wollten, ginge noch mehr Brennstoff zum Teufel.

Die Gefahr, überrascht zu werden, ist groß. Da hat der Kommandant endlich ein Einsehen: Er läßt tauchen.

Ein einziger großer Seufzer der Erleichterung geht durchs Boot. Ich könnte mich fallen lassen und alle Viere von mir strecken. Endlich Erlösung! Meine Muskeln entkrampfen sich. Endlich wieder ein Boden, auf dem man fest stehen kann.

Sechzig Meter – in dieser Tiefe sind wir vor den Prankenschlägen der Seen sicher.

Die Diesel werden gestoppt. In der Zentrale haben zwei der erschöpften und völlig durchnäßten Brückenposten die Tiefenruder besetzt – das Tauchmanöver beginnt.

Nächste Doppelseite: Im Bugraum kann Essen aufgetragen werden. Die Leute haben nicht viel Appetit. Sie sitzen erschöpft an der Back oder strecken sich auf den Kojen lang: bloß die Ruhe auskosten – jede Minute!

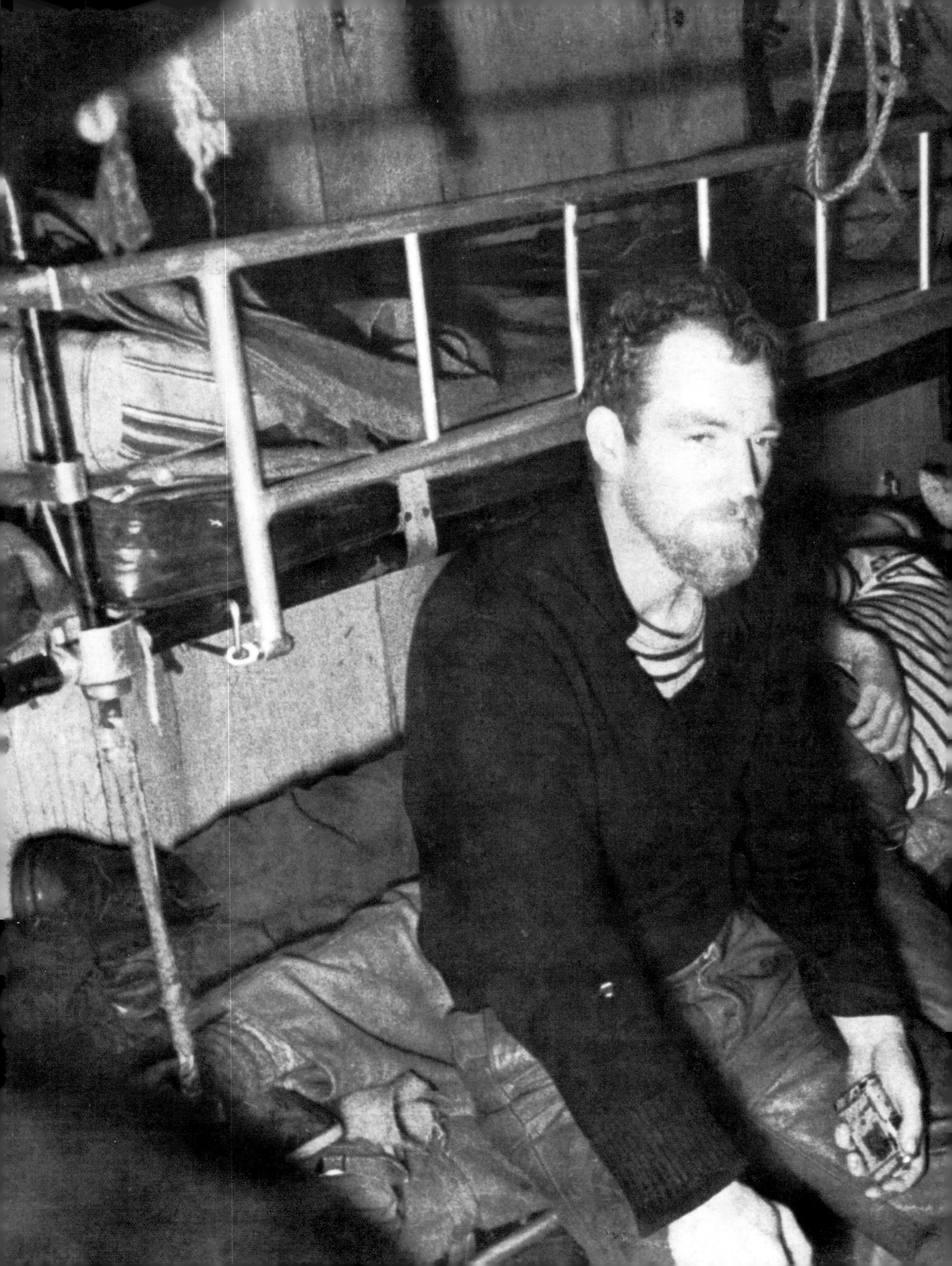

Sturmbegegnung

Als gerade eine besonders ungeschlachte See uns Huckepack genommen hat, brüllt der II WO durchs Sprachrohr nach einem Glas. Das Luk wird von innen geöffnet, das Glas schnell heraufgegeben, das Luk wird wieder geschlossen. Der II WO muß etwas gesehen haben.

Als die nächste See heranrauscht und uns hochhebt, reißt er das Glas vor die Augen. Ich spähe in seiner Blickrichtung und entdecke im weißgrünen Tumult einen dunklen Körper, der hochgeworfen wird und gleich darauf wieder verschwunden ist – wie von der See eingesogen.

»U-Boot!« brüllt der II WO – und dann durchs Sprachrohr: »An Kommandant: Backbord voraus U-Boot!«

Der II WO übergibt mir das Glas. Ich kann es nicht gleich an die Augen bringen, weil ich mich erst mal vor einer neuen See mit beiden Händen festklammern muß. Ich ducke mich dabei zusammen wie ein Boxer nach einem Tiefschlag, um das Glas zu schützen. Dann bekomme ich einen Atemzug lang einen kreiselnden Körper in die Optik: Der II WO hat recht – muß ein U-Boot-Turm sein. Aber was für einer? Deutsches U-Boot? Englisches?

Als gerade kein Wasser in der Brücke quirlt, wird das Turmluk von unten aufgestoßen: Der Kommandant kommt hoch und läßt sich vom II WO einweisen. »Tatsächlich!« knurrt er nach einer Weile unter dem Glas hindurch, »Einwandfrei deutsches U-Boot! – Die tauchen doch nicht? – Verdammt nochmal, die tauchen doch nicht etwa? – Die halten uns doch nicht für Engländer? – Schnell Signalflaggen hoch!«
Der Kommandant brüllt Ruder- und Fahrbefehle in den Sprachrohrtrichter. Unser Boot dreht an und holt dabei stark über. Spritzwasser und Gischt schlagen uns um die Köpfe – aber jetzt duckt sich keiner mehr weg. Eine gewaltige See läuft von achtern an – ein ganzer Alpenzug mit Schneegipfeln. Sie zischt so scharf, daß wir unser eigenes Wort nicht mehr hören. Sie trägt uns nur halb empor, halb läuft sie unter dem Boot durch. Dann aber legt sie sich als unabsehbar breite Barriere vor unseren Blick. Von den anderen ist lange nichts mehr zu sehen. Dann erscheint der dunkle Körper zwischen den Schneehäuptern plötzlich wie aus der Flasche geschossen und es blitzt auf: lang – kurz – lang   kurz – kurz – lang: das Erkennungssignal. Die haben drüben einen Handscheinwerfer auf die Brücke gebracht und signalisieren durch Gischt und Dunst herüber, bis sie hinabgestaucht werden.
Der Kommandant stemmt sich höher auf die Tritteisen an der Verschanzung. Mit aller Kraft hält einer seine Schenkel umklammert. Als das andere Boot wieder hoch kommt, gibt er seine Zeichen hinüber: »K-U-R-S-U-N-D-F-A-H-R-T-B-E-I-B-E-H-A-L-T-E-N-I-C-H-K-O-M-M-E-R-A-N!«
Mit den Signalflaggen habe ich mir meine Kamera hochreichen lassen. Auch ich muß höher hinaus. Der II WO schiebt mir seine Hand unter meine Gummijacke und hält mich am Leibriemen fest. Ein Brückenposten stemmt sich gegen meine Beine.
Da rollt von achtern ein Wasserberg, gewaltiger als alle bisher, heran. Mit halbem Auge sehe ich beim Kamerarichten die gerippelte und von weißen Gischtstreifen überzogene Flanke und den weißen Rauch, der wirbelnd vom Kamm weht: Mir stockt der Atem.
»Achtung – Null!« brüllt der Kommandant, und der II WO reißt mich herunter. Ich ducke mich weg, klammere mich mit aller Kraft am UZO fest, ich mache mich breit und schwer, die Kamera mit dem Objektiv fest gegen den Bauch gedrückt.
Das ist zuviel! Das hält das Boot nicht aus!
Atemlos warte ich ein paar Herzschläge lang, dann spüre ich mit dem ganzen Körper, wie das Boot achtern hochgehoben wird, höre einen schweren Schlag von achtern dumpf gegen den Turm dröhnen, und sehe unter meinem linken Arm hindurch einen schäumenden Wirbelstrom in die Brücke schießen. Die quirlenden Fluten saugen und zerren mir an den Beinen – sie wollen mich zu Fall bringen. Ich klemme mich zwischen UZO und Schanzkleid mit gespreizten Ellenbogen fest – schon schaffe ich es, die Füße aus den Strudeln hochzuziehen. Und nun wage ich nach vorn aufzusehen: Die See zeigt uns ihre Rückseite – sie rollt gerade über das Vorschiff weg. Das Vorschiff ist so tief weggestaucht, als gebe es gar kein Vorschiff mehr, als führen wir nur mit diesem Turm zur See.
Das Boot dreht weiter. Der Kommandant geht aufs Ganze. Mit keinem anderen Schiff könnte er dieses Manöver wagen. Aber Unterseeboote dieses Typs haben sich noch immer wieder aufgerichtet. Gekentert ist keins.

Ein Winkspruch wird über die Brechseen hinweg zum anderen Boot hinüber gegeben.

Der II WO stößt, vom Anblick des nur mit dem Turm aus der kochenden See ragenden Boots gänzlich überwältigt, unartikulierte Rufe aus. Von drüben wird auch gewinkt, bis das Boot wie weggezaubert verschwindet.

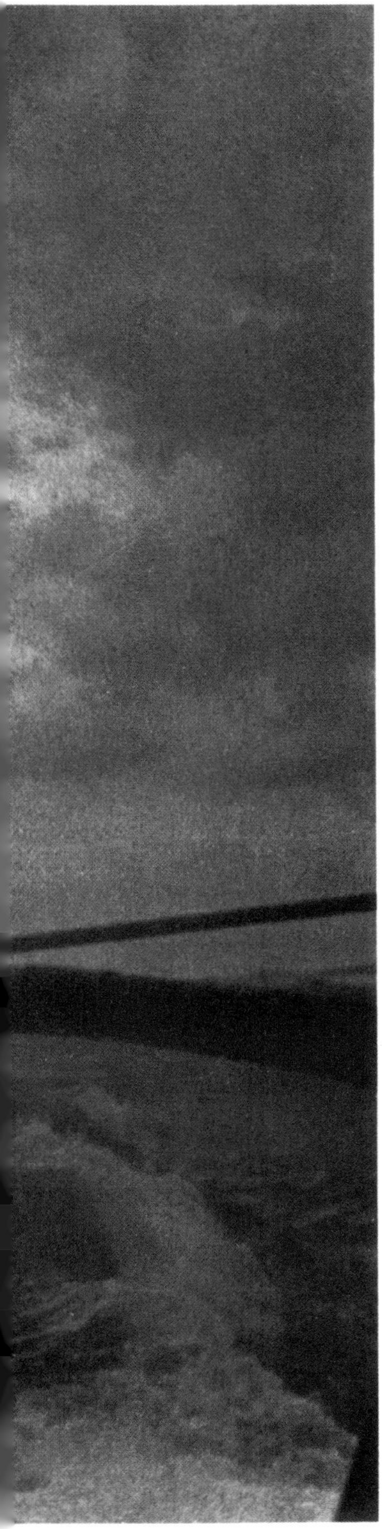

Sturmbegegnungen zweier Boote im Mittelatlantik sind selten. Mir zu Gefallen manövriert der Kommandant unser Boot dicht an das andere heran. Der Kommandant, der früher Segelschulschiffe gefahren hat und sich auf Seegang, Wind und Wetter wie kein anderer versteht, erklärte später, wieso seine Manöver nicht fahrlässig waren: »Theoretisch arbeitet die See genauso wie ein Weizenfeld, durch das der Wind fährt: Die Weizenhalme bleiben stehen. Ganz stimmt das zwar nicht, an der Oberfläche gibt es – die Ähren zeigen das ja auch – Versetzungen ... Man muß eben wissen, wie wirksam die sind.«

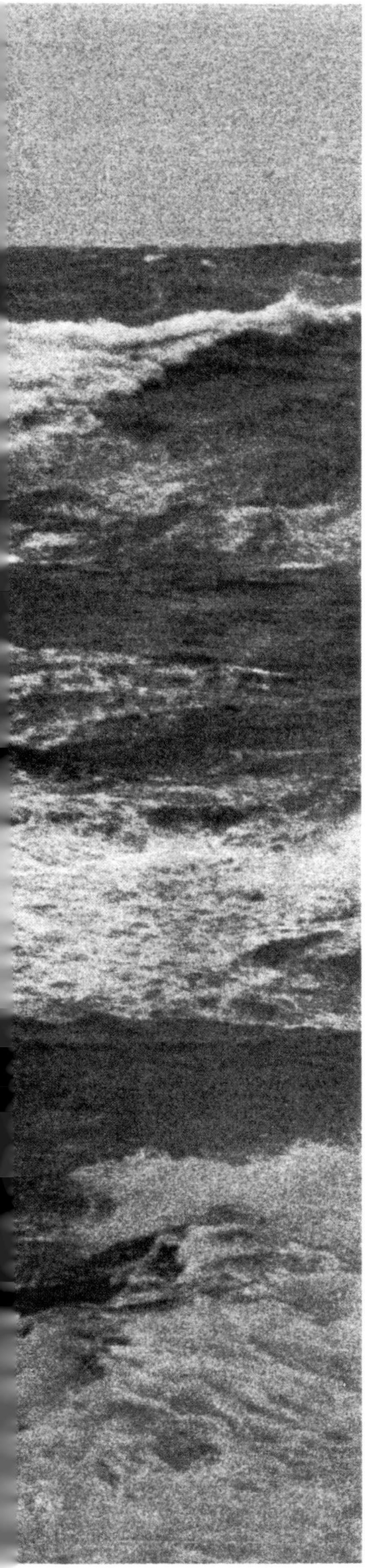

Zwischen den Mühlsteinen der Wogen arbeiten wir uns langsam immer weiter auf das andere Boot zu. Aber jetzt kommt die See dwars. Die Brücke legt sich ein ums andere Mal so schräg, als wolle sie uns auskippen. Ich kann nicht wagen, wieder hochzuklettern.
Unser Bug zielt genau auf die Mitte des anderen Bootes. Manchmal bleibt er für Ewigkeiten festgekeilt in den Seen stecken, dann wühlt er sich aber doch wieder frei und steht wie ein tückisch suchender Keil ein paar Augenblicke steil in der Luft, ehe er aufs neue hinabrennt und sich im eigenen Sturz begräbt. Das Boot taumelt, zittert und ruckt. Der Bug versucht nach der Seite auszubrechen, als könne er sich nicht anders von der Last befreien.
Im dichten Flugwasser ist das andere Boot nur eine graue Silhouette, dann ist es gänzlich weg, bleibt verschwunden. Aber plötzlich ist es ganz nahe schräg unter uns. Ich kann von oben in die Brücke der anderen sehen. Jeder einzelne Brückenposten ist zu erkennen. Sie kehren uns ihre weißen Gesichter mit offenen Mündern zu – wie Vögel in ihrem Nest. Im Zischen der platzenden Wogen, in ihrem Andröhnen gegen den Turm bleibt ihr Rufen nur eine Bewegung der Münder. Der Schreck muß ihnen in den Gliedern sitzen, weil wir auf einmal so gefährlich nahe über ihnen hängen.
Wir werden auf unserem Drehkreis immer noch näher an das andere Boot herangetragen. Schon treffen die Wellenberge, von unserem Bug wie von einem Schneepflug zur Seite geworfen, mit taumelnden Dwarsseen zusammen. Wasserfetzen schießen senkrecht wie aus Geysiren hoch. Gleich kommt die Kollision!
»Maßarbeit!« höre ich einen dicht an meinem Ohr brüllen.
»Wenn die jetzt bloß da drüben keinen Film machen!« Das war der Kommandant. Hat er nicht zu hoch ausgereizt? Will er noch immer kein Gegenruder geben?
Drüben wird hastig gewinkt. Der Kommandant brüllt mir ins Gesicht: »Das ist Hirsacker – U fünfhundertzwoundsiebzig!«
Wieder nimmt uns eine See auf den Rücken, wieder steigen wir auf. Wie in der Gondel eines russischen Rades werden wir in den Himmel getragen.
Ich beuge mich über die Verschanzung. Gleich klatscht mir fliegender Gischt ins Gesicht. Ich drücke den Auslöser, spanne den Film, lecke über das Objektiv – visiere schräg nach unten. Der II WO hält mich dabei eisern fest.
Dann ist die Himmelfahrt zu Ende, und ich lasse mich erschöpft sinken.
Mein Blick sucht das Gesicht des Kommandanten. Der hat die Lippen nur spöttisch geschürzt. Ich werde ganz klein vor Bewunderung.
»Reicht das jetzt? Gute Aufnahmen?« brüllt er.
Wenn nur der Verschluß nicht versagt hat! Das hat noch keiner so gesehen: diese schneeigen Vulkane, die zuckenden Gebirge – und mitten drin das andere Boot, ein auf- und abgeschleuderter Stahlkörper mit einer Handvoll in der Brücke festgebundener Männer.
Jetzt läßt uns die See wieder fallen. In äußerster Schräglage sacken wir in ein von Wasserstaub erfülltes Tal – tiefer und tiefer hinab.
Durch den rauchigen Nebel sehe ich auf einmal hoch über uns die Bugspitze des anderen Bootes und seinen oberen Turmrand. Jetzt sind die oben und wir unten. Jetzt haben die anderen den Anblick, den sie uns eben boten. Wieder: spannen, nach oben visieren, Auslöser drücken. – Keine Ahnung, wieviel Film ich verbraucht habe. Zum Ablesen bleibt jetzt keine Zeit.

Dann ist das andere Boot weg. Ich lasse mich wieder hinter die Brückenverschanzung sinken, sehe nichts mehr, höre nur noch die Seen, ihr donnerndes Brechen, das scharfe Zischen der Luftblasen und die dumpf dröhnenden Schläge gegen den Bootskörper. Als ich mich aufrichte, ist das andere Boot nur noch eine Tonne im weißen Gischt, die hochgeworfen wird und wieder wegsackt wie zuerst.
Diese Tonne wird schnell kleiner. Und jetzt ist da nur noch ein tanzender Korken. Ein paar Minuten später ist auch davon nichts mehr zu sehen. Der Kommandant brüllt Ruderbefehle ins Sprachrohr. Wir nehmen unseren alten Kurs wieder auf.
Minuten später sagt der Kommandant: »Da schaue einer durch – die paar Boote im Atlantik – und dann machen wir hier eine Versammlung!«
Ich weiß, was er sagen will: Mit der strategischen Führung hapert es wohl.

Zwei Tage später sagt der Kommandant beim Abendbrot: »Hirsacker hat sich wieder gemeldet.«
»Aus welcher Gegend denn, wenn man fragen darf?«
»Knapp östlich der Azoren«, gibt mir der Kommandant Bescheid.
Ich stelle mir die Seekarte vor: Dann ist U 572 also fast genauen Südkurs durchgelaufen. Rätselhaft. Schade, daß wir uns nicht erkundigt haben.

Vorhergehende Doppelseite: Dieses Foto von oben auf ein VII C-Boot wird gemeinhin für eine Luftaufnahme gehalten. Es ist aber keine. Zu dieser Aufnahme wurde auch kein Teleobjektiv verwendet. Sie wurde von der Brücke des Bootes U 96 aus gemacht, als es von einer gewaltigen See hoch über das andere Boot gehoben wurde.

Hier läuft das andere Boot nach der Sturmbegegnung mit Südkurs ab. Der Kommandant bei dieser Begegnung war Kapitänleutnant Hirsacker. Er wurde 1943 militärgerichtlich zum Tode verurteilt. Die Anklage lautete: Feigheit vor dem Feind. Das Boot (U 572) ging unter Oberleutnant Kummetat nordöstlich Trinidad am 3. August 1943 durch Fliegerbombe verloren.

Navigation

Der Obersteuermann gehört zu den wichtigsten Leuten an Bord, verantwortlich dafür, daß das Boot sein Operationsgebiet schnell erreicht.
Er hat kein Kartenhaus wie auf einem Dampfer, sondern muß in der Enge der Zentrale zwischen Aggregaten, Rohrleitungen, Manometern und Ventilen mitten im Verkehr arbeiten. Sein Koppeltisch mißt nur 1,5 auf 1 Meter. Die Seekarten holt er aus der großen Blechkiste, auf der die Tiefenrudergänger sitzen. Sein wichtigstes ›Handwerkszeug‹ sind die beiden Sextanten, die globusartige Himmelskugel, die nautischen Tafeln und Seefahrtshandbücher. Für Obersteuerleute sind Spitznamen wie ›Semiversus‹, ›Sinus‹, ›Kosinus‹, ›Azimutrechner‹ gebräuchlich.
Unser Obersteuermann ist ein sehr nüchterner Mensch – wie die meisten Obersteuerleute. Für die Schönheiten des Himmelspanoramas hat er keinen Blick. Er betrachtet den Himmel nur fachmännisch und hat für jede Trübung oder Aufhellung, für jede Art von Farbenspiel eine meteorologische Erklärung. Mit den Gestirnen steht er auf du und du. Er leidet, wenn Wolkenschleier sie unsichtbar machen. Dann wartet er nervös auf den Ruf von der Brücke: »Chance zum Sonneschießen!« oder: »Chance zum Sterneschießen!«
Im Schlechtwetter des Mittelatlantik gelingt es dem Obersteuermann oft nicht, ein astronomisches Besteck zu nehmen. Dann muß er den Schiffsort aus Kurs und Fahrtstufe koppeln. Die Kursaufzeichnungen nach dem Kompaß ergeben aber nichts Genaues, weil das Boot durch Wasserströmungen und Sturm versetzt wird.

Der Obersteuermann holt aus der Zentrale den Sextanten aus seinem Futteral. Dann entert er auf. Der Zentraleheizer reicht ihm das wertvolle Instrument in den Turm nach. Der Rudergänger gibt es nach oben weiter.
»Stoppuhr klar?« fragt der Obersteuermann nach unten.
Der Obersteuermann blinzelt in die Sonne, dann hebt er den Sextanten und drückt sein rechtes Auge gegen die Optik. Jetzt sieht er die Sonne zweimal: in natura und in dem auf dem Gradkranz beweglichen Spiegel. Nun dreht er an der Stellschraube, bis die gespiegelte Sonne auf die Kimm trifft.
»... Null!« ruft der Obersteuermann. Unten in der Zentrale wird die Stoppuhr gedrückt und die Beobachtungszeit am Chronometer abgelesen.
Der Obersteuermann sagt keinen Ton. Nach einiger Zeit wiederholt er den Ritus.
Aus den Zahlenreihen seiner nautischen Tafeln greift der Obersteuermann später Werte heraus, die er in Formeln einsetzt. Damit errechnet er jeweils eine Standlinie. Der Kreuzungspunkt zweier Standlinien ist unser Schiffsort.
Der Obersteuermann kennt keine Ruhe. Er ist ›nebenbei‹ auch noch der dritte Wachoffizier. Wenn ein Geleitzug gesichtet ist, findet er keine freie Minute mehr. Mit Millimeterpapier, Dreieck, Zirkel und Stoppuhr muß er dann nach den Meldungen, die von der Brücke kommen, Geschwindigkeit und Generalkurs ausbaldowern. Nicht einfach, wenn das Geleit stark zackt.

Die seemännische Nr. 2 trägt den neu gefundenen Schiffsort in die Seekarte ein. Die Reise des Bootes stellt sich dort als eine vielfach gewinkelte Linie dar, die alle zwei bis drei Zentimeter von einem kleinen Querstrich unterbrochen wird. Neben dem Querstrich ist eine Uhrzeit angegeben. Der Raum zwischen zwei Querstrichen gibt die Strecke an, die das Boot jeweils in vier Stunden zurückgelegt hat. Am Abstand der Querstriche voneinander ist leicht zu erkennen, ob das Boot langsam oder schnell gelaufen ist.

Nach dem Sichten des Geleits weicht der Kommandant nicht mehr von der Brücke. Jeden Augenblick können jetzt auf der Kimm außer den Rauchwolken auch die Mastspitzen von Sicherungsfahrzeugen erscheinen.

Nächste Doppelseite: Trotz Spannung und Jagdfieber geht im Boot alles seinen gewohnten Gang: Die Freiwächter im Bugraum beim Essen.

Sägen am Geleit

Wie schon im Ersten Weltkrieg versucht der Gegner, seine Zufuhren zu sichern, indem er seine Dampfer nicht mehr allein, sondern in Geleitzügen fahren läßt, die von Zerstörern, Korvetten, Kanonenbooten und Flugzeugen geschützt werden.
Allein schon der Zwang, seine Schiffe zu Geleitzügen zusammenzufassen, bedeutet für den Gegner ein schweres Handikap: Die bereits beladenen Dampfer müssen in den Häfen warten, bis der gesamte Geleitzug zusammengestellt ist. Bei der Überfahrt müssen sich die schnellen Dampfer nach der Geschwindigkeit der langsamsten richten. Große Umwege müssen gefahren werden, um neu hinzustoßende Schiffe aufzunehmen. An Treffpunkten muß gewartet werden. Und im Zielhafen kommen zu viele Schiffe gleichzeitig an und überfüllen ihn. Dadurch entstehen ähnliche Zeitverluste wie im Abgangshafen.
Im Geleitzug fahren die Dampfer in mehr oder weniger dicht aufgeschlossenen Kolonnen. Zerstörer bilden die Spitze, Zerstörer laufen wie Schäferhunde um ihre Herde die Seiten auf und ab, und wieder Zerstörer sichern und decken am Schluß. Manchmal fahren auch noch zwischen den einzelnen Kolonnen Sicherungsfahrzeuge.
Die den Geleitzug begleitenden Zerstörer haben nicht nur die Aufgabe, von außen her angreifende oder in den Geleitzug eingebrochene U-Boote zu bekämpfen, sondern sie sollen schon deren Annäherung vereiteln. Deshalb fahren sie bei Tage weite Sicherungsstreifen, um die U-Boote abzudrängen oder so lange unter Wasser zu drücken, daß sie während der Nacht den Anschluß zum Angriff nicht wiederfinden. Dabei werden sie von Flugzeugen höchst wirkungsvoll unterstützt.

Im KTB der Seekriegsleitung steht unter dem 11. Juli 1941: »Führung der Geleitzüge hat im Verlauf des Krieges sehr zugelernt. Engländer steuert jetzt seine Geleitzüge systemlos über gesamte Breite des Nordatlantik. Keine faßbare Regelmäßigkeit der Routen mehr. U-Boot-Erfolge in der Weite des Raumes bei starker Gegnersicherung daher sehr abgesunken, unbefriedigende Lage wird vom BdU jedoch als vorübergehend betrachtet.«

Der Bootsmaat der dritten Wache hat hier den von allen Brückenposten verwünschten Sonnensektor.

Das Boot fährt einen neuen Suchstreifen ab. Diese Gammelei ist alles andere als erholsam. Auch wenn ich auf der Koje liege, kann ich mich nicht entspannen. Die Sinne bleiben in ständiger Bereitschaft. Mein Schlaf ist nie fest. Er ist nur eine dünne Hülle, die noch vom kleinsten fremden Laut durchstoßen wird. Auch die vielen Änderungen der üblichen Geräuschkulisse wetzen an der Schlafhülle: Der Diesellärm setzt wegen einer Reparatur aus, dann schüttern die Diesel wieder los, und das Zischen und Rauschen der Seen nimmt plötzlich zu. Durch das geöffnete Turmluk pladdern Wassergüsse herab. Dann wieder beginnen die Entlüfter zu summen, oder die Lenzpumpen springen an.
Das unablässige Angespanntsein macht kaputt.

Der Leitende hockt vor Schemazeichnungen von Hauptschalttafeln und Plänen von Leitungen auf seiner Koje. Irgendwo ist ein Schaden. Auf seine übliche Art – nämlich mit einer aufgebogenen Büroklammer – fährt er die schwarz-weißen Linien des Planes nach. Dann kratzt er nachdenkend ins grüne Linoleum der Back.
Der IWO sitzt daneben, putzt sein Glas und bemüht sich um eine gleichmütige Attitüde.
Um die Lampe spielen drei Fliegen.
Plötzlich guckt der Leitende hoch und fragt: »Wie isn das Buch?«
»Ganz gut – fünf Tote.«
»Tadellos! Bestell ich mir.« Und schon ist er wieder bei seiner Spürarbeit.

Unser Horizont ist eng wie ein Fingerhut im Vergleich zu der Kreisfläche, die ein Patrouillenflugzeug der RAF aufklären kann. Früher verschaffte uns wenigstens das Wetter hin und wieder einen Vorteil. Aber jetzt macht Schlechtwetter dem Gegner nichts mehr aus. Radar arbeitet immer. Die Verhältnisse haben sich sogar umgekehrt: Jetzt verschafft Schlechtwetter den Flugzeugen noch zusätzlichen Vorteil. Wenn sie mit Radarortung anfliegen, entdecken die Brückenposten sie noch später als sonst. Die Flugzeuge können unsere Boote noch leichter überraschen. Und wenn ein Boot erstmal tauchunklar ist, dann muß es auch schon als verloren gelten, weil wir nichts haben, um ihm zu Hilfe zu kommen. Wegen irgendeines kleinen Tauchschadens, möglicherweise einer Panne, die sich in ein paar Stunden beheben ließe, sind die Boote geliefert. Aus der Luft werden sie dann systematisch gekillt. Nicht ein einziges eigenes Flugzeug kommt ihnen zu Hilfe.
Für die Tommies ist der Atlantik zum unangefochtenen Tummelplatz geworden. Unsere Luftwaffe hat hier gar nichts mehr zu bestellen. Der Gegner kann sogar seine ältesten Vögel einsetzen: ganz müde Sunderlands. Er riskiert nicht mal etwas, wenn er sie bis nahe an die französische Küste schickt.

Ich bin auf der Brücke, um unsere Wächter und das einstampfende Vorschiff in einer ganzen Sequenz zu fotografieren. Die dritte Wache, die Wache des Obersteuermanns, ist aufgezogen.
Plötzlich fährt der bedächtige Mann herum, ruft mir »Geleitzug!« ins Gesicht und meldet nach unten: »An Kommandant: Rauchwolken in rechtweisend neunzig Grad!«

Der Obersteuermann nach der Entdeckung der Rauchfahnen und bei der Meldung nach unten.

Der Kommandant ist im Nu auf der Brücke. Ich staune, daß er in der Eile seine Mütze nicht vergessen hat. Der Obersteuermann muß ihn von der Koje hochgeschreckt haben. (»Auf Vorrat schlafen erste Kommandantenpflicht.«)
Gute zehn Minuten beobachtet der Kommandant, gibt Ruder- und Fahrbefehle, dann setzt er das Glas ab und krault sich mit der freien Rechten den Bart: Er macht sich seinen taktischen Plan zurecht. Vom Leitenden läßt er sich den Treibölvorrat melden. Demnach macht er sich auf eine lange Jagd gefaßt.
Das Boot läuft jetzt parallel zum vermeintlichen Geleitkurs. Es ist möglich, daß das Geleit gerade einen Zack ausfährt. Das wird sich nach einiger Zeit herausstellen. Es geht jetzt darum, möglichst bald den Generalkurs, den das Geleit steuert, zu erkennen, um ihn der Führung zu melden.
Der Kommandant läßt näher heranstaffeln, bis Mastspitzen herauskommen, für einen Augenblick sogar ein Stück Schornstein.
»Fahren ziemlich rauchlos«, sagt der Kommandant, »tüchtige Leute!«
Wie um ihn zu verspotten, steigt da über dem Geleit ein Qualmball hoch.
»Muß ein Mordsgeleit sein. Breite Formation – in die Tiefe gestaffelt. – Viele Kolonnen – mindestens fünf oder sechs!«
Ich kanns nicht fassen, daß der Kommandant schon ein so deutliches Bild aus den wenigen Zeichen gewonnen hat.
»Die Richtung stimmt«, murmelt er mir zu. Ich weiß, was er damit meint: ein ostgehendes Geleit – also volle Schiffe. Hoffentlich ändert es nicht mehr den Kurs.
»Wahrscheinlich Halifax-Geleit. Die sammeln vor Halifax und gehen dann ziemlich weit oben herum.«
Lange Minuten voller Spannung – ohne ein Wort. Dann fordert der Kommandant: »Funkspruch vorbereiten!«
Aber dann nimmt er doch wieder das Glas vor die Augen und schweigt sich aus. Keiner erfährt, wie der Funkspruch nun lauten soll.
Ich kann mir denken, warum der Kommandant so zögert. Die alte Malaise: Wenn wir jetzt ein Kurzsignal hinausjagen, das mit seinen wenigen Buchstaben Kurs, Fahrtstufe des gesichteten Geleits und noch dazu das Wetter der Führung mitteilt, besteht in diesem Seegebiet durchaus die Gefahr, daß wir von Landstationen eingepeilt werden. Der Kommandant, der erfahrene Skeptiker, ist wenigstens dieser Meinung. Wir haben darüber oft genug gesprochen. Offiziell heißt es zwar, ein Einpeilen so kurzer Signale sei nicht möglich.
Der Kommandant setzt das Glas ab, der Kampf um einen Entschluß spiegelt sich deutlich auf seinem Gesicht. Wir *müssen* Fühlungshaltermeldung abgeben – daran ist gar kein Zweifel.
Ein Geleitzug ist ein seltener Fund. Wenn einer entdeckt ist, muß alles heran, was laufen kann – auch über Hunderte von Seemeilen werden die Boote per Funk von der Führung herangelotst. Das Schlimmste, was passieren kann, ist der Verlust der Fühlung, wenn das ganze Rudel schon losgejagt ist.
›Sägen‹ sagen wir an Bord statt Fühlunghalten. Am Geleitzug sägen – das heißt: mühevolles Hin und Her, Wegzacken, Zuzacken. Kein Schlaf. Nicht nur die Gefechtsbereitschaft, auch die Vorspannung hält wach: irgendwann wird es heißen, den inneren Schweinehund zu überwinden oder wie immer einer das Fertigwerden mit der Angst nennen will.

Nächste Seiten: Immer wieder klettert der Kommandant oder einer der Wachoffiziere auf den Sehrohrbock oder aufs Schanzkleid hoch: Jeder halbe Meter höher vergrößert den Gesichtskreis. Das alte Handikap der U-Boote wird jetzt besonders spürbar: niedriger Standpunkt, enger Gesichtskreis. Das Boot hat keine Masten, es gibt kein Mittel, höher zu gelangen und mehr zu sehen.

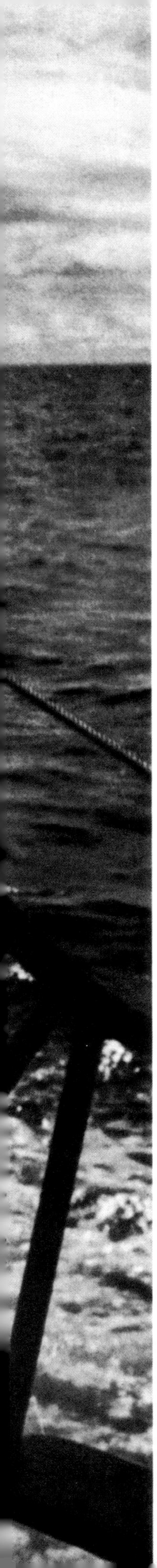

Von einem Kommandanten, der einen Konvoi angreift, wird viel verlangt: Im vollen Wissen dessen, was dem Boot blüht, losbrausen und hinein in die Mahalla die Aale losmachen – das ist wie mit der Stockspitze ins Hornissennest stoßen. Der Gegner hält ein ganzes Arsenal von Waffen zur Abwehr und Bekämpfung bereit: Schiffsartillerie, Flak, automatische Schnellfeuerkanonen, neue, schwere Wasserbomben – und Ortungsgeräte noch und noch, für Überwasserortung, für Unterwasserortung. Er hat bestens ausgebildete, kriegserfahrene Spezialisten an allen Geräten, die das feine Zusammenspiel von Schiff zu Schiff oft genug trainiert haben. Bis zu drei Sicherungsringe schützen die wertvollen Frachter und Tanker.

Wenn es lange dauert, läßt die Spannung zwar nach. Aber insgeheim frißt das Fracksausen doch an den Nerven: Wer hätte denn nicht Angst vorm Beharktwerden mit Wabos!
Wir ziehen Harken, der Gegner beharkt uns ... Viel Harkerei bei der Marine. Tiefstapelnde Fachterminologie – darin sind wir groß. Ein Teppich, das ist bei uns die schlichte Umschreibung für einen Flächenwurf aus vielen Wasserbomben. Die Gartenharke – der Perserteppich – nur ja keine hochtrabenden Ausdrücke. Für die mühseligste Form der Schipperei haben wir das schöne Verbum ›knüppeln‹, und für die Mühsal, die uns jetzt bevorsteht, ›sägen‹.

Ich memoriere, was ich über Geleitzüge gelernt habe: Die Marschgeschwindigkeit eines Konvois ist, weil sie sich nach dem langsamsten Dampfer richten muß, gering. Seine Ausweichkurse – das Hakenschlagen – setzen sie, an der Direktstrecke gemessen, nochmals zurück. Ein U-Boot läuft über Wasser etwa doppelt so schnell wie ein normales Geleit und kann sich deshalb in eine günstige Angriffsposition vorarbeiten. Um das zu verhindern, fahren die Begleitzerstörer ihre großen Suchschläge. Selbst wenn sie dabei keine U-Boote sichten, können sie doch Erfolg haben, indem sie die Boote durch ihre pure Annäherung unter Wasser drücken. Mit seiner geringen Unterwassergeschwindigkeit kann das U-Boot nicht mehr Schritt halten. Es sackt unweigerlich achteraus und muß sich dann wieder mühsam vorknüppeln. Das Spiel kann sich so oft wiederholen, bis für das U-Boot keine Chance zum Aufholen mehr bleibt. Diese Chance schwindet noch schneller, wenn der Gegner außer Zerstörern auch Flugzeuge einsetzt.

Das Anpirschen wird noch lange dauern. Ich kann, ohne etwas auf der Brücke zu versäumen, in die Zentrale hinunterklettern. Von der Zentrale steige ich diesmal durch den vorderen Kugelschottrahmen: Mal sehen, wie es im Bugraum aussieht.
Das übliche Halbdunkel. Ich erkenne die Laufschienen und Laufkatzen. An den Schienen hängen schon zwei Torpedos zum Nachladen bereit. Das wenige Licht schimmert auf ihrer Fettschicht. Der ganze Raum riecht nach dem Fett. Die Ketten der Flaschenzüge klirren.
An den Verschlüssen der Torpedorohrsätze steht der Torpedomechanikersmaat mit seinen Mechanikersgasten bereit, das Ohr nahe am Sprachrohr, ganz der Befehle gewärtig, die von der Brücke kommen könnten.
Auch hier hat keiner eine Ahnung, was oben vorgeht. Die Leute sind völlig von der ›Außenwelt‹ abgeschlossen – nicht anders als Bergleute vor Ort.

Der Kommandant ist leider allzu sparsam mit Informationen über Bordlautsprecher. Wer nicht mit auf der Brücke ist, weiß nicht, wie nahe wir am Geleitzug sind. Und wenn es zum Torpedoschuß kommt, erfahren die Leute auch kaum mehr. Sie sehen den Gegner nie – nicht einmal den Schatten eines feindlichen Schiffs.

Das Schott nach achtern steht jetzt zwar offen. Aber die Zentrale ist von hier gesehen so weit weg, als gebe es sie gar nicht.

Meine Schaffellweste, die im Horchraum zum Trocknen hängt, ist noch naß, aber ich habe zum Glück noch meinen Isländer im Spind. Also Isländer anziehen und Ölzeug darüber: Es kommt immer noch Wasser über.

Die Kommandantenkoje ist leer. In der Zentrale war der Kommandant auch nicht. Also ist er schon wieder auf der Brücke. Jetzt kommt der Kommandant lange nicht mehr zum Schlafen. »Alles zu seiner Zeit!« war ja auch immer seine Rede.

Oben ist es unerwartet hell. Nur voraus, dicht über der Kimm, lagern Wolken. Als ich mich nach rückwärts drehe, sehe ich auch dort, direkt auf der Kimm, ein paar weiße Türme wie aufgetakelte Vollschiffe.

»Da drüben stehen die Burschen.« Der Kommandant nickt nach backbord hin.

Ich richte mein Glas ein, strenge meine Augen an, finde aber nichts.

Als der Kommandant merkt, daß ich immer noch suche, kommt er mir zu Hilfe: »Unterhalb des linken Ausläufers der ganz hellen Wolke ...«

Endlich finde ich einen dunklen Schleier auf der Kimm – eher nur die Spur eines dunklen Schleiers. So sehr ich auch diese Stelle absuche: Von Masten nichts zu sehen. Nicht einmal eine Bartstoppel. Die Kimm ist dort ganz glatt.

Ein Funkspruch kommt herauf.

»Von Fischl«, sagt der Kommandant. »Hält auch Fühlung, aber an einem anderen Geleit ... Jedem sein eigener Geleitzug!«

Nach einer Weile läßt sich der Kommandant wieder vernehmen: »Aus nem Tagesangriff wird nichts mehr. Der Mond ist fast voll. Wir müssen den Monduntergang abwarten.«

Wir steuern hundertzwanzig Grad. Die Diesel laufen große Fahrt.

Der Obersteuermann kommt herauf und schießt die fahle Sonne. Mit dieser Messung bekommt er erst eine Standlinie. Bald wird er seinen Sextanten noch einmal gegen die Sonne richten und die neue Zeit unten in der Zentrale stoppen lassen. Genauer Schiffsort ist jetzt wichtig.

Kaum hat der Obersteuermann seine Arbeit erledigt, verschwindet das Gestirn hinter strähnigen Regenwolken. Das Wetter verschlechtert sich schnell. Es müßte ja auch mit dem Teufel zugehen, wenn uns das Leben zu leicht gemacht würde. Daß der Himmel sich eintrübt und die Kimm erst stumpf wird, dann sich gänzlich im Dunst auflöst, nimmt der Kommandant, der alte Fatalist, fast schon als selbstverständlich hin.

Der Wind bläst schon wieder mit Stärke 5 aus Nordwest. Der Himmel bedeckt sich immer mehr, die Sicht wird schlecht. Seegang mindestens 4. Das Boot holt schwer über. Der Wind wühlt die Dünung vom letzten Sturm wieder auf.

Voraus geht jetzt die Kimm in einer dunklen Regenbö unter. Unser Sichtkreis verengt sich schnell. Die Situation ist mit eins prekär geworden. Wir können in jeder Sekunde von einem Gegner überrascht werden.

Der Kommandant erscheint in der Zentrale. Er hat eine bedenkliche Miene aufgesetzt. Vom Geleit ist nichts mehr zu sehen.
Sind wir am Ende unserer Künste? Der Kommandant ringt um einen Entschluß. Plötzlich wirft er den Kopf hoch und befiehlt: »Klarmachen zum Tauchen!«
Die Brückenwache kommt triefend herunter. Der Wachoffizier klappt den schweren Deckel des Luks zu und zieht ihn mit dem Handrad fest auf seinen Sitz. Die Diesel verstummen. Die Zuluft- und Abgasventile der Diesel sind geschlossen. Die elektrischen Maschinen werden auf die Schraubenwellen gekuppelt und übertragen die in den Batterien gespeicherte Kraft lautlos auf die Welle. In Sekundenschnelle melden die Räume tauchklar.
»Fluten!« befiehlt der Kommandant.
Die Zentralegasten reißen die Schnellentlüftung auf, und mit zischendem, donnernden Schwall entweicht die Luft aus den Tauchzellen. Beide Tiefenruder werden hart unten gelegt. Das Boot wird vorlastig. Der Zeiger des Tiefenmanometers beginnt sich zu drehen. Mit einem Schlag reißt das Toben und Brausen ab. In die Stille fällt das Kommando: »Auf dreißig Meter gehen!«
Durch Legen der Tiefenruder wird das Boot achterlastig gemacht. Aus den Tauchzellen entweicht die letzte Luft.
»Entlüftungen schließen!« befiehlt der Leitende. Dann läßt er die befohlene Tiefe ansteuern. Aus dem Jagen wird ein horchendes Lauern. Schrauben- und Maschinenschall der gegnerischen Schiffe trägt das Wasser in der Tiefe weiter, als unsere Sicht jetzt reicht.
Der Kommandant hockt sich neben das Funkschapp in den Gang. Der Horcher hat den Funkhörer übergestülpt und versucht, mit seinem Gerät ringsum aus den Geräuschen des Wassers Anzeichen vom Gegner herauszufinden. Wieder und wieder fragt der Kommandant: »Keine Peilung?«
So vergeht fast eine Stunde. Der Kommandant ist mal in der Zentrale am Kartenpult, mal im Gang neben dem Funkschapp.
Plötzlich verändert sich das Gesicht des Horchers: Er hält die Augen geschlossen, sein Mund wird fest – jetzt zieht er sich zusammen, als hätte der Horcher in eine Zitrone gebissen. Mit kaum niedergehaltener Erregung meldet er: »Horchpeilung in sechzig Grad – ganz schwach!«
Da zuckt der Horcher kaum merkbar zusammen. Ich kann das Donnergrollen, das ihm allzu laut aus der Hörmuschel schlug, mit bloßem Ohr hören: Wasserbomben.
»Die beharken einen – wie ist jetzt die Peilung?«
Der Kommandant hockt direkt neben mir im Gang.
»Siebzig Grad – wandert voraus!«
Mit vor Härte fremder Stimme befiehlt der Kommandant: »Sofort auf fünfzig Grad gehen! – Klarmachen zum Auftauchen!«

Der Horcher ist jetzt der einzige, der über seine Geräte Botschaften von draußen empfängt. Laufend gibt er seine Meldungen.

Das Wetter ist noch schlechter geworden. Jetzt verdüstern tiefhängende Regenböen *ringsum* den Horizont. Die Helligkeit des Tages ist gänzlich erloschen. Spritzwasserwürfe, die der Wind von den Wogen wegfetzt, überziehen die Wasserlandschaften wie bleicher Dunst.
Immer wieder zischen Wasserstürze durch das offene Turmluk ins Boot hinunter: Jetzt kann das Luk nicht geschlossen werden – der Gegner ist zu nahe.

Alarm

Der Kommandant nimmt das Glas nicht mehr von den Augen: Die Situation ist fatal. Er muß entscheiden, ob er wieder tauchen und das Boot gegen Überraschungen aus den Regenböen heraus schützen oder es blind weiter an den Gegner heranführen soll.
Der Seitenblick, den er mir zuwirft, heißt:
Ich kann jetzt keinen Mann zuviel auf der Brücke brauchen. Also verhole ich mich wieder nach unten.
Plötzlich höre ich von oben durch das Pladdern, Tosen und Sausen: »Mastspitzen steuerbord achteraus!«
»Da haben wir den Salat!« sagt der II WO dicht neben mir.
»Alarm!«
Der Kommandant hat das gefürchtete Wort in den Turm gebrüllt.
Die Brückenposten lassen sich durchfallen. Der Kommandant steigt als letzter ein und wirft das Luk dicht.

Ich bin mit ein paar Sätzen im Dieselraum. Die roten Lampen, die hier den Alarm signalisieren, blinken auf. Das Maschinenpersonal kann sich nur mit Handzeichen verständigen: Ein paar blitzschnelle Griffe, und die Treibölzufuhren zu den Dieseln sind unterbrochen, die Kupplungen der beiden Diesel herausgerissen. Die Diesel stehen. Weiter achtern werden beide E-Maschinen auf AK geschaltet.
Ich richte Blick und Kamera auch nach achtern: Zwischen den beiden Gebläsegehäusen steht der Dieselheizer und wirbelt seine Handräder zum Schließen der äußeren Abgasklappen dicht, damit über unsere Dieselauspuffleitungen, die jetzt unter Wasser geraten, kein Wasser in die Dieselmotoren eindringen kann.
Die Leute im Dieselraum, in dem sonst immer Werkstatt- und Maschinenhöhlenatmosphäre herrscht, sind mit einem Schlag im Gefecht. Den LI hat der Alarmruf in der E-Maschine aufgestört. Er muß in die Zentrale. Ich bin ihm mit meiner Kamera im Weg. Für Fotografen ist hier kein Platz.
Mit beiden E-Maschinen ›große Fahrt‹, dem Druck der Tiefenruder gehorchend, die vorn und achtern unten liegen, geht das Boot stark vorlastig nach unten. Der Tiefenruderdruck zieht das Boot vorne nach unten und hinten nach oben – es kippt bei dieser Fahrtstufe ab wie ein Stuka.

Der II WO kommt mit »Alarm!« von oben.

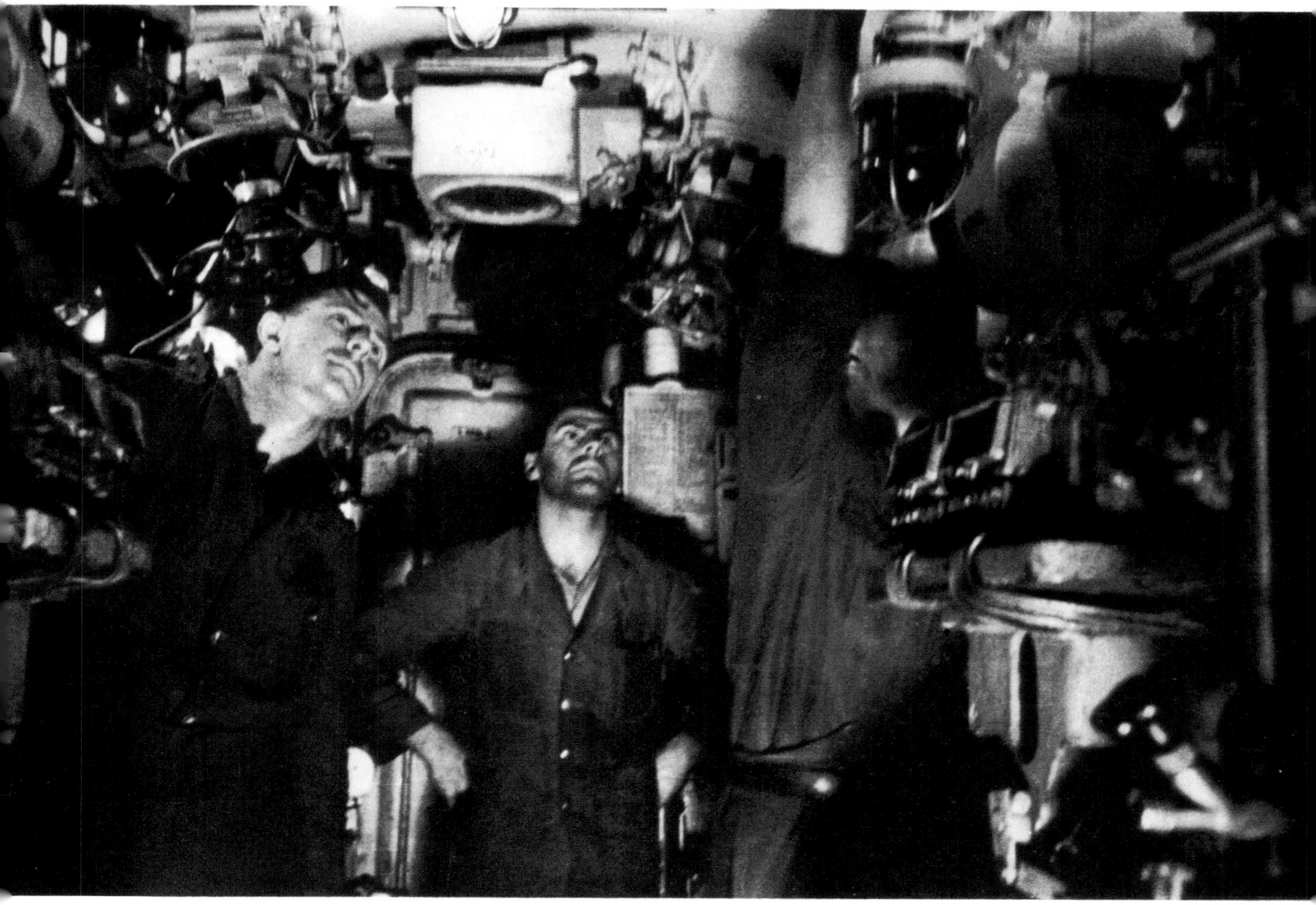

Alarm im Dieselraum. Zum Glück habe ich U-Film in der Kamera. So gelingen die wohl einzig existenten ungestellten Aufnahmen in einer solchen Situation. Die Leute in der Maschine, die keine Ahnung haben, was los ist, müßten, wären sie nicht so vorzüglich ausgebildete Spezialisten, irre werden durch die vielen einander scheinbar widersprechenden Befehle. Sie hören nur das Glockenschrillen, sehen die Alarmlampen blinken, hören den Maschinentelegraphen anschlagen und sehen dessen Anzeige sich verändern. Durchs Telefon kommen die Befehle fürs Ausblasen der Tauchtanks mit Diesel. Darauf können sie sich wenigstens einen Vers machen. Aber was die anderen Befehle jeweils bedeuten, können sie nur erraten. Die Zentrale ist so weit weg, als existiere sie gar nicht.

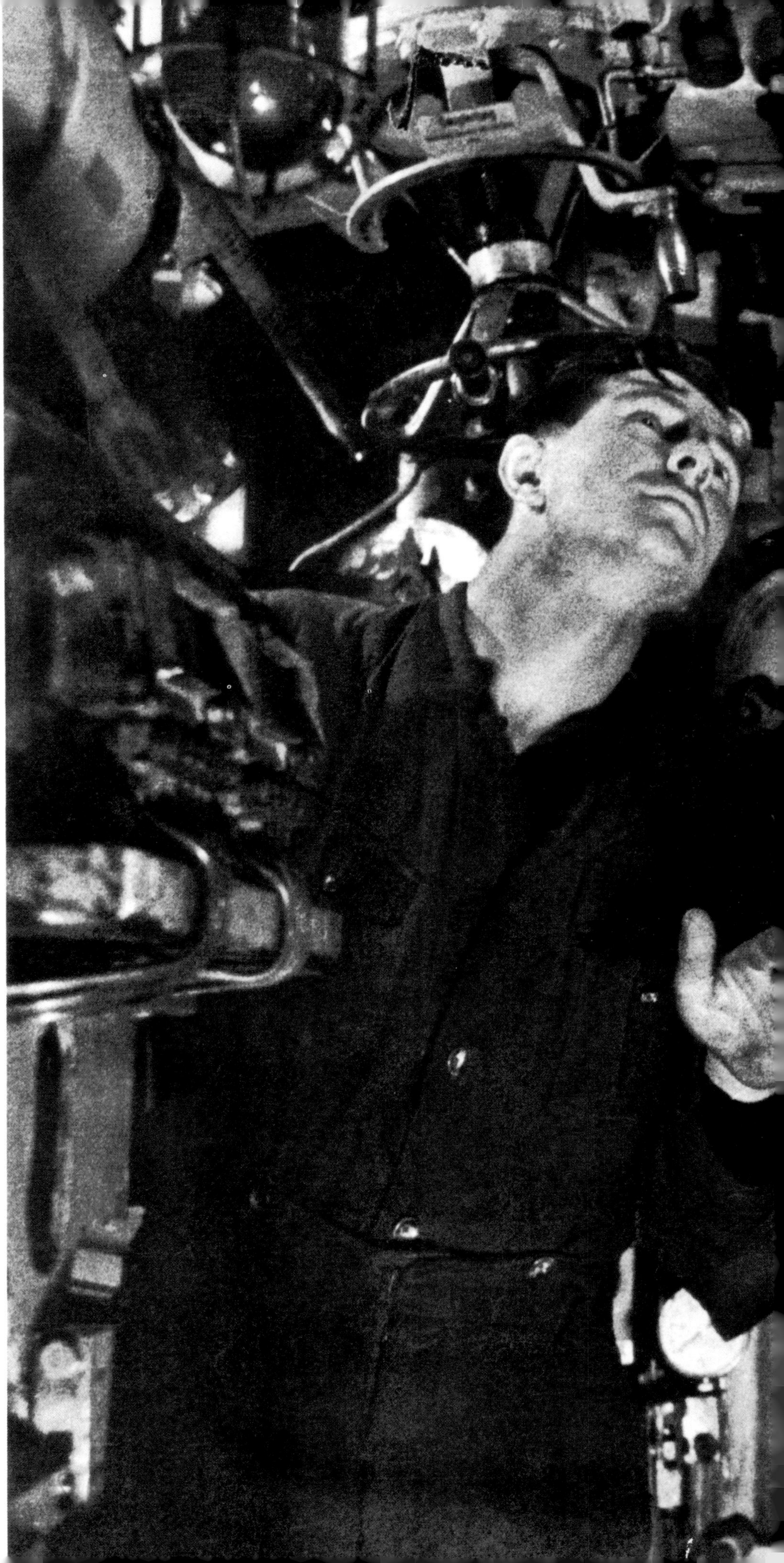

Das Boot ist noch vorlastig. Bilgewasser schießt rauschend unter den Flurplatten nach vorn.
»Auf Sehrohrtiefe einsteuern!« befiehlt der Kommandant jetzt aus dem Turm.
Der Leitende befiehlt: »Durchpendeln!«
Beide Tiefenruder werden entgegengesetzt gelegt, dann wird das Boot auf ebenen Kiel gebracht. Jetzt ist die letzte Luft aus den Tauchzellen entwichen.

Die Wassersäule im Papenberg sinkt: Das Boot steigt also.
Noch ist der Kommandant oben im Turm am Sehrohr blind. Seine Stimme klingt ungeduldig: »Frage Tiefe?« Im selben Augenblick kommt das Sehrohr frei. Der Leitende meldet nach oben in den Turm: »Boot ist eingesteuert!«

Keiner sagt ein Wort. Von oben kommt endlich die gedämpfte Stimme des Kommandanten: »An Horchraum! – Steuerbord querab ein Zerstörer!«
Will der Kommandant etwa den Zerstörer angreifen – jetzt? Mitten am Tag?

Minuten vergehen. Dann kommt die Stimme des Kommandanten wieder: »Rohr eins bis vier bewässern!«
Es ist so still im Boot, daß der Befehl überlaut klingt.
Aber gleich kommt die Stimme des lieben Gottes leise: »An Zentrale: LI genau auf Tiefe halten!«
Jetzt gilt es für den Leitenden! Seine Stimme ist knarsch geworden: »Fünfzig Liter fluten – fest! – Hundert Liter fluten!«
Sein Blick ist auf die Tiefenmanometer und die Wassersäule im Papenberg arretiert. »Hundert Liter nach vorn! Los, los!«
Die Schweißwassertropfen fallen im Sekundenrhythmus in die Bilge. Leise schwappt das Bilgewasser unter den Flurplatten. Sekundenlang summt der Sehrohrmotor. Das bedeutet, daß der Kommandant das Sehrohr nur ganz kurz zeigt und es gleich wieder vom Wasser überspülen läßt.
Von oben kommen nun monotone Ruderbefehle. Keiner kann sich daraus ein Bild machen.
Da gibt der Kommandant den Befehl, auch noch das Rohr fünf zu bewässern.
Ich bin gänzlich verwirrt: das Heckrohr!
Ich habe die Bewegungen des Bootes nicht erfaßt. Haben wir etwa um hundertachtzig Grad gedreht?
Der Befehl wird nach achtern weitergegeben. Nach Sekunden schon kommt die Meldung: »Rohr fünf ist klar zum Unterwasserschuß bis auf Mündungsklappe!«
Es vergehen zwei, drei Minuten.
»Schaltung Rohr fünf!«
Der Papenberg zeigt, daß das Sehrohr unterschneidet. Der Anblick der sinkenden Wassersäule muß den LI wie ein körperlicher Schmerz treffen. Er krümmt sich zusammen und gibt einen Befehl an die Tiefenrudergänger.
Das Sehrohr kommt wieder frei. Ich spüre es wie eine Erlösung.
»Rohr fünf fertig?« fragt der Kommandant.
»Jawohl, Herr Kaleunt!«
Der Leitende verbessert von Zeit zu Zeit die Tiefenruderlage: »Vorne mitte, hinten unten zehn!«

Der Dieselheizer in Lauerstellung und beim Schließen der äußeren Abgasklappen. Das Boot kann jetzt tauchen, ohne daß Wasser über die Auspuffleitungen der Diesel in die Maschinen dringt.

Keiner blickt mehr den anderen an. Wir sind hilflos verwirrt. Wir können nichts tun, als blind und taub dastehen und auf die Befehle des Kommandanten lauern.
Der Kommandant will die Seitenruderlage wissen.
»Ruder liegt steuerbord fünfzehn!« bekommt er sofort Antwort.
Die Spannung wird übermächtig. Nur das kurze Anspringen und Aussetzen des Sehrohrmotors ist noch zu hören – eine unheimliche Morsesprache.

Da ruft der Kommandant von oben: »Alle Mann voraus! – Schnell auf Tiefe gehen!«
Ich hatte nur »Räume voraus!« erwartet. Was mag passiert sein?
Die Leute hasten von achtern durch die Zentrale. Das Boot wird vorlastig. In das Geschurre und Geschlurfe hinein sagt der Kommandant von oben: »Gleich kommen Wasserbomben!« Und nun kommt er herabgeklettert und hockt sich auf die Kartenkiste: Er spielt seinen Gleichmut gut.
»Vorne hart unten! Hinten aufkommen!« befiehlt der Leitende.

Wir sind wehrlos: In dieser Tiefe können wir unsere Waffen nicht gebrauchen. Unter dem ersten harten, wie mit der breiten Axt geführten Schlag gerät alles ins Zittern. Ein Mann, der keinen festen Stand hatte, taumelt. Der nächste Schlag läßt alles Licht verlöschen. Taschenlampenkegel reißen weißliche Flecken aus der Dunkelheit heraus. Jemand ruft nach Sicherungen.

Wieder eine Detonation, genauso hart und präzise wie die vorhergehende. Was ist mit den Untertriebszellen? Sind die schon gelenzt? Den Befehl dazu habe ich nicht aufgenommen.
Das Anspringen der Lenzpumpe klingt in das Zischen der Wassermassen, die in das von der Bombe ins Wasser gerissene Loch zurückströmen.
Die Notbeleuchtung scheint auf.
»Vorne hochkommen! – Fest!« befiehlt der Leitende den Rudergängern.
Dann meldet er dem Kommandanten: »Boot ist abgefangen!«
Ich kann, weil der Leitende mir vor dem Blick steht, nicht sehen, wie tief wir sind.
Der Kommandant muß jetzt ununterbrochen rechnen. Die Grundfaktoren seiner Rechnung verändern sich mit jeder Meldung, die aus dem Horchraum kommt. Langsam nur schleicht unser Boot durch die Tiefe. Der Zerstörer aber kann oben mit der vollen Kraft seiner Maschinen hin- und herhetzen: ein Raubfischer, der mit Bomben fischt.
Der Horcher meldet laufend die Peilungen: »Zwohundertsechzig Grad – zwohundertfünfzig Grad – zwohundertvierzig Grad – wird lauter!«
»Hart backbord!« befiehlt der Kommandant und gleich danach: »An Horchraum: Wir drehen nach backbord!«
Schweißglanz gibt den Gesichtern scharfe Plastik.
Wir warten auf die nächsten Bomben – ohne uns zu rühren, mit angehaltenem Atem.
Die Sekunden dehnen sich zu Ewigkeiten – nichts.
Endlich läßt sich der Horcher wieder hören: »Zerstörergeräusche wandern aus!«
»Genehmigt!« quittiert der Kommandant die Meldung! – Was soll das?

In ihrem nassen Gummizeug haben zwei Brückenposten den Tiefenruderstand besetzt. Das Manometer zeigt, daß das Boot schon Tiefe gewonnen hat.

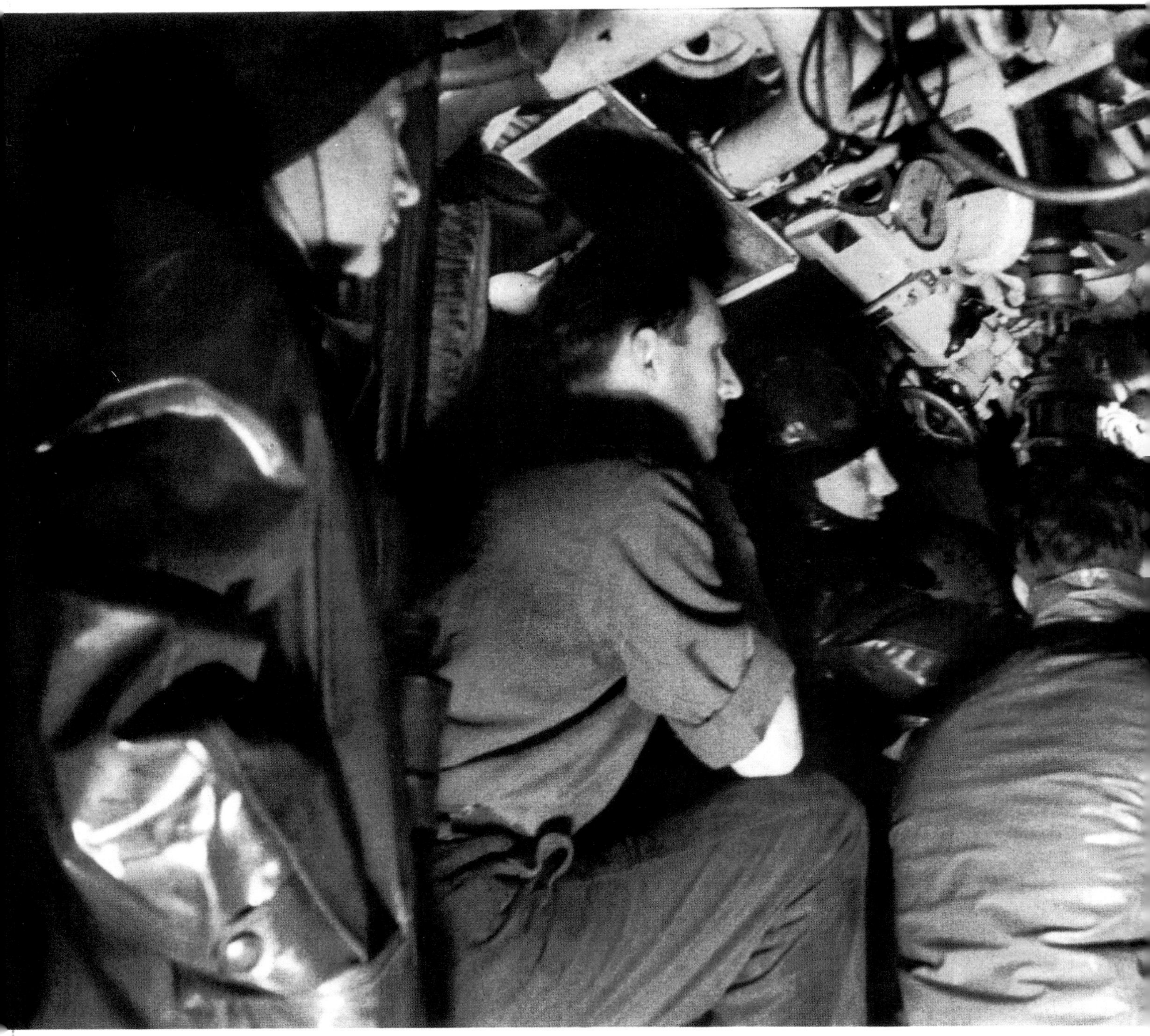

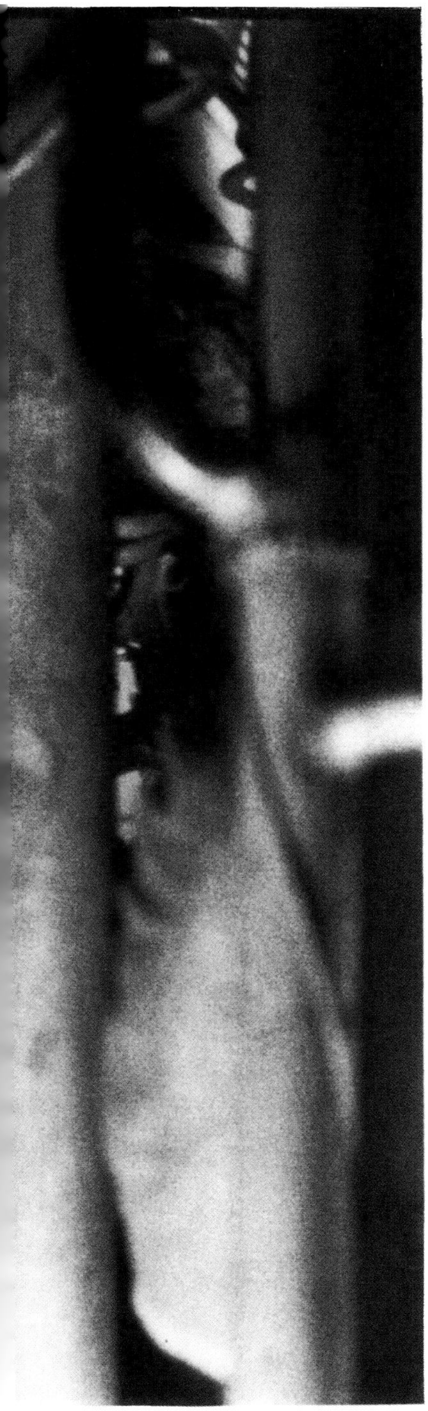

Da fallen wieder zwei Bomben. Aber ihr Detonationsgeräusch ist deutlich schwächer.
Der Kommandant richtet sich auf.
Wieder drei, vier Bomben – aber immer weiter ab.
Der Horcher sucht jetzt langsam den ganzen Kreis seiner Skala ab.
»Na?« fragt der Kommandant mit prononciert spöttischem Unterton.
»Wandert aus!« antwortet der Horcher.
»Ein Stück Papier her!« fordert der Kommandant. Will er jetzt etwa den Funkspruch vorbereiten?
Der LI, der zu einer Kontrolle achtern war, kommt wieder in die Zentrale. Er tauscht einen Blick mit dem Kommandanten: alles klar!
Da befiehlt der Kommandant: »Auf Sehrohrtiefe gehen!«
Der Leitende gibt seine Befehle. Der Kommandant steigt wieder in den Turm.
Und wieder kommt die Stimme aus dem Himmel: »Frage Tiefe?«
»Fünfzehn Meter – Sehrohr kommt frei!«
Leise summt der Sehrohrmotor. Minuten vergehen. Von oben kommt nun kein Wort mehr. Das macht die Spannung unerträglich.
Auf einmal ruft der Kommandant: »Schnell runter! Auf Tiefe gehen!«
»Räume voraus!« befiehlt der Leitende.
Das hatten wir doch eben. Ist denn hier jede Nummer wie im Zirkus auf Wiederholung angelegt?
Wieder wird das Boot vorlastig. Wieder beginnt der Zeiger des Tiefenmanometers sich nach vorwärts zu drehen: Zwanzig, dreißig, vierzig Meter – alles wie gehabt, als könnten wir es erst beim zweitenmal begreifen.
Der Kommandant kommt Fuß um Fuß in die Zentrale heruntergeklettert – auch wie eben erst.
Der Kommandant nimmt sich Zeit. Endlich sagt er: »Zerstörer liegt tausend Meter ab. Gestoppt. Der wollte uns überraschen.«
»Hat ja recht – von seinem Standpunkt aus«, höre ich neben mir.
»Die Dummköpfe«, brummt der Kommandant.
Mit wechselnden Kursen und Schleichfahrt läuft das Boot ab. Nach einer Weile murmelt der Kommandant: »Wir können doch hier nicht im Keller hocken bleiben! Da geht uns ja glatt das Geleit durch die Lappen!«
Der Leitende versucht, ein besorgtes Gesicht zu machen.
Ich lasse mir vom Horcher den Kopfhörer geben. Im Kopfhörer rauscht es wie in einer großen Muschel. Doch da! Das klingt nach Schraubenumdrehungen. Da wieder!
Ich gebe den Kopfhörer hastig an den Horcher zurück. Der Horcher lauscht

In der Zentrale während des Zerstörerangriffs. Das Boot versucht, sich unter Wasser mit Schleichfahrt seinem Verfolger zu entziehen. Der einzige, der jetzt noch Wahrnehmungen vom Gegner hat, ist der Horcher. Aber auch als der Horcher keine Ortung mehr hat, wird unter Wasser mit wechselnden Kursen und Schleichfahrt weiteroperiert. – Der Leitende beobachtet hinter den Tiefenrudergängern hockend das Spiel der Manometer und Lastigkeitsanzeiger.

gespannt. Dann bewegt er die Lippen: »Typische Schleichfahrt! Horchumdrehungen!« Er macht keine richtige Meldung. Wohl deshalb, weil ja der Kommandant direkt neben ihm im Gang hockt.
»Wie peilt er denn?«
»Zwohundertzwanzig Grad!«
Die Membranen unseres Gruppenhorchgeräts vorn an den Flanken des Boots lassen nur grobe Peilungen zu. Hoffentlich stimmen die 220 Grad.
Ruhe.
Der Chronometer tickt.
Jetzt setzt sich der Kommandant auf die Kartenkiste. Ich setze mich neben ihn. Der Kommandant legt die Beine in den Stiefeln hoch. Er stiert vor sich hin.
»Zwohundertsiebzig Grad. Wandert ganz langsam voraus ... wird lauter!«
»Schön«, sagt der Kommandant. Dann leiser zu mir: »Da geb ich gar nichts drauf.«
»Zwohundertachtzig Grad. Wird lauter.«
Das kann ja heiter werden, wenn das noch lange so weiter geht.---

Es muß eine ganze Stunde vergangen sein, als der Horcher meldet, daß er keine Geräusche mehr hat. Der Kommandant läßt das Boot von neuem auf zwanzig Meter einsteuern.
Die Augen der Leute neben ihm heften sich an seinen Mund. Wie wird sein nächster Befehl lauten?
Der Kommandant hat die Lippen eingezogen und beißt, wie es seine Art beim scharfen Nachdenken ist, auf ihnen herum. Seine Augen sind verkniffen, die Stirn vielfach waagerecht gefurcht. Plötzlich löst sich sein Gesicht wie aus einem Krampf, und laut fällt das Kommando: »Klarmachen zum Auftauchen!«
Der Kommandant schlägt also alle Vorsichtsregeln in den Wind. Er will auf Teufel komm raus seinen Geleitzug wieder haben.
Zischend strömt Preßluft in die Tauchtanks. »Turmluk ist frei!« meldet der Leitende. Der Kommandant entert auf.
»Druckausgleich!«
Der Überdruck entweicht, und der Kommandant öffnet das Turmluk.
»Klarmachen zum Ausblasen!« – eine Stimme, triumphal wie Drommetenschall.
Ich denke schon: Gott sei's gelobt, getrommelt und gepfiffen – da fährt die Befehlsstimme von oben fort: »Klar bei Entlüftungen – Dieselraum bleibt tauchklar!«
Also noch kein Schlußstrich! Gleich kann der Tanz wieder beginnen.

Nach einer Weile fordert der Kommandant aber doch über Maschinentelegraph beide Diesel an und läßt den Bug in die vermutete Geleitzugsrichtung drehen. Ich atme durch.

Oben ist es dunkel geworden. Wohl deshalb hat der Kommandant gar nicht erst einen Rundblick genommen. Bei Dunkelheit und so schlechtem Wetter hätte er im Sehrohr doch nichts gesehen.

Der II WO steht neben dem Zentralemaat unter dem Turmluk – fertig zum Aufentern. Seine Wache ist noch nicht vorbei.

Überwasserangriff

Ich weiß nicht, welcher Brückenposten es zuerst gesagt hat. Auf einmal sind wir alle sicher: Es riecht nach Heizöl. Dort, wo der Wind herkommt, muß die Geleitzugschlacht toben. Der Heizöldunst ist der Aasgeruch der Konvoirake.
Der Kommandant prüft den Wind und gibt Kurskorrektur.

Im Abenddämmern entdeckt der steuerbordvordere Ausguck unter den dicht über der Kimm lagernden Wolkenbänken eine Wolke mit merkwürdiger Verfärbung. Der Kommandant wird auf die Brücke gerufen und nimmt die verdächtige Erscheinung ins Glas. Nach Minuten gespannter Beobachtung gibt er dem Rudergänger, der im Turm direkt unter der Brücke das Boot steuert, Befehl zur Kursänderung. Das Boot jagt – mit beiden Dieseln ›große Fahrt!‹ auf die dunkle Wolke zu. Eine Qualmwolke – ohne Zweifel. Aber im Näherkommen wird sie größer und größer – so groß, daß es keine Schornsteinwolke mehr sein kann. Da muß ein Schiff – ein Tanker – brennen. Irgendein Boot muß ihn torpediert haben. Aber warum hat es ihn nicht gänzlich versenkt? Die Sache ist mysteriös.

Jetzt ist Feuerschein zu sehen, die Silhouetten von Aufbauten zeichnen sich ab. Ein Windstoß drückt den schweren, schwarzen Rauch herunter. Wir sind plötzlich von stinkenden dunklen Qualmfahnen umweht, Hustenreiz würgt mir im Hals.

Über das, was nun geschieht, berichtet das Kriegstagebuch so:

17.42 Zugelaufen. Zum Angriff angesetzt. Ausgemacht, daß Schiff mitschiffs qualmt.

18.55 Feuerschein. Es ist ein Tanker. Läuft geringe Fahrt. 7 sm. Kurs etwa 120°. Überwasserangriff möglich, da ich aus der Rauchwand komme. Beim Herangehen Namen festgestellt: Arthur F. Corvin, London, 10516 BRT.
Um 17.12 wurde aufgenommen: A. F. Corvin torpedoed.
Suchen U-Boot in der Nähe, das den Dampfer torpediert hat. Finden nichts.

19.50 Angriff angesetzt.

19.55 Bugschuß aus 800 Meter Abstand. Treffer Mitte.

Das Wasser wird von der Gewalt der Detonation zu einem riesigen weißen

Tannenbaum hochgerissen – mehr als doppelt so hoch wie die Masten. Der Dampfer sackt tiefer, läuft aber weiter.
Wo ist nur die Besatzung? Achtern scheinen Leute zu stehen. Aber das kann täuschen.
Die Geschütze auf den Aufbauten sind hingegen im Glas deutlich auszumachen. Geschütze! Die bedient keiner mehr!
So sehr ich mir auch die Augen ausgucke: Keine Rettungsboote zu sehen.
Der nächste Torpedo trifft weiter achtern, aber auch diesmal bleibt die Trefferwirkung gering. Der Dampfer hat immer noch Fahrt. Dennoch sind die Schußunterlagen so klar wie beim Scheibenschießen. Entfernung sechshundert Meter.
Der Kommandant will »bei so klaren Verhältnissen« keinen der noch in den Bugrohren steckenden elektrischen Torpedos ›schießen‹. »Das machen wir billiger«, sagt er, »wir haben doch noch Blasentorpedos.«
In fliegender Eile wird einer dieser Torpedos, die für das Boot verräterisch werden können, weil sie Blasenbahnen ziehen und besser zu horchen sind als die elektrischen, nachgeladen. Er hat Aufschlagzünder.
Dieser Torpedo trifft das Schiff hinter dem achteren Mast und jagt eine Treffersäule von grausiger Schönheit hoch. Wasser, Flammen werden mit emporgerissen. Oben – 200 Meter hoch – quillt ein orangefarbener Feuerpilz aus dem riesigen Schaft der Säule. Sekundenlang steht sie mit diesem lohenden Kapitell vor dem dunklen Himmelsgrund: Die explodierende Ladung muß die Brisanzkraft des Torpedos vervielfacht haben.
Als die Treffersäule endlich in sich zusammenbricht, stürzen mit den Wassermassen auch Schiffsteile herab. Kesselexplosionen wummern herüber.
Aber das Wrack schwimmt auch jetzt noch. Über seine ganze Länge zucken und züngeln Flammen von ihm hoch. Sie röten den Bauch des riesenhaften Qualmwurms, der sich nun statt der Treffersäule über dem Schiff hochrichtet und höher und höher steigt, wie von einer Windhose emporgesogen.
Plötzlich schießen rosarote und blutigrote Raketen durch die Rauchschwaden hindurch und überschütten die See bis her zu uns mit flackerndem Rot. Sie müssen sich von alleine gelöst haben.
Wie ein beschwörend gereckter Finger ragt der achtere Mast aus diesem Inferno von Flammen und Qualm hoch.
»Der braucht keinen Fangschuß mehr«, höre ich eine heisere Stimme – die des Kommandanten.
Unter den Flammen ist aber immer noch als dunkle Masse das Heck zu erkennen. Nur dieses Heck ragt noch aus dem Wasser. Es ist uns entgegengeneigt. Durch den Qualm sehe ich hin und wieder das schräge Deck, ein paar Aufbauten, den Stumpf eines Ladebaums – aber keinen Mann von der Besatzung.
Wo sind nur die Leute geblieben?
Rings um das Wrack flackern dunkelrote Flammen direkt vom Wasser hoch: Die Heizölladung ist ausgelaufen. Wasser und Feuer, die einander feindlichsten Elemente, vereinigen sich. Das Meer brennt. In dieser Hölle findet auch der kräftigste Schwimmer seinen gräßlichen Tod: Im Wasser verbrennen, im Brand ersticken, vom Öl verätzt werden – alles geschieht ihm zugleich.
Die Feuerzuckungen unter dem Qualmwurm verschmelzen nun mit denen auf dem Wasser zu einer einzigen glühenden Wand: Da lebt keiner mehr.

Das Boot ist auf eine Qualmwolke zugelaufen. Die schwarze Wolke wird so groß, daß sie nicht die übliche Schornsteinwolke sein kann: Da brennt ein Tanker! Er muß aus dem gesuchten Geleitzug zurückgefallen sein. Irgendein Boot muß ihn torpediert haben. Der Tanker hat Ostkurs – etwa Irland. Die Sache ist mysteriös.

Treffer mittschiffs. Eine hohe, bizarr geformte Treffersäule – aber keine Wirkung.
Ein zweiter Anlauf und ein zweiter Treffer – kurz vor dem Achterdeck. Durch diesen Treffer wird Öl auf das achtere Mittelschiff geworfen und beginnt zu brennen.

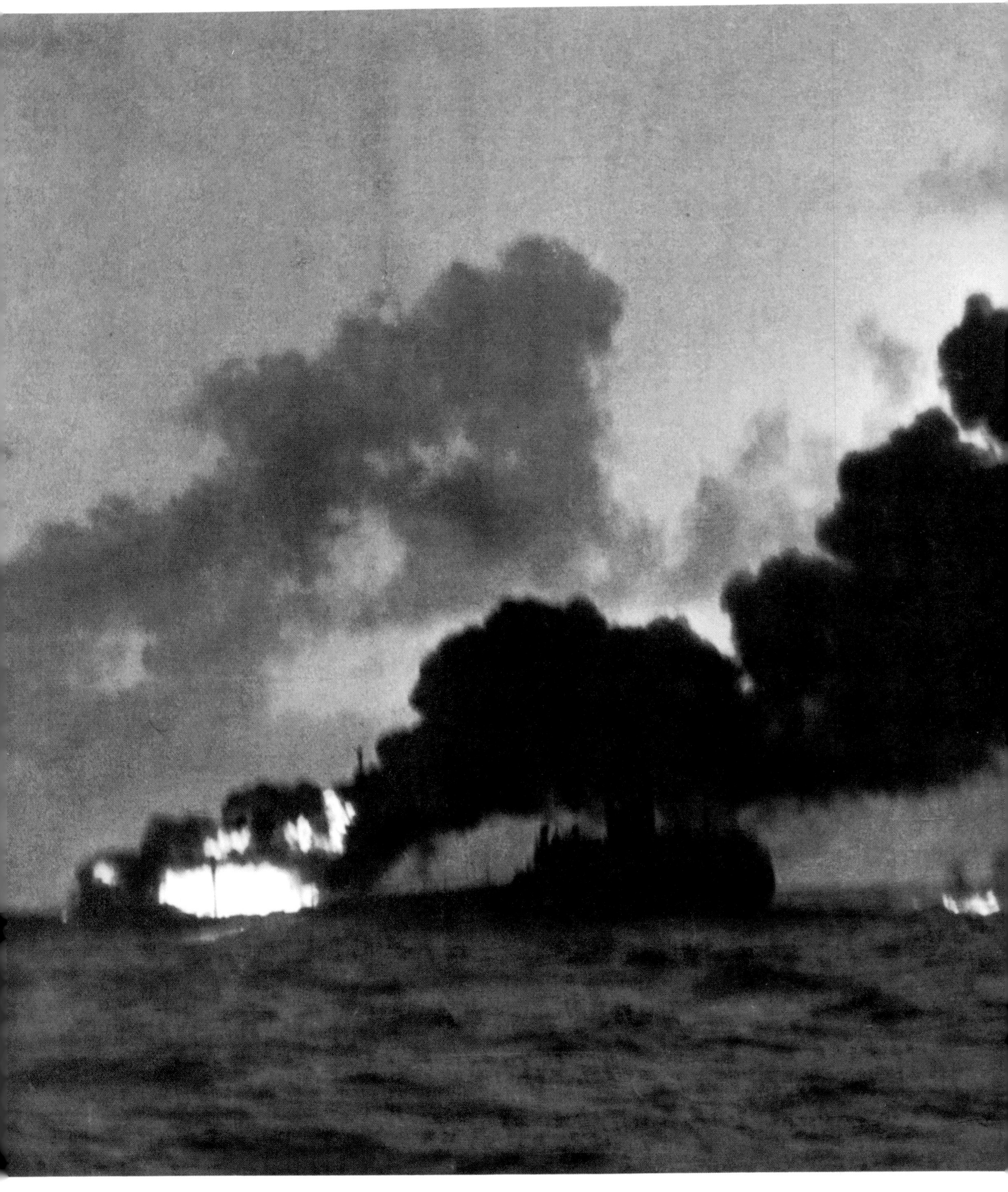

Das Schiff sinkt immer noch nicht. Nur die Flammen werden mehr. Als ein Windstoß die Qualmwolke für einen Augenblick weghebt, glaube ich Gestalten auf dem Achterschiff im Glas zu erkennen. – Ausgelaufenes Öl brennt nun auch direkt auf dem Wasser.

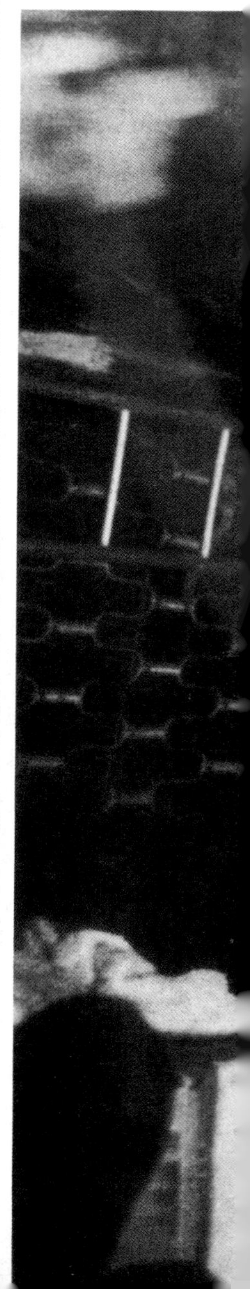

Im Bugraum während des Angriffs: Ins steuerbord untere Rohr wird ein Torpedo nachgeladen – einer von den noch mit Preßluft angetriebenen, die wegen ihrer verräterischen Blasenbahn möglichst nicht bei Tage verschossen werden sollen. Auch nicht gegen Geleitzüge, weil sie von den Geleitschiffen leichter gehorcht werden können als elektrische Torpedos.
Jeder, der sich hier in der Enge des Bugraums am waagerecht ausgebrachten Flaschenzug abrackert, weiß, daß der Kommandant oben auf der Brücke die Minuten zählt. Trotz Hitze schuften die Leute, daß die Lungen pfeifen.

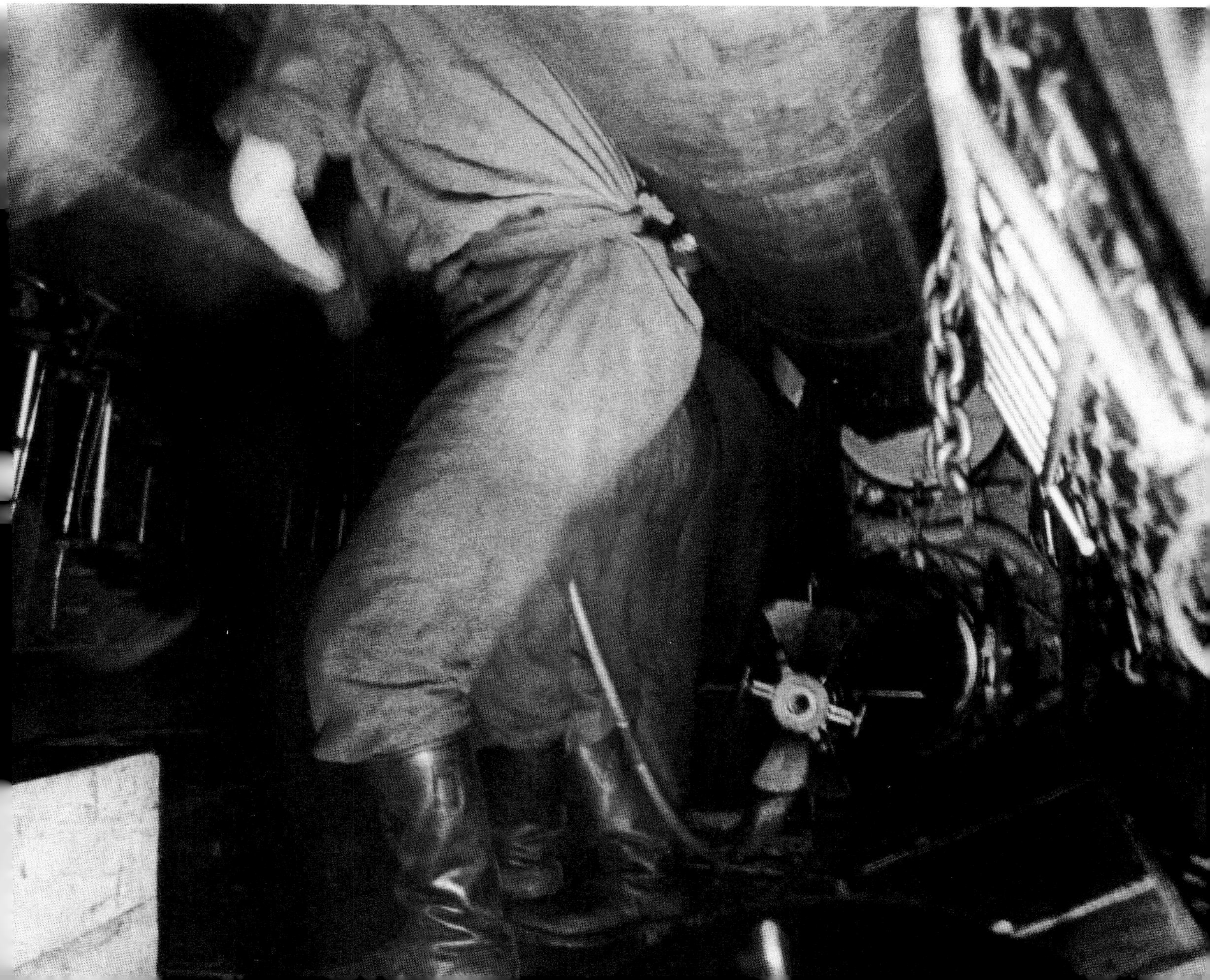

Der letzte Torpedo, der den Tanker hinter dem achteren Mast trifft, reißt eine Treffersäule von mehr als 200 Metern hoch.

Wir können nicht näher herangehen. Hitze und Qualm sind zu stark. Unser feuchtes Oberdeck ist in rotes Licht getaucht. Jeder Schlitz in den Grätings ist zu erkennen. Das ganze Boot ist rot übergossen. Die Gesichter um mich herum auch: rote Fratzen.
Gleich fährt der Kommandant einen Brückenposten an, der auf das brennende Meer starrt, anstatt sein Glas in seinen Sektor gerichtet zu halten. Das rot überflackerte Gesicht des Kommandanten ist zu einer expressionistischen Maske verkrampft. Der Zorn allein kann das nicht bewirken. Endlich stößt er hervor: »Das scheint mir nicht!« Dann gibt er in schneller Folge Ruder- und Fahrtkommandos. Das Boot dreht, wir wenden dem schrecklichen Schauspiel den Achtersteven zu.
Was kann den Kommandanten mißtrauisch gemacht haben? Warum setzt er nicht das Geschütz ein, um das Wrack zu versenken? Was hat er im Sinn? Während wir langsam ablaufen, bleibt er stumm.
Über die Schiffbrüchigen wird kein Wort verloren. Von ihrem Schicksal zu reden verbietet der Komment. Aber die Reizbarkeit, die in der Luft hängt, spricht für sich. Wer von uns stellte sich jetzt nicht vor, *er* wäre es, der im Wasser verbrennt!
Jeder weiß, wie gering in diesem Seegebiet die Chancen für Schiffbrüchige sind – selbst wenn sie auf einem Floß oder in einem Boot treiben. Jeder weiß, wie das Schicksal abläuft, wenn die See so bewegt ist wie jetzt. Nur die Leute, die unmittelbar im Geleitzug ihr Schiff verlieren, haben noch eine Hoffnung, aufgepickt zu werden: Da sind Sucheinheiten unterwegs – da weiß man, wo das Unglück passiert ist und hat sich auf Rettung eingerichtet. – Aber wer auf einem Tanker anheuert, hat die Pforte zur Hölle schon durchschritten, auch wenn sein Schiff im Geleitzug fährt.

Aus dem KTB der Seekriegsleitung vom 16. Dezember 1942:
»... Trotz hoher Versenkungsziffern an fdl. Tonnage erlitt der Gegner keinen fühlbaren Mangel an Schiffsbesatzungen ... Überlebende in Rettungsbooten zu vernichten, muß weniger aus Humanitätsgründen als wegen des moralischen Eindrucks auf die eigene Besatzung, die ein gleiches Schicksal für sich erwarten muß, unterbleiben. Das Treibenlassen von Schiffbrüchigen in See birgt die Gefahr ihrer Aufnahme von fdl. Schiffen in sich. Die Schiffbrüchigen werden in diesem Fall die eigene Kriegführung durch Aussage ihrer Kenntnisse schädigen können, abgesehen davon, daß sie zu neuem Einsatz zur Verfügung stehen.« (Der Widerspruch in dieser Notiz ist kennzeichnend. So entstanden auch doppeldeutige Befehle.) Am 14. Mai 1942 trug Dönitz Hitler vor: »... Es ist ... notwendig, die Verbesserung der Waffen des U-Boots mit allen Mitteln zu betreiben, damit das U-Boot der Abwehr gewachsen bleibt. Die wichtigste Entwicklung ist hierbei der Torpedo mit Abstandspistole, der den Torpedoschuß gegen Zerstörer sicherer machen und damit das U-Boot abwehrmäßig günstiger stellen würde, der vor allem aber auch das Sinken torpedierter Schiffe wesentlich beschleunigen, wir hierdurch Torpedos sparen und das U-Boot auch insofern vor der Abwehr schützen würde, als es schneller die Stelle der Kampfhandlung verlassen könnte. Eine Abstandspistole wird auch den großen Vorteil mit sich bringen, daß sich infolge sehr schnellen Sinkens des torpedierten Schiffes die Besatzung nicht mehr wird retten können ...«

Bis zum Zenith steigt die schwarze Qualmwolke aus dem torpedierten Tanker auf.

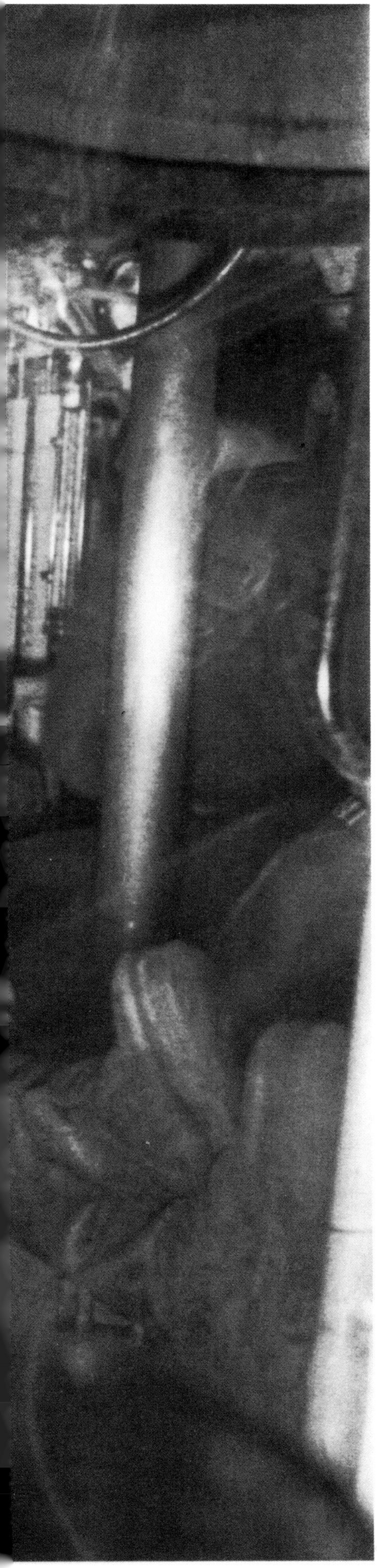

Wasserbomben

20.30 Getaucht zum Horchen. Schraubengeräusche. Turbine Zerstörer vermutet. Unter Wasser abgelaufen. Nach dem Auftauchen vom Feuerschein beleuchteter Zerstörer mit 4 Schornsteinen, Typ Dersey (amerik.), liegt anscheinend gestoppt beim Wrack. Will versuchen, von der dunklen Kimm gegen hellen Feuerschein Zerstörer anzugreifen. Beim Angehen mit Diesel kommt Zerstörer mit hoher Fahrt zugelaufen.

21.17 Alarmtauchen. Schleichfahrt. Weiter abgesetzt.

22.26 Aufgetaucht. Beabsichtige liegenzubleiben und abzuwarten, ob Tanker sinkt. Torpedos geladen, Batterie aufgeladen. Zerstörer noch zeitweilig in der Nähe des Wracks gegen Feuer zu sehen.

23.30–01.54 gestoppt gelegen.

01.59 Dampfer sinkt nicht. Brand wird langsam kleiner. Entschließe mich, noch einmal heranzugehen und Fangschuß zu geben.
In der Nähe des Tankers mit E-Maschinen gelaufen, um vom Zerstörer nicht gehört zu werden.
Tanker ist vor den achteren Aufbauten in der Einschußstelle abgebrochen. Das Vorschiff ist seitlich abgebogen und überspült.

04.35 Getaucht zum Horchen und Abwarten. Zerstörergeräusche. Zerstörer im Sehrohr. Versuche Heckschuß anzubringen. Zerstörer dreht ab. Anscheinend hat er mich gesehen.

Mit großer Fahrt und starker Lastigkeit geht das Boot auf Tiefe. Als der Manometerzeiger über die 55 streicht, gibt es drei scharfe Detonationen. Danach ist das ASDIC des Zerstörers zu hören, und gleich darauf kann jeder im Boot auch seine Schrauben hören.
Der Kommandant hatte also recht mit seinem Mißtrauen. Immer hat er recht.
Das Schraubengeräusch ist plötzlich weg: Der stoppt zum Horchen!
Der Kommandant hat sich auf die Kartenkiste in der Zentrale gehockt. Die Füße in den schweren Seestiefeln hochgenommen, den Rücken gegen den Stander des Luftzielsehrohrs gedrückt, lauscht er zum Horchraum hin.
In die Meldungen des Horchers schlagen Wasserbombendetonationen. Lampen klirren. Von der Decke schneit abgeplatzte Farbe herunter.
Unter der zweiten Bombenserie schüttert und bebt das Boot wie aufeinanderstoßende Güterwagen. Das Licht fällt aus. Nervenfeilende Ungewißheit, bis endlich die Notbeleuchtung aufglimmt.
Nach den Meldungen aus dem Horchraum bestimmt der Kommandant Ausweichkurse aus den Anläufen des Feindes heraus.
Der Kommandant kann sonst nichts veranlassen. Er kann nicht zurückschlagen. Wir sind zu Duldern geworden, denen nicht viel mehr übrig bleibt, als den Kopf einzuziehen.
Ich spüre nicht einmal unser Steigen und Sinken, es sei denn, das Boot wird von einem Bombenschlag heftig nach oben oder nach unten gerissen. Ich muß die Manometer sehen: Instrumente geben mir Mitteilungen anstelle meiner Sinne. Wir sind jetzt ganz und gar auf unsere Instrumente angewiesen.

Die Würste an der Decke: Pendel, die jetzt schräg im Raum hängen! Ich nehme es wie eine Wohltat hin, daß die Würste auch etwas über unsere Lage sagen. An ihnen kann ich wie von den Instrumenten die Lastigkeit unseres Bootes ablesen. Im Betrachten dieser Wurstpendel verebbt der erste Schrecken.
Aber da murmelt der Kommandant: »Gleich fängt der Tanz wieder an.«
Ich messe zwischen Zeigefinger und Daumen der linken Hand eine imaginäre Stahlplatte: zwei Zentimeter. Das ist alles, was uns vor dem Druck der Tiefe und der Wabodetonationen bewahrt.
Eine furchtbare Erschütterung reißt mir die Hand herunter. Krachen und Brechen. Und dann geht es Schlag auf Schlag weiter.
Das kann das Boot nicht aushalten! Jetzt saufen wir ab! Jetzt brechen die Spanten! Jetzt kommt die grüne See herein!
Ich habe den Kopf unwillkürlich eingezogen. Als nichts geschieht, wage ich einen Blick auf die anderen: Sie stehen geduckt und starr wie Salzsäulen.
Der Kommandant winkt verächtlich mit der rechten Hand ab – wie ein Dirigent, der seinem Orchester bedeuten will, daß es schlecht gespielt hat.
Ein neuer Schlag. Das Wasser birst auseinander wie eine feste Masse, und die Trümmer treffen krachend auf unser Boot. Geschirr poltert. Die Flurplatten springen, klirren, scheppern.
Der Druckkörper in der Zerreißprobe!
»Die hören nicht eher auf, bis noch was passiert!«
Wer war das? Da spielt einer vor lauter Angst Laientheater!
Ich muß mich zusammenreißen, muß etwas tun. Ich habe schließlich meine Kamera! An meiner Kamera halte ich mich fest und drücke den Auslöser, als der Boden wieder tanzt.
Alles verwackelt! Ich habe kein Kunstlicht, keinen Blitz. Zu lange Belichtungszeit! Die Tommies nehmen auf mich keine Rücksicht. Da wird kaum was auf den Film kommen. Trotzdem: die letzten fünf Bilder für den Kommandanten!
Jetzt muß ich den Film wechseln. Dabei fällt mir der Kameradeckel herunter und scheppert auf den Flurplatten. Der Kommandant bedenkt mich dafür mit einem strafenden Blick. Ich ziehe zur Entschuldigung die Schultern hoch: Ich bins eben nicht gewöhnt, daß es beim Fotografieren um mich herum kracht wie im Innern einer Pauke.
Zwischen zwei Ruderbefehlen sagt der Kommandant vor sich hin: »Das wird doch nichts!« Meint er damit nun mich oder den Zerstörer?
»Kann man nie wissen«, murmle ich auf jeden Fall zurück.
Ich habe schließlich mal gehört: Bei Unterbelichtung Entwickler warm machen. Allmählich die zu dünnen Negative hochkitzeln.
Der Kommandant reagiert nicht. Er muß wieder konzentriert rechnen: eigener Kurs – Gegnerkurs – Ausweichkurs.
Endlich sagt er leise: »Es kommt noch mehr! Die Burschen haben das Sehrohr entdeckt!«
Ich kann wieder die Kinnmuskeln des Leitenden arbeiten sehen. Sie schwellen taktmäßig an und ab, als wolle er sie trainieren.
Vier Detonationen in schneller Folge hintereinander.
»... vierzehn ... fünfzehn!« zählt der Zentraleheizer.
Der Zeiger des Tiefenmanometers schnellt bei jeder Detonation ein Stück über die Markierung. Für diese Belastung ist kein Manometer konstruiert.

Der Kommandant in der Zentrale. Nach den Meldungen aus dem Horchraum versucht er, das Boot aus der Anlaufrichtung des Zerstörers herauszusteuern. Wasserbomben detonieren nahebei. Später stellt sich heraus, daß die Erschütterungen auch den Verschluß meiner Kamera beschädigt haben.

Nächste Doppelseite: Im Hecktorpedoraum während einer neuen Waboattacke. – Der Torpedogast wartet am achteren Rohr auf Befehle.

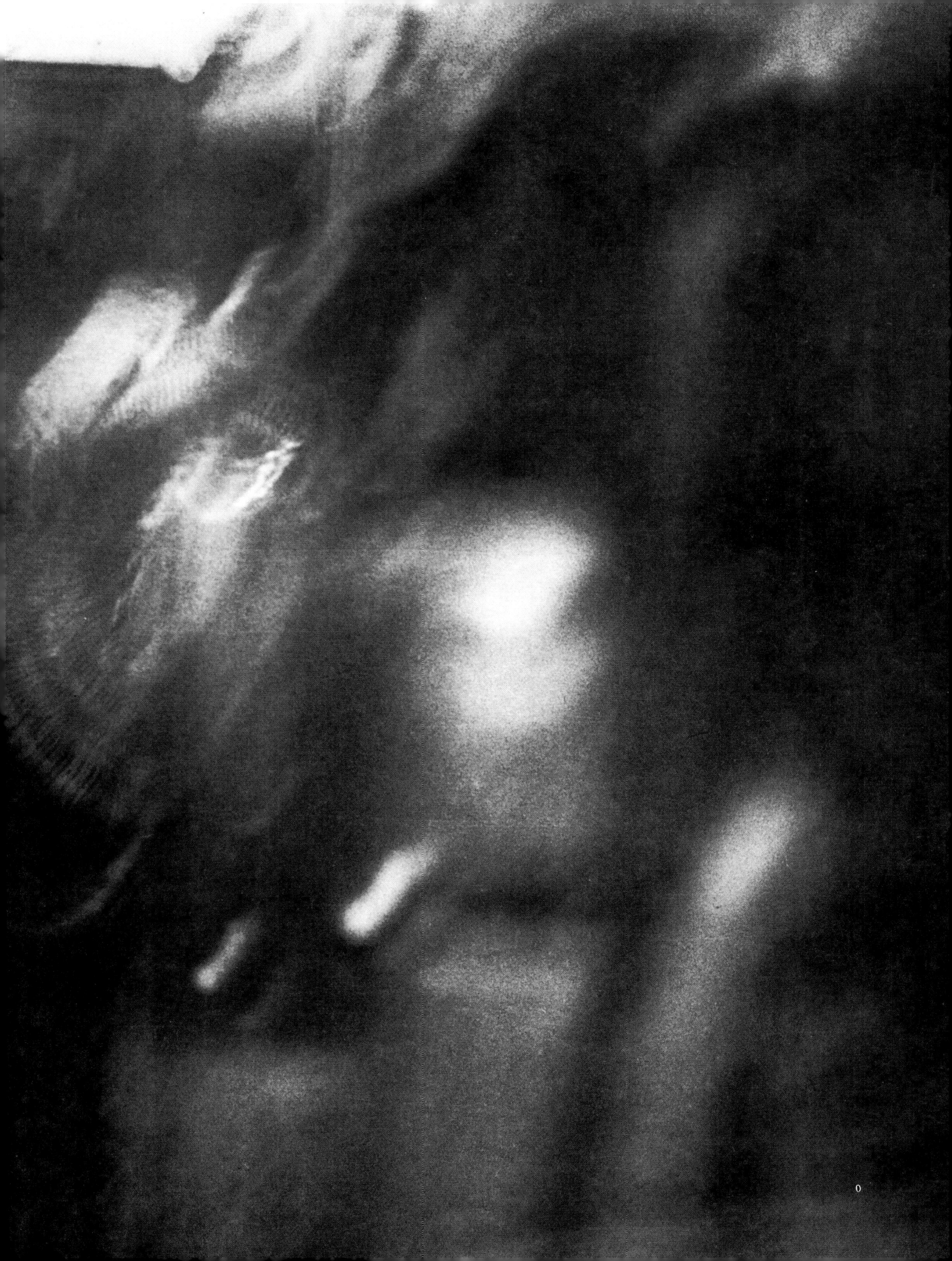

Der Kommandant blickt so starr vor sich hin, als habe er seine Umgebung gänzlich ausgeschlossen. Er ist mit seiner Phantasie draußen. Er ist der einzige, der jetzt kämpft. Von seinem Instinkt und seinen Entschlüssen, von der Schnelligkeit seiner Reaktionen hängt unser aller Leben ab.
»Hart backbord!«
»Ruder liegt hart backbord!« echot es.
»Auf Null Grad gehen!«
Eine Weile bleibt es still. Dann erinnert sich der Kommandant an uns: »Ich konnte die Burschen genau sehen. Sie standen auf der Brücke und schauten zu uns her. Im Topp hatten die drei Mann.«
Dann neigt er sich vor und fragt durchs Kugelschott: »Lauter oder leiser? Achten, ob er auswandert.«
Der Horcher antwortet: »Gleichbleibend!« Aber unmittelbar danach meldet er: »Wird lauter!«
»Hart steuerbord!« reagiert der Kommandant sofort.
»Verdammt nochmal! Ruhe!« Die Stimme des Kommandanten klingt scharf wie das Fauchen eines Tigers.
Ein Doppelschlag gegen die Füße. Dann ein ganzer Paukenwirbel von Detonationen. Schließlich noch ein einzelner harter Schlag, als wolle einer rechthaberisch auftrumpfen.
Der Zentraleheizer zählt zehn Bomben zu den alten hinzu.
Die Tiefe bietet keine Deckung mehr. Es ist, als läge das Boot, von hunderten von Scheinwerfern angestrahlt, auf einer Bühne.
Die Strahlen des gegnerischen ASDIC treffen aufs Boot wie Kieselwürfe.
Ein einzelner schmetternder Schlag. Dunkelheit. Einer ruft: »Wassereinbruch über Wasserstandsglas!« In der Zentrale ist auf einmal Bewegung.
»Aber, meine Herren!« Die Stimme des Kommandanten beschwichtigt, sie legt sich auf das Schwirren der Nerven.
Endlich kommt Notbeleuchtung. Der Zentralemaat ist schon dabei, den wie aus einer Düse stiebenden Strahl zu dämmen. Die Gasten helfen ihm dabei. Alle sind sofort über und über naß.
Die Luft liegt dunstig und dick in blauen Schwaden im Raum.
Neues Bombenschmettern und gleich darauf neue alarmierende Meldungen: »Wassereinbruch über Abgasklappen!« – »Wassereinbruch über Sternbuchsen!« Das klingt nicht gut.
Aber der Kommandant brummt nur: »Das Übliche.«
Mag sein – aber daß wir nicht richtig lenzen können, macht die Sache schlimm.

Ich habe ein deutliches Gefühl, daß das Boot schnell achterlastig wird. Wenn wir bloß länger lenzen könnten! Aber die Lenzpumpe macht leider zu viel Krach.
Der Horcher beugt seinen Oberkörper in den Gang vor, die Linsen seiner Augen auf unendlich gestellt. Er ist der einzige, der jetzt mit der Außenwelt in Verbindung steht. Monoton meldet er: »Peilungen werden lauter. Zwohundertdreißig – zwohundertzwanzig ...«
»Prost Mahlzeit!« sagt der Kommandant und nickt wie ergeben. »Unnötiges Licht aus!«
Das ist ein böses Indiz: Weiß der Satan, wie lange unser Strom reichen muß.

Das Krepieren im U-Boot ist kompliziert. Da wird keiner totgeschossen, werden nicht einfach Lebensfunken ausgeblasen. Da läßt Freund Hein seine Beute zappeln. So eine Fahrt in die Tiefe braucht ihre Zeit. Die Wassergarotte würgt langsam. – Der Druck der Tiefe! Bei dreitausend Metern beträgt er dreihundert atü.
So geht die Rechnung: Eine Wassersäule von zehn Metern übt genau den gleichen Druck aus wie die gesamte Erdatmosphäre, nämlich ein atü. Dreitausend Meter sind zehn Meter mal dreihundert, also dreihundert atü. Mit einer Kraft von dreihundert atü läßt sich aus einem U-Boot samt Inhalt ein kompakter Klumpen pressen. Wahrscheinlich passiert das aber schon viel früher. Keiner weiß, wann. Aus größeren Tiefen ist noch nie ein U-Boot gehoben worden. Niemand weiß, wie sein Schrott aussieht. Wie ein riesiger bizarrer Klumpen Gießblei zu Silvester, oder flunderflach? Die Rüstungsämter haben diesbezüglich keine Versuche gemacht.

Der Horcher meldet wieder: »Geräusche peilen zwohundertzehn Grad – werden lauter!«
Der Kommandant starrt wieder vor sich hin. Er hat sich mit dem Rücken gegen die silbern blinkende Säule des Sehrohrs gelehnt, seinen Kopf in die Hand gestützt.
»Wenn wir nur keine Ölspur haben!« sagt er vor sich hin.
Der Horcher ist im Moment still.
Der Kommandant befiehlt mit leiser Stimme: »Beide Maschinen kleine Fahrt voraus. Wenig Ruder legen!«
Sogar der Rudermotor ist also jetzt zu laut.

Nichts geschieht. Wir warten eine Ewigkeit – nichts.
Der Kommandant bewegt sich als erster. Er dreht seinen Kopf in Richtung Horchraum.
Warum meldet denn der Horcher nicht?
»Frage Peilung?« Die Stimme des Kommandanten ist ungeduldig, aber der Horcher antwortet nicht. Mir wird klar, was das bedeutet: Der Zerstörer hat wieder gestoppt. Vielleicht sucht er jetzt in der Nähe des Wracks nach Schiffbrüchigen. Weit weg vom Wrack können wir ja nicht sein.
Der Kommandant gibt einen neuen Ruderbefehl. Der Horcher hat keine Peilungen. Ich kann es noch nicht fassen, daß der Zerstörer nicht wieder anläuft.
Der Kommandant blickt in die Runde. Seine Lippen sind spöttisch geschürzt. Unsere E-Maschinen laufen stetig kleine Fahrt. Jetzt halten wir Kurs durch.
Eine Viertelstunde vergeht so. Dann erhebt sich der Kommandant, stellt sich direkt hinter die Rudergänger und schiebt die Hände in die Hosentaschen: Das wäre wohl so weit erledigt, soll seine Haltung sicher bedeuten.

Ich verhole mich in die O-Messe und lasse mich erschöpft aufs Ledersofa, die Koje des Leitenden, sinken. Plötzlich sind wieder wie ferner Donner Wasserbombendetonationen zu hören. Mein Herzschlag beschleunigt sich sofort. Ich lausche nach draußen, höre aber nur die E-Maschinen wie von sehr weit her summen. Mir ist auf einmal, als wäre ich ganz allein auf dem Boot. »Kein großes Etmal herausgefahren«, sagt endlich jemand in der Zentrale.

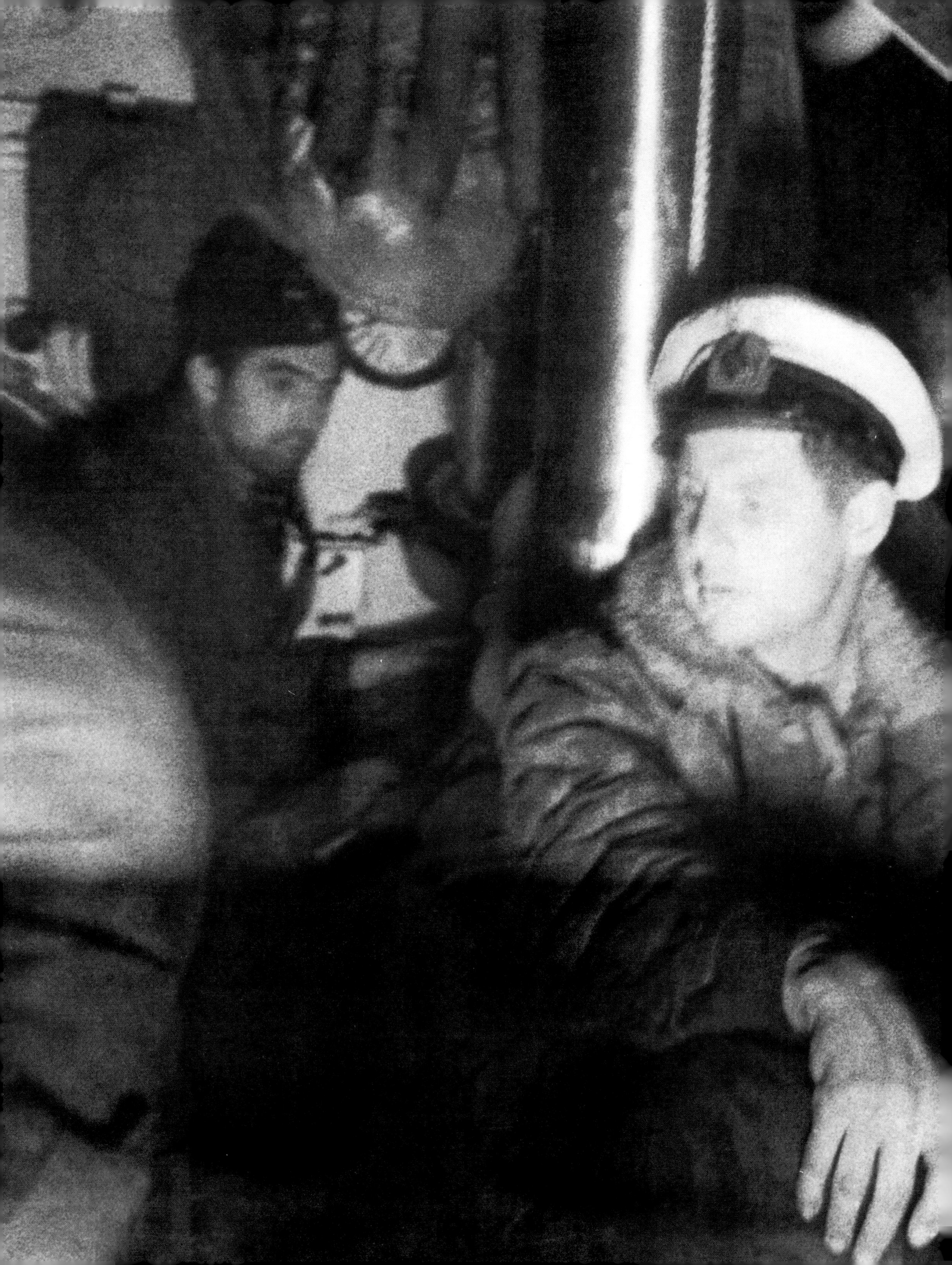

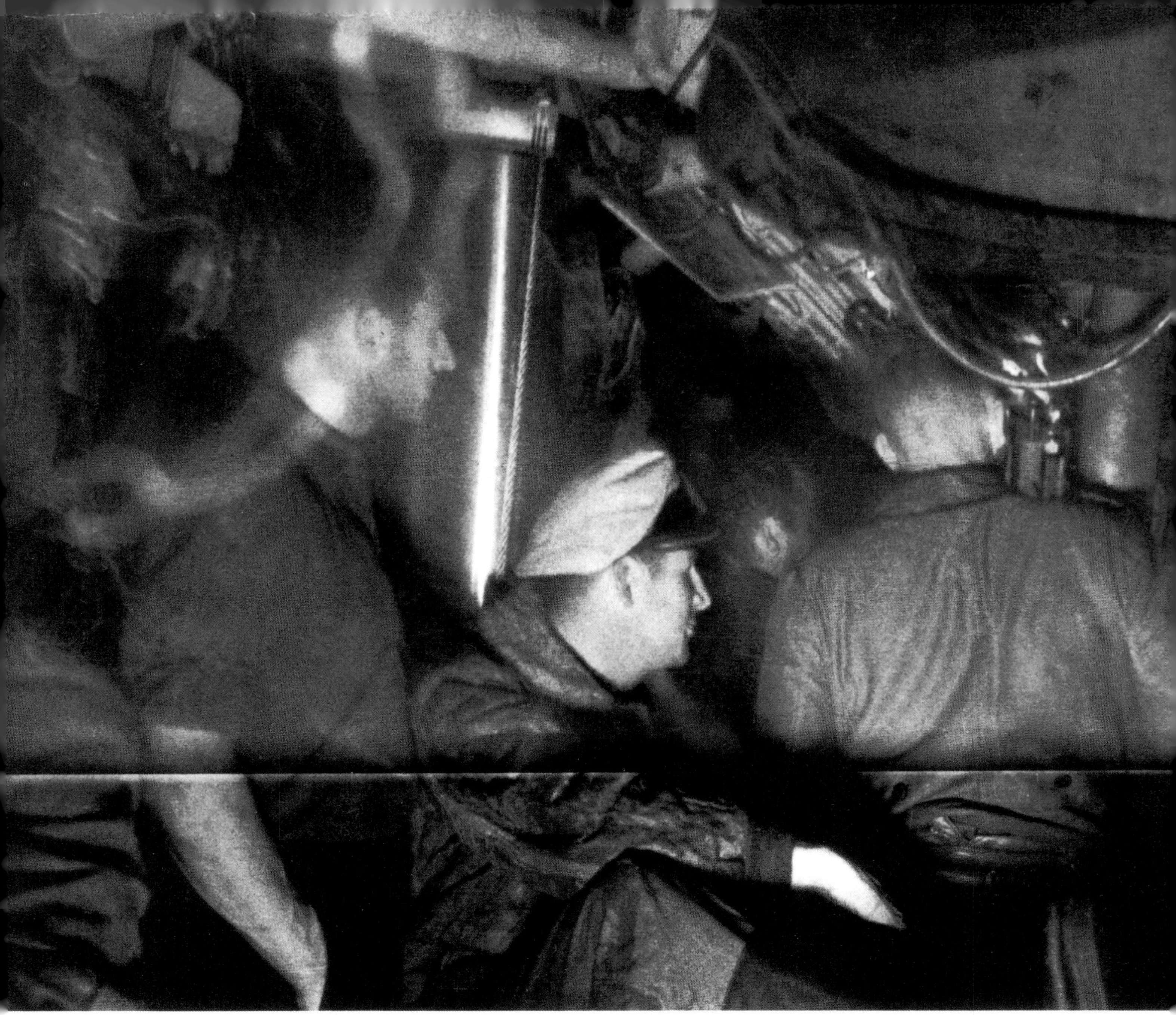

»Ein Stück Papier her!« fordert der Kommandant später aus seinem Kabuff. Will er etwa jetzt etwas Tiefstapelndes fürs Kriegstagebuch dichten? Oder eine Nachricht für die Führung? Sicher notiert er nichts anderes als: »Von Zerstörer aus Regenböe überrascht – drei Stunden Wasserbombenverfolgung.« Ich müßte ihn schlecht kennen, wenn er mehr niederschriebe als so ein paar trockene Worte.
Und dann höre ich, wie sich der Leitende über das Getropfe des Schweißwassers erregt: »Das macht mich rein wahnsinnig! Da müßte man doch was erfinden können!«
Wir schleichen uns in immer noch sechzig Meter Tiefe mit beiden E-Maschinen kleine Fahrt weg.

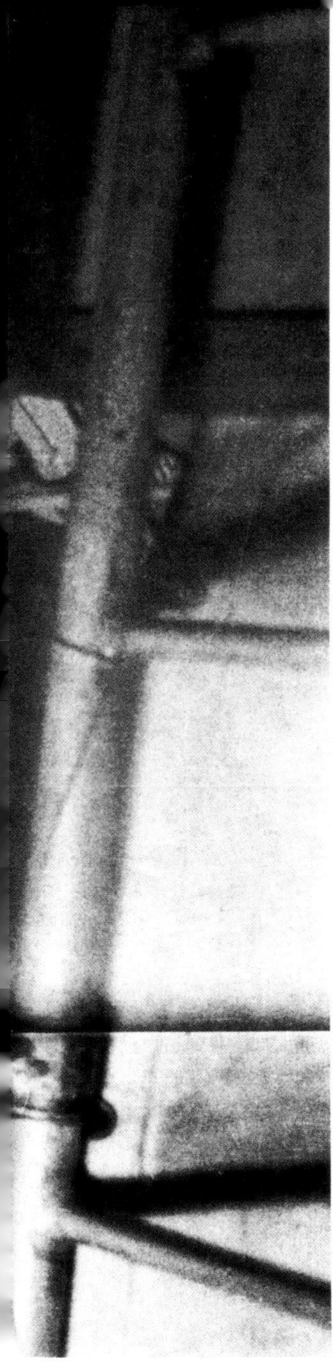

Der Kommandant hat die Hände in die Hosentaschen geschoben: für alle in der Zentrale optisches Signal dafür, daß der Schrecken ausgestanden ist.

Der Kommandant kommt in die O-Messe und schimpft: »Ein Elend, daß wir den Geleitzug los sind«, als wüßte er nicht, daß unsere Brennstoffvorräte ohnehin erschöpft sind.
Nach ein paar Minuten verholt er wieder in die Zentrale. Er tauscht einen Blick mit dem Leitenden, dann befiehlt er: »Auf Sehrohrtiefe gehen!« und steigt in gemächlichem Tempo in den Turm hoch.
Der Leitende läßt Ruder legen. Von oben kommt nun die Stimme des Kommandanten: »Frage Tiefe!«
Alles läuft exerziermäßig ab. Wir werden gleich wieder als Überwasserschiff durch die Nacht ziehen, die Bordroutine wird weitergehen wie immer.
Vom Dampfer ist immer noch ein rötlicher Schein zu sehen, wie ihn Groß-

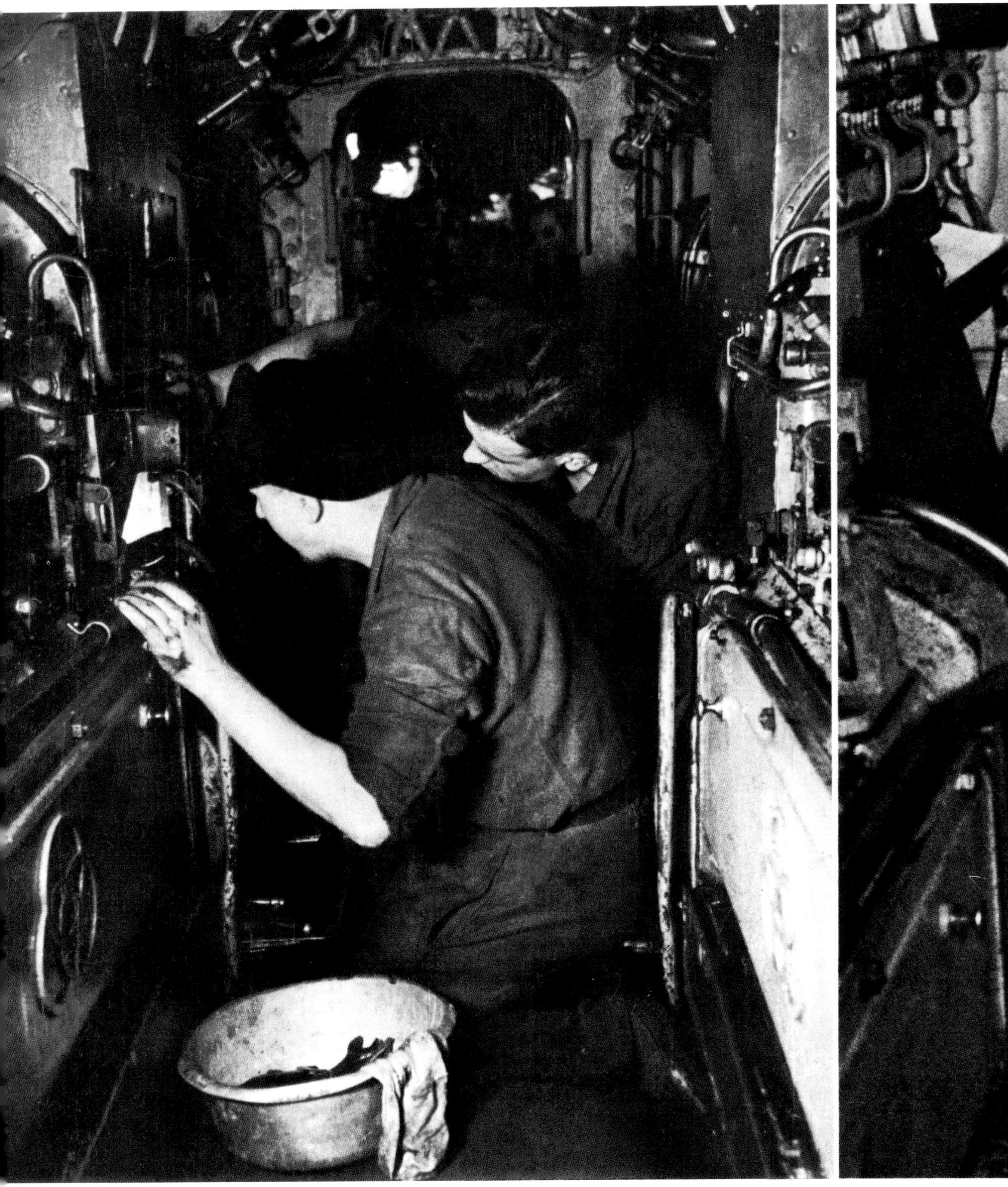

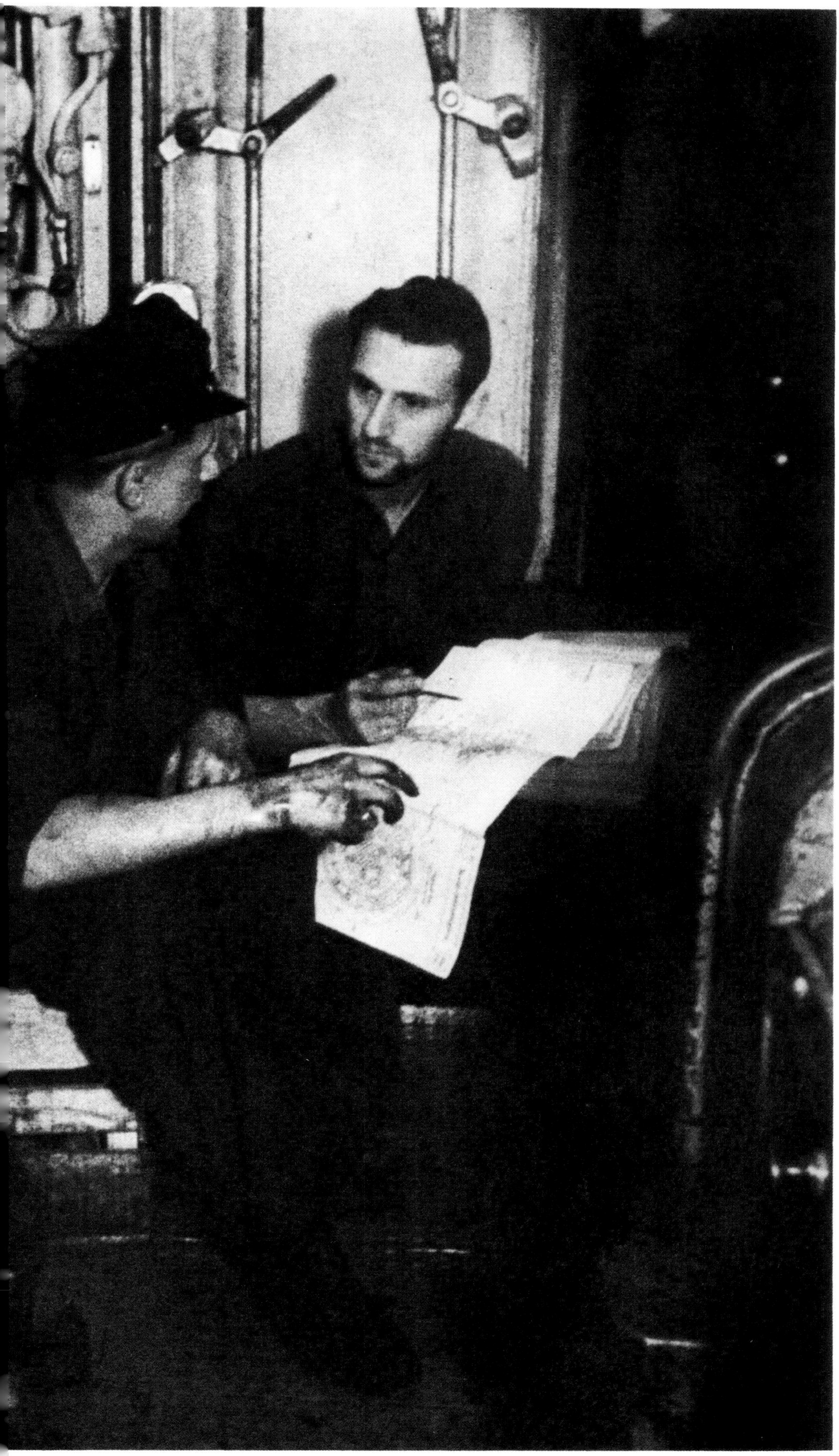

Im Dieselraum nach der Attacke.
Der Obermaschinist und ein Dieselgast bei der Suche nach Schadenstellen an den Dieseln. Anscheinend hat die Nockenwelle des Steuerborddiesels etwas abbekommen. Die Kurbelwelle kann es nicht sein – die sitzt tiefer.
Der Leitende kommt mit Konstruktionsplänen. Er hat noch schlimmere Sorgen: unklare Defekte an mehreren Stellen im Boot.

städte nachts an den Himmel werfen. Die Brückenposten stehen wieder unbeweglich wie immer, die Köpfe hinter den Gläsern, auf ihren Plätzen.

Nach einer Weile kommt von unten Meldung, daß Funksprüche eingegangen sind. Der II WO steigt hinunter und kommt nach kurzer Zeit mit der Nachricht wieder herauf, daß U456 Fühlung am Geleitzug bekommen hat. Einen Fünftausendtonner hat es bereits herausgeschossen.
»Dann ist ja alles in bester Ordnung«, sagt der Kommandant.
»Das muß man ihm lassen«, sage ich mir, »um kaltschnäuziges Gebaren war er nie verlegen – – und Wirkung hat er damit noch immer erzielt.«

Der Kommandant hat sich hinter seinen grünen Vorhang zurückgezogen und schreibt Kriegstagebuch. Er ist Meister in dieser Art Schriftstellerei. Tagelang kann er über Verknappungen seines Textes nachsinnen.

Rückmarsch

»13.00 Uhr Rückmarsch angetreten«, hat der Kommandant ins Kriegstagebuch notiert.
Er ist jetzt oft oben. Immer wieder ermahnt er die Brückenwachen zu besonderer Wachsamkeit. Das Hochgefühl der Rückkehr hat schon mancher Besatzung noch in letzter Minute das Leben gekostet.

Der LI will meine Kamera auseinandernehmen. Der Aufzug funktioniert nicht mehr. Eine Viertelstunde vergeht mit Überlegen: Was könnte man nur tun, um die Kamera vor Salzwasser zu schützen? Alles mit Staufferfett überziehen? Schließlich holt der LI sein ›Spezialwerkzeug‹: feine Schraubenzieher in einer Art Brillenetui. Auf die Back breitet er ein Handtuch, und dann macht er sich ans Werk. Ich habe nicht genug Nerven, um dieser Uhrmacherarbeit lange zusehen zu können. Lieber strecke ich mich auf der Koje lang. Aber die rechte Ruhe finde ich nicht: Ich male mir zwanghaft aus, wie viele Schrauben bei der Montage übrigbleiben werden. Da kommt der Leitende durch den U-Raum und sagt: »Jetzt muß ich erst mal ordentliches Werkzeug machen: Pinzetten und ultrafeine Schraubenzieher. Das kriegen wir schon hin!«
Der traut sich was zu, der Mann, denke ich mir, jetzt ist es bestimmt aus mit meiner Kamera.
Als ich, Stunden später, in die O-Messe komme, ist schon aufgebackt. Ich muß zwei Mal hinsehen: In der Mitte der Back ruht auf einem kunstvoll geschichteten Tellerstapel meine Kamera – poliert wie noch nie. »Die marschiert wieder«, sagt der LI so beiläufig, wie er es nur vermag.

Der Kommandant gibt sich verbittert. Bald erfahre ich, wo ihn der Schuh drückt: Wir können im Küstenvorfeld vor der Geleitaufnahme wahrscheinlich nicht mit Jagdschutz rechnen.
»Das muß man sich bloß mal richtig vorstellen«, schimpft der Kommandant, »dieses riesige Aufgebot von Flugzeugen, das der Gegner hat, um unsere paar Boote zu bekämpfen – und wir dagegen? Quasi nichts! – Fliegerführer Atlantik, das klingt ja ganz bombastisch – bloß Flugzeuge hat der keine!«
›Stalldrang‹ ist das Wort für den Gemütszustand der Besatzung: nur jetzt nicht mehr erwischt werden. Wir nähern uns unseren ›western approaches‹. Auch die Kurse der U-Boote bündeln sich vor unseren Stützpunkten. Hier lauert der Feind wie wir auf ihn vor seiner Küste.
In der O-Messe herrscht Geschäftigkeit: Reparaturlisten, Aufträge für die Werft werden getippt. Dazu Proviantlisten, Urlaubsscheine.
»Der verwaltete Krieg«, witzelt der Kommandant, weil die Schreibmaschine nicht mehr von der Back kommt.

Als die Gefahr vorüber ist, und wir im Geleit eines Vorpostenbootes fahren, das uns Minen- und Flakschutz gibt, dürfen die ›Unterirdischen‹ heraufkommen und sich zu einem Klön in den Wintergarten hocken. Mancher von ihnen war während der ganzen Fahrt nur für Minuten an der frischen Luft.
Langsam wird die Küste größer. Mit langsamer Fahrt halten wir auf die Einfahrt zu. Schon läßt sich die feste Erde erriechen. An Oberdeck werden die Leinen klargemacht.
Wir spielen die Abgebrühten, unterdrücken alle Anzeichen von Freude und Erwartung. Der ältere der beiden Dieselmaate sagt mir: »Urlaub – was ist das schon? Doch nichts anderes als Angst vorm letzten Tag!«

Nur noch Minuten, dann wird das Boot in der Schleuse festmachen. Die Laufplanke wird herübergelegt werden. Hoffentlich kommt der Postsack gleich.
Die See vor der Hafeneinfahrt ist glatt wie ein Brett. Die Qualmfahne eines Tankers, der eben angekommen ist, verbirgt den Molenkopf. Unser Vorpostenboot qualmt jetzt auch heftiger. Seine Hecksee blitzt auf.
Auf der Back versammeln sich schon die Männer, vorn die Seeleute, hinten die Heizer der wachfreien Besatzung.
Der Kommandant fährt das Anlegemanöver selber. Der Bootsmann macht den Festmachern Beine: »Na mal los – die Leinen wahrnehmen!«
Die Offiziere oben haben die Hand an die Mütze gelegt. Der Kommandant grüßt unwirsch zurück. Welche Laus mag ihm über die Leber gelaufen sein?
Endlich ist das Boot vorne fest, Vorleine und Spring geschoren. Auch Achterleine und Achterspring werden festgemacht. Der I WO pfeift zwomal kurz: »Rührt euch!«
Der Kommandant ruft in die Zentrale: »Boot ist fest! Begrüßung auf dem Oberdeck!«
»Sonst gabs Musik«, höre ich neben mir.
Der I WO und der Leitende Ingenieur melden dem Kommandanten: »Erste Division zur Musterung angetreten!« – »Maschinenpersonal und technisches Personal zur Musterung angetreten!«
Der Kommandant tut so, als mustere er die Leute. Dann nimmt er Abstand, so gut das auf dem engen Deck geht, ruft: »Besatzung stillgestanden – Augen rechts!«
Der Flottillenchef balanciert über die Stelling und kommt die Steigeisen am Turm heruntergeturnt.
Der Kommandant macht lässig Meldung: »Melde gehorsamst U Sechsundneunzig von Feindfahrt zurück!«
Händedruck und alle übrigen Nummern des Rituals.
»Was sind denn das bloß für Typen?« staunt der II WO und meint die Leute auf der Pier. Ich gucke sie mir jetzt auch genauer an: Diese Pelzmantel-Ladies sind nicht die üblichen Karbolmäuschen. Und die Männer – sind das etwa OT-Leute? Oder Reichsbahnfritzen? Und wer grinst denn da von hinten? Sieht ganz nach SS oder SD aus. Und was will der Kerl mit dem weichen Filzhut? Die Marineleute – der eine mit Arriflex und Handschuhen – sind auch komische Chargen.
Der Kommandant trägt eine eisige Miene zur Schau: Das ist nicht die Art von Leuten, die wir als unser Empfangskomitee erwartet haben.

Biskayawetter. Auf der letzten Wegstrecke vor dem ›sicheren‹ Hafen müssen die Brückenposten ganz besonders aufpassen. Die Royal Air Force konzentriert ihre Patrouillenflüge auf die Ansteuerungen der U-Boot-Stützpunkte

Der Signalgast gibt einen Winkspruch an das VP-Boot, das uns beim Einlaufen Geleitschutz gibt. Der Leitende ist aus seinem Maschinenreich heraufgekommen und setzt die Siegeswimpel. Diesen Brauch, für jeden versenkten Dampfer einen Wimpel zu setzen, hat Kapitänleutnant von Arnauld de la Perière, das As der Asse des Ersten Weltkrieges, eingeführt. Bei ihm waren es einmal dreiundzwanzig. Wir haben zwei.

Alle Schäden, die während der langen schweren Unternehmung im Boot auftraten – Verschleiß- und Wasserbombenschäden –, sind unterwegs genau notiert worden, vom abgeschorenen Fundamentbolzen einer Dieselmaschine bis zu kaputten Spindscharnieren. Mit den Bauräten der Werft und den Vertretern der einzelnen Werkstätten wird der LI absprechen, in welcher Reihenfolge die Arbeiten durchgeführt werden sollen, wann das Boot eingedockt, wann es wieder ausgedockt werden kann. Allein schon der Gedanke an die jetzt in Mode gekommene Hetzerei bringt die Leute in Harnisch: Die gönnen uns keinen Tag Urlaub zu viel. Ein Teil der Besatzung muß auch während der Werftliegezeit an Bord bleiben, um Wache zu gehen und dabei zu sein, wenn das Boot von einer Box in die andere oder ins Dock verholt werden muß.

Konfrontation beim Einschleusen. Die oben auf der Pier: Pelzmäntel, Kostümjäckchen, Handschuhe, schmucke Uniformen, scharfe Breeches, und wir unten auf den Grätings: im U-Boot-Päckchen vergammelt wie unser Boot.

Der Krieg geht weiter

Die Wende des U-Bootkriegs kündigte sich früh an. Im März 1941 gingen an zwei Geleitzügen U 47 (Prien), U 99 (Kretschmer) und U 100 (Schepke) verloren. Nur Kretschmer wurde gerettet und geriet in englische Gefangenschaft. Im Dezember wurde U 567 (Endraß) von den Wasserbomben der britischen Korvette ›Samphire‹ vernichtet.
Das Absaufen so vieler hochdekorierter Asse kurz hintereinander wirkte alarmierend und steigerte die Überlebenschancen ihrer Kameraden: sie wurden zu Flottillenchefs ernannt, zu Lehrern für den Nachwuchs gemacht oder in den Stab kommandiert. Wer sich zum Ritterkreuz das Eichenlaub ›zusammengeschossen‹ hatte, bekam nun die Schwerter nicht mehr, wer die Schwerter hatte, mußte auf die Brillanten verzichten. Es gab Murren und halblautes Protestieren gegen die Rücknahme von der Front – das war man sich nach dem Komment schuldig. Noch am ehrlichsten klang die Reaktion: »Jetzt sollen die jungen Spunde auch mal zeigen, was sie können.«
So viel wie die Alten konnten die Jungen nicht. Wie sollten sie auch? Entstammten die Kommandanten der ersten Garnitur noch der zivilen Seeschiffahrt – oder hatten Seefahrtszeit in der Kriegsmarine hinter sich –, brachten also einen unschätzbaren Besitz an Erfahrung mit –, so rekrutierten sich die Neuen aus Abiturjahrgängen und der Hitlerjugend. Anstatt durch eine sorgfältige Ausbildung, die ihnen Vertrautheit mit der See gegeben hätte, wurden sie durch eine Art Schnellbrüterei geschickt. Sie hatten es noch dazu schwerer als die Alten, die noch nicht gegen eine ausgefuchste Abwehr ankämpfen mußten. Mit dem ›Hasenschießen‹ war es gründlich vorbei.
Die Jungen räsonierten: »*Jetzt* sollten sich die alten Säcke mal ihre hunderttausend Tonnen fürs Ritterkreuz aus Konvois herausschießen!«
Manch einer der jungen Kommandanten – gegen Ende des Kriegs ging das Alter bis auf einundzwanzig Jahre für Kommandanten zurück, das für Leitende Ingenieure bis auf zwanzig – verlor sein Boot schon auf der Überführungsfahrt von der deutschen Werft um Schottland herum zu den Stützpunkten an der französischen Westküste: Die RAF kontrollierte alle Wege.

Durchs Hafenbrackwasser steuert das Boot mit E-Maschinen die Bunkerhöhle an. Die Siegeswimpel sind schon wieder eingeholt. Das Boot wird in eine der Boxen verholt, die ausgepumpt werden können und als Trockendock dienen.

Nach dem ›Paukenschlag‹ vor der amerikanischen Küste (1942) setzte der BdU wieder auf die alte Rudeltaktik, aber die bejubelten Geleitzugsattacken waren nur noch kurze Zeit erfolgreich. Schon ein Jahr später gelang es den Alliierten, ihre Waffen und ihre Taktik so zu verbessern, daß der U-Boot-Krieg praktisch schon verloren war. Trotzdem protzten Zeitungen und Rundfunk mit immer neuen Versenkungszahlen – Zahlen, die nichts besagten: hunderttausend BRT – eine Million BRT ... Der Krieg – ein Zahlenspiel für Buchhalter, ein Geschäft mit Aktiva und Passiva: Soundso viel Schiffe baut der Gegner nach, soundso viele werden versenkt, soundso viele müssen noch versenkt werden, wenn die Bilanz stimmen soll. Die eigenen rapide ansteigenden Verluste wurden verschwiegen. Die Ursachen für ihr plötzliches Ansteigen blieben lange ungeklärt. Die Führung tappte im dunkeln, glaubte an Radarortung und weiterhin daran, daß die Kurzsignale der Fühlungshalter und der an einem Konvoi operierenden Boote nicht eingepeilt werden könnten. Die Boote funkten weiter. Das aber wurde vielen zum Verhängnis, weil die Alliierten einen Sichtfunkpeiler entwickelt hatten, das sogenannte ›Huff Duff‹ (HFDF = High Frequency Direction Finder), mit dem sie auch kürzeste Funksignale sofort präzise einpeilen konnten. Die Boote wurden genau lokalisiert, angegriffen, unter Wasser gedrückt oder vernichtet.
Was sich am Konvoi SC 118 ereignete, war typisch für die neue Lage: Der Fühlungshalter U 187 wurde unmittelbar nach seiner Funkmeldung durch Zerstörer vernichtet. Von den 21 auf den Geleitzug angesetzten Booten kamen im Verlauf der viertägigen Operation nur 5 zum Schuß. Von den 61 Schiffen des Konvois versenkten sie 13. Dieser Erfolg mußte teuer bezahlt werden: Drei Boote wurden vernichtet, vier andere traten schwer beschädigt den Rückmarsch an.
Bald sollten die Erfolge noch teurer werden: Im Mai 1943 gingen 41 deutsche U-Boote für immer auf Tiefe.

Die technischen Abteilungen im Oberkommando der Kriegsmarine hatten die Entwicklungen verschlafen. Weder in punkto Waffentechnik noch Elektronik wurden sichtbare Fortschritte gemacht. Man konzentrierte sich, statt rechtzeitig weiter zu forschen und Experimente zu wagen, auf die Herstellung großer Stückzahlen eines Kampfboots, das sich zwar bewährt hatte, aber doch so konventionell war, daß es sich kaum von denen des Ersten Weltkriegs unterschied. Die wirklich umwälzenden Typen mit höherer Unterwassergeschwindigkeit und größerer Tauchtiefe wurden viel zu spät fertig.

Dönitz zog die Boote aus dem Nordatlantik zurück, sprach von einer Durststrecke, versprach neue, bessere Waffen – phänomenale Neukonstruktionen sogar, aber was wirklich geschah, war nur ein Herumlaborieren. Der U-Boot-Krieg ging weiter – mit ungenügenden Mitteln gegen eine erstarkte Abwehr durch Geleitfahrzeuge (Escort Groups, Support Groups) und Geleit-Flugzeugträger, deren Maschinen, gemeinsam mit den von Landbasen gestarteten Flugzeugen, jede Quadratmeile im Nordatlantik kontrollierten. Diese Flugzeuge mit ihren Radargeräten wurden der U-Boote schlimmster Feind.
Früher war das alles einfach gewesen. Da konnte ein Boot an der Grenze der Sicht mit dem Geleitzug mitlaufen: Die Schiffe schickten ihre Rauchzeichen bis hoch an den Himmel, auch wenn die Schiffsingenieure sich alle

Die Häuser um die U-Boot-Schleuse von St. Nazaire herum sind zerbombt. Unter leeren Fensterhöhlen und zwischen Trümmern kommen Boote herein, laufen Boote aus. Der Kampf der U-Boote wird zum Verzweiflungskampf. Der Maat, der seinen Arm in der Binde trägt, wäre früher im Lazarett geblieben.

Mühe gaben, so rauchlos wie möglich zu fahren. Vom U-Boot-Turm waren sie zu erkennen, das U-Boot aber blieb hinter der Kimm verborgen. Auch die Mastspitzen eines Zerstörers waren vom U-Boot-Turm aus eher wahrzunehmen als das Boot vom Ausguck im Mastkorb des Zerstörers – und selbst der Beobachter im Flugzeug konnte ein U-Boot auf der bewegten See nicht so schnell ausmachen wie die Brückenwache das Flugzeug gegen den Himmelsgrund.

Aber plötzlich wurde alles anders: Radarortung von allen Seiten. Radarortung von Zerstörern, Radarortung aus der Luft – sogar von Dampfern. Die Metoxansagen aus dem Horchraum wurden zur endlosen Litanei: Ortung leise, Ortung zunehmend ... Im ganzen Boot das ›uiuiui‹. Und wenn dann der Horcher meldete: »Ortung steht!« kam auch schon unweigerlich der Alarmruf und das nervenpeitschende Glockenschrillen.

Es war nicht mehr möglich, daß ein einzelnes Boot die Fühlung hielt. Die Fühlungshalter wechselten ab, und das Spiel ging so: wegtauchen – suchen – nachstoßen – wegtauchen vor Flugzeug – Verfolgung durch Suchgruppen – Waboattacken – aus und vorbei: Wer erst einmal unten war, hatte den Konvoi verloren.

Wie schwer es im Laufe der Jahre wurde, an Konvois heranzukommen, und in welchem Maße die gewünschten Erfolge als wirkliche in die Bilanz eingebracht wurden, zeigt das Beispiel des Geleitzugs RA 59: Fünf Boote sollten den Geleitzug im April/Mai 1944 im Nordmeer bekämpfen. Aber nur eines der Boote – U 711 – konnte einen Dampfer mit 7176 BRT versenken. Drei Boote (U 277, U 674, U 959) wurden vernichtet. Ein Boot (U 307) hatte bei der Rückkehr vier Erfolgswimpel gesetzt. Später stellte sich dann heraus, daß keiner der von ihm torpedierten Dampfer und Zerstörer gesunken war.

Mancher Kommandant täuschte sich, wenn das Geschehen am Geleitzug keine genaue Beobachtung zuließ, nur allzu gern. Die frontferne Führung hätte Skepsis walten lassen und Abstriche machen müssen – aber die Selbsttäuschung war mittlerweile schon zum Willensakt geworden, die Aufrechnung eine Schwindelbilanz.

Der Erfolgsnimbus war dahin. Die grauen Wale liefen nur mehr sang- und klanglos aus: keine Musik, keine Schwestern, kaum Hoffnung auf Wiederkehr. Der BdU war ratlos. In seinen strategischen und operativen Versuchen zeigte sich Nervosität. Nichts zahlte sich mehr aus. Trotzdem glaubten viele unter den Besatzungen, daß die Verheißungen des Endsiegs aus dem Munde ihres Befehlshabers sich am Ende doch noch erfüllen würden.

In der deutschen Wehrmacht wird es kaum andere Verbände gegeben haben, die so auf ihren Befehlshaber eingeschworen waren wie die U-Boot-Waffe auf Dönitz.

Auch ich sah in Dönitz lange eine Art Moltke der See, bis er sich, noch nicht Oberbefehlshaber der Marine, als Propagandaredner zeigte und sich schließlich mit seinem Erlaß vom 27. März 1944 an die ›Invasionsboote‹ als blinder Fanatiker erwies, der Boot um Boot, Besatzung um Besatzung in einen längst für die Gesamtkriegführung nutzlosen Tod schickte, der nicht weniger schrecklich ist, wenn man ihn ›Opfergang‹ nennt.

Der Erlaß schloß:

»Jeder Kommandant muß sich darüber klar sein, daß dann [wenn der Feind

landet] auch von ihm mehr als zu irgendeiner anderen Zeit die Zukunft unseres deutschen Volkes abhängt, und ich verlange von jedem Kommandanten, daß er ohne Rücksicht auf sonst geltende Vorsichtsmaßnahmen nur ein Ziel vor Augen und im Herzen hat: Angriff – ran – versenken!
Ich weiß, daß ich mich dabei auf meine in den denkbar härtesten Kämpfen bewährten U-Boot-Männer verlassen kann.«
Diesem Erlaß folgte, weil einzelne Kommandanten seine Rigorosität nicht verstehen wollten, die Ergänzung am 1. April 1944:
»Jedes feindliche Fahrzeug, das der Landung dient, auch wenn es etwa nur ein halbes Hundert Soldaten oder einen Panzer an Land bringt, ist ein Ziel, das den vollen Einsatz des U-Bootes verlangt. Es ist anzugreifen, auch unter Gefahr des eigenen Verlustes.
Wenn es gilt, an die feindliche Landungsflotte heranzukommen, gibt es keine Rücksicht auf Gefährdung durch flaches Wasser oder mögliche Minensperren oder irgendwelche Bedenken.
Jeder Mann und jede Waffe des Feindes, die *vor* der Landung vernichtet werden, verringern die Aussicht des Feindes auf Erfolg.
Das Boot, das dem Feinde bei der Landung Verluste beibringt, hat seine höchste Aufgabe erfüllt und sein Dasein gerechtfertigt, auch wenn es dabei bleibt.«

Bis dahin galt trotz Krieg die Maxime der Sorge um Schiff und Besatzung für den Seemann, und daß die Relation von Mittel und Wirkung auch im Krieg einer ökonomischen Vernunft zu folgen hatte.
Wenn das Argument stichhaltig gewesen wäre, mit dem der Großadmiral seinen Befehl rechtfertigte – daß nämlich mehr Menschen als die Besatzung eines U-Bootes und viel mehr Material und Kriegsgeräte eingesetzt werden müßten, um das mit einem Prahm gelandete Material oder die Soldaten zu vernichten, und daß sich darum das Opfer eines Bootes lohne – hätte es analog auch richtig sein müssen, für die Erbeutung von ein paar Kisten Pistolenmunition eine Kompanie mit der Begründung zu opfern, in den Kisten seien fünftausend Schuß und damit könne man fünftausend Mann umbringen – viel mehr als die Soldaten einer Kompanie.
Das Beispiel zeigt die Technik einer Scheinlogik, mit der man dem blinden Fanatismus den Anschein einer militärischen Vernunft geben wollte. Das frivole Schlagwort vom ›Kräftebinden‹, das heute noch herhält, um einem sinnlosen Weiterstreiten Sinn zu geben und das Hinopfern zu rechtfertigen, kam aus gleichem Geist.

Im KTB der Seekriegsleitung vom 8. Juni 1943 hieß es schon:
»Die zur Zeit bestehende Krise, eine Krise der Waffenentwicklung, muß und wird überwunden werden. Sollten sich auch dann nicht die Erfolge der Uboote in für den Gegner tödlichem Maße steigern lassen, so wird der Ubootskrieg als defensiver Teil der Kriegführung seinen Wert behalten, weil er durch die Schlacht auf dem Atlantik ungeheuere Kräfte des Gegners bindet, die er bei einer Einstellung des Ubootskrieges zum Angriff auf Europa zur freien Verfügung erhalten würde.«
(Den U-Boot-Krieg als einen ›Wert‹ zu nominieren, den man ›beibehalten‹ muß, erscheint dem, den die Vision der Opfer nicht verläßt, als würdelos.)

Wenn schon keine ›Erfolge‹ mehr zu erzielen waren, sollte der Einsatz der U-Boote wenigstens eine unkontrollierbare indirekte Wirkung zeitigen. Es wurde dabei so getan, als wäre der Gegner außerstande, den Deutschen in die Karten zu blicken, und wüßte nicht genau, daß die Rudelwölfe keine Zähne mehr hatten.

Alles war in dieser Zeit wie mit einem Schimmelpilz von Lüge überzogen, der falsche Zungenschlag, der die Wirklichkeit des Krieges wegredete, in Mode. Als Dönitz seinen Soldaten die versprochenen Waffen nicht geben konnte, beschwor er stereotyp die ›seelische Haltung‹, die ›seelische Stärke‹

und die ›seelische Geschlossenheit‹. Dieses Ausweichen ins Diffuse, als alle Realitäten des Krieges gegen seine Strategie sprachen, ist typisch für den Mann und die Zeit. Nur: Erwarteten wir von einem Reichsminister für Volksaufklärung und Propaganda nichts anderes als die frivole Täuschung des Volkes, so erschienen die gleichen Parolen aus dem Munde eines Befehlshabers als verwirrender Bruch mit den Prinzipien des Soldaten. Appelle an die Seele – das bedeutete auch Absage an Intellekt und Erkenntnis. Wer so redet, muß den festen Boden verlieren: Die Nibelungen, Langemarck- und Skagerrakverklärung sind dann näher als Einsicht ins Notwendige.

Die Reihen lichten sich

Ein Boot ist zurückgekommen. Der Kommandant hat sich schnell rasiert. ›Geschniegelt und gebügelt‹ erscheint er beim Flottillenchef und legt sein Kriegstagebuch und die Wegekarte vor.
Der Kommandant ist unsicher und nervös. Es ist immer dasselbe: Der Wechsel ist zu jäh. So schnell kann sich keiner, der von draußen kommt, zurechtfinden. Sie sind alle während der ersten Tage wie Gäste, die uneingeladen hereingeschneit sind und sich deshalb genieren. Der Flottillenchef will es dem Rückkehrer leicht machen: Er fragt nicht. Er führt ein Gespräch von Fachmann zu Fachmann.
Der andere entschuldigt sich fast für seine Taten: »Es blieb mir nichts anderes übrig...« – »Es war merkwürdig...«
Der Chef gibt sich alle Mühe, ihn nicht verlegen zu machen: keine Lobsprüche, keine Zeichen der Bewunderung für den hart erkämpften Erfolg. Wir tun alle so, als wäre das eine ganz normale Vormittagssitzung. Aber vielleicht ist auch das schon ein Fehler. Der Kommandant muß ja spitzbekommen, daß wir Lässigkeit spielen und uns wie nach Regieanweisungen verhalten, ihn behandeln wie einen Verrückten, der wie ein gänzlich Normaler angesprochen werden soll, damit er nichts merkt.
Offensichtlich spürt der Kommandant nicht, wie der Chef ihn verstohlen beobachtet: Er ist einer der jüngsten. Schmales, abgezehrtes Gesicht, große Augen. Manchmal schüttelt er fast unmerklich den Kopf, als müsse er sich von einer Irritation befreien. Die Art, wie er plötzlich in Schweigen verfällt und das Schweigen zu lange durchhält, wirkt befremdlich.
Auch aus unserem Kreis heraus fällt kein Wort. Wir warten auf eine schnoddrige Bemerkung des Chefs, über die wir lachen könnten. Wenn er doch irgend etwas sagte und wir lachen könnten, damit wir unsere Beklemmung loswürden.
Endlich gerät der Kommandant doch noch ins Erzählen: »Den ganzen Tag Alarm. Alarm von früh bis spät. Das waren schon hartnäckige Hunde! Und auf ein paar Wasserbomben mehr oder weniger kam es denen gar nicht an. Was konnte ihnen denn schon dabei passieren? Wir waren bereits soweit, daß wir uns freuten, wenn die Teppiche nur so herunterkamen. Da werden die Bomben schneller alle, sagten wir uns. Aber die Burschen müssen nur so vollgestopft gewesen sein. Das hörte und hörte nicht auf. Wir hatten längst die Hoffnung aufgegeben, da wieder rauszukommen – wir schufteten bloß noch, um nicht zu denken. Irgendwas muß der Mensch ja machen ...«

Ein Kommandant gibt dem Flottillenchef und anderen Kommandanten anhand der Wegekarten und Kriegstagebuchnotizen Bericht über seine Reise und schildert neue Erfahrungen mit der gegnerischen Abwehr.

Abends wird in der O-Messe die Rückkehr gefeiert, aber die rechte Stimmung will nicht aufkommen. Die Fotos in den schwarzen Rähmchen sind nicht gerade ein fröhlich stimmender Wandschmuck: die ›gefallenen‹ Kommandanten der Flottille en face und en profil. Die Zahl der Bildchen hat sich in letzter Zeit allzu schnell vermehrt.

Den Maaten, die an langer weißgedeckter Back zur routinemäßigen Rückkehrfeier beisammensitzen, geht es nicht viel besser: Bier aus der Flasche, ›die alten Lieder‹ und forcierte Ausgelassenheit. Halb sind sie noch draußen, halb schon zu Hause. Auf die Sauferei in der Flottille statt ›an Land‹ ist im Grunde keiner scharf.

Wieder diese merkwürdige Art der Entschuldigung. Der Kommandant blickt keinen von uns an. Ich denke schon, daß das der Schluß seines Berichtes ist, aber da sagt er noch mit halber Stimme: »Daß wir ihnen dann doch weggekommen sind – das ist das reine Wunder.«

Mit dem mittäglichen Hochwasser kommt wieder ein Boot in die Schleuse. Am Flaggstock baumeln zwei Wimpel – aber nicht zwei weiße, sondern ein weißer und ein roter. Und damit ja jeder sieht, was sie hinter sich haben, sind die Silhouetten aufgemalt: ein Transporter und ein Zerstörer. Wer jetzt einen Zerstörer niedergekämpft hat, ist im Besitz der höheren Weihen.
Anstrengungen und Entbehrungen sind allen, die da an Oberdeck angetreten stehen, in die Gesichter geschrieben. Die dunklen Bärte lassen die Hautfarbe noch bleicher erscheinen, als sie es wohl ist. Aber aus den Augen strahlt Freude über die gelungene Rückkehr, den Empfang mit vielen Kumpels auf der Pier, auf einen langen Urlaub. Man hat ihnen gesagt, daß das Boot Grundüberholung bekommen soll, und die dauert ihre Zeit. Noch wissen sie nicht, was ihnen tatsächlich bevorsteht: ausräumen wie immer – aber dann gleich neu ausrüsten. Bei der Flottille ist Auslaufbefehl für *alle* Boote eingegangen. Eine Frist von zwanzig Stunden ist gesetzt. Die Arbeiten, die Wochen brauchen, müssen zurückstehen. Mit dem abendlichen Hochwasser schon wird eine ganze Flottille von U-Booten in See gehen.
Der Flottillenchef versucht sich als Trostprediger: »Die Grundüberholung muß eben verschoben werden. Wenn es sein muß, kann man ja auch auf den Brandsohlen laufen!«
Der Flottilleningenieur sagts sarkastisch: »Das ist jetzt hier ne Art Drehtür – da braucht man sich bloß festzuhalten … gleich is man wieder draußen.«
Der Kommandant bemüht sich, den Tränen nahe, um Forsche: »Was sein muß, muß eben sein!«
»Wenn wir nur klarkommen«, sagt der Kommandant jetzt und streckt den linken Arm aus, um die Uhr am Handgelenk freizubekommen: »Torpedos, Öl, Wasser, Proviant!«
»Jetzt muß mal wieder alles laufen, was Beine hat!« sagt der Flottillenchef.

»Wie denn?« höre ich nachmittags im Bunker einen aufgebrachten Leitenden: »Das Sehrohr muß ja noch gezogen werden! Das Boot muß doch noch eingedockt werden.« Jetzt wendet er sich zu mir herum und klagt, als ob ich helfen könne: »Unsere Maschinenwaffen waren sogar schon abgenommen und in die Werkstatt gebracht. Und das schlimmste ist: Die Batterie war bereits tiefentladen – schöner Zustand!«
In der U-Boot-Leitstelle wartet ein dicht gedrängter Kreis von Kommandanten und Werftbeamten. Drei, vier Telefone klingeln fast unablässig. Der Flottilleningenieur hält einen Hörer in der Hand, den anderen am Ohr.
Aus Gesprächsfetzen erfahre ich: Geleite für die auslaufenden Boote müssen bestellt werden. Auf einem Boot ist ein Mann ausgefallen und muß ersetzt werden. Der Torpedo- und Ölnachschub scheint abzureißen. Zwei Boote müssen noch einmal ins Dock …
Einer der Kommandanten zeigt durchs Fenster auf ein Boot, das in der

Tiefe eines Docks liegt, und schüttelt den Kopf: sein Boot. Auf dem Oberdeck ein Durcheinander von Kanistern und Konservendosen, Lederkleidung, Munitionsbehältern und neuen Trossen. Während am Bootskörper an mehreren Stellen das bläuliche Feuerwerk von Schweißapparaten aufzuckt, schweben in Heißringen Torpedos heran. Über die Stelling werden große, mit Stroh umkleidete Glasballons von vier Männern mit aller Vorsicht auf das Boot balanciert. »Die Säure für unsere Batterien«, sagt der Kommandant.

Vor dem Bunkereingang steht eine Reihe Omnibusse, die Besatzungen aus ihren Unterkünften herangebracht haben. Die Männer haben ihre wenigen Habseligkeiten für die Reise in der Eile einfach in ihre Lederhosen oder Lederjacken eingebunden. Es sieht aus, als schleppten sie halbierte Körper ab. Einer hat auf dem Rücken eine Gitarre, deren viele bunte Bänder im Wind wehen. Ein anderer trägt eine Ziehharmonika unter dem Arm – wie bei den Pimpfen.

»Die gehen schon mit dem ersten Pulk um siebzehn Uhr raus«, sagt der Flottilleningenieur, »toll in Form, die Jungs!« Was mag er damit wohl meinen? Fröhlich sieht keiner aus.

Die Führung wird wissen, warum sie die Boote mit halben Kindern bemannt. Dieses Alter hat noch nichts zu verlieren. »Der Bub weiß nichts von Liebe, weiß nicht, wie Sterben tut«, sangen wir bei den Pimpfen. Wenn ein Mann der Besatzung im Wasserbombenangriff durchdrehte, war es gewöhnlich ein ›alter‹ – ein Maat oder ein Bootsmann, einer mit Familie. Die halben Kinder haben noch keine Phantasie, sie werden ja auch nur als ›Menschenmaterial‹ geführt – zum schnellen Reagieren dressierte Muskelmaschinen, mit denen die von den Konstrukteuren noch nicht geschlossenen Lücken gefüllt werden.

Gut, daß manchen schon Bärte wachsen, sonst sähe eine Besatzung wie der verlorene Haufe aus einem Kinderkreuzzug aus.

Alles, was unternommen wird, um die Boote kampffähig zu erhalten, ist nur Provisorium und bringt neben dem geringen Vorteil auch Nachteile mit sich. Die verstärkte Flakbewaffnung zum Beispiel belastet die Boote. Damit ihr Gewicht weiterhin dem Deplacement entspricht, muß auf andere Armierung verzichtet werden: Die Geschütze werden abmontiert, der Torpedobestand verringert. Die vergrößerte Plattform – gar der zweite Wintergarten – setzt die ohnehin geringe Unterwassergeschwindigkeit noch mehr herab. Auch die Alarmtauchzeit hat sich verlängert, weil ja mehr Leute – die Bedienungsmannschaft für die Flakwaffe – einsteigen müssen.

Der Gegner hat brandneue Waffen, den ›Hedgehog‹ zum Beispiel, der zwei Dutzend Bomben mit insgesamt dreihundertfünfzig Kilogramm Sprengstoff sozusagen als Detonationswürfel wirft: der Kubikwurf statt des Flächenwurfes. Und der Gegner hat dazugelernt. Die Flugzeugbesatzungen denken gar nicht mehr daran, eines der mit 3,7-Geschütz und einem 2-Zentimeter-Vierling bestückten Boote unmittelbar nach der Sichtung anzugreifen. Sie umkreisen es vielmehr im Respektabstand und holen per Funk andere Maschinen und Überwasserverfolger heran. Ein übles Katz-und-Maus-Spiel beginnt dann, bei dem das U-Boot fast stets vernichtet wird.

Wenn Schiffe der U-Boot-Jagdgruppe herankommen, *muß* das Boot ja tauchen. Das ist dann das Signal für die Flugzeuge: Wie die Habichte schießen sie heran, um das Boot just beim Tauchen, im Augenblick absoluter Wehrlosigkeit also, zu bomben. Die Tauchzeit und die Anflugzeit sind etwa gleich (zirka vierzig Sekunden). Aber ehe ein Boot in die Tiefen entkommen kann, sind die Entlüftungen der Tauchzellen offen. Die Bombendetonation braucht nur geringe Wirkung zu haben, zum Beispiel an diesen Klappen. Der Schaden, den sie anrichtet, löst Kettenreaktionen aus. Das Boot läßt sich nicht mehr halten. Viele Boote gehen so gleich bei ihrer ersten Unternehmung zugrunde.

In der Schleuse machen fünf Boote auf einmal fest. Das gab es noch nie. Gangways werden zwischen den Booten ausgebracht. Jetzt kann der Flottillenchef von einem Boot aufs andere spazieren. An Bord eines jeden Bootes läßt er die Besatzung um sich herumschließen. Viel kann er ihnen nicht sagen. Jeder weiß doch, was dem Boot bevorsteht: Auslaufen im Pulk, um überhaupt hinauszukommen. Unser neuester Trick: geballte Flakabwehr.

Diese Boote haben einen umgebauten Turm mit doppeltem Wintergarten, eine 3,7-Kanone auf der achteren Plattform und zwei 2-Zentimeter-Zwillinge im eigentlichen Wintergarten. Auch die Silhouette der Brücke hat sich verändert durch die Matratze des Metox. Die Boote sollen in Gruppen auslaufen, um mehr Feuerkraft gegen die Angreifer der Royal Air Force zu haben.

Diesmal gibt es keinen festlichen Abschied, keine Mädchen mit Blumen, keine Werftarbeiter, keine OT-Leute, keine Soldaten. Da auch kein Musikzug auf der Pier steht, hängt sich ein Maat auf dem zweiten Boot die Ziehharmonika um, und eine Besatzung nach der anderen fällt in die Melodie ein:

»... kaum sind wir einen Tag an Lande,
schon rufet uns der Ozean ...«

»Diesmal stimmts genau!« höre ich einen Bootsmaat neben mir höhnen. Die große Klappbrücke hebt sich noch einmal: Das sechste Boot fährt in die Schleuse. Dann senkt sich die Klappbrücke wieder, und ein Troß Infanterie marschiert polternd über die Bohlen. Die Besatzungen winken hinauf, die Soldaten im Stahlhelm winken zurück. – Bald quirlen am Heck des ersten Bootes Wirbel auf, das äußerste Schleusentor wird geöffnet, und langsam löst sich ein Boot vom anderen. Welche Boote werden wiederkommen? Die Chancen auf Wiederkunft stehen eins zu drei. Von sechs Morituribooten kommen also allenfalls zwei zurück. Welche sind die zwei? Welche die anderen?

Schnorchel statt Wunderboote

Statt der als Wunderboote angekündigten Neukonstruktionen kamen die Schnorchel. Die Führung tat so, als beruhe der Umbau der Boote zu Schnorchelbooten auf einer epochemachenden Erfindung. In Wirklichkeit waren die Schnorchel ein primitiver Notbehelf – ein für die Besatzungen lebenbewahrender freilich. Mir war das Prinzip seit Kindertagen aus einem Wildwestfilm geläufig: Eine von ihren Verfolgern in Sumpfgelände getriebene Rothaut hieb da ein Schilfrohr ab, nahm das eine Ende in den Mund, ging unter Wasser, atmete weiter durch das Schilfrohr und entkam so der Verfolgerschar. Jetzt sollten die mit Dieseln fahrenden Boote unter Wasser verschwinden und die für die Diesel nötige Atemluft durch ein Rohr ansaugen können. Mit einem zweiten Rohr sollten die Dieselabgase nach oben geführt werden. Der Luftmast bekam oben ein Kopfventil, das sich schloß, wenn das obere Ende unter Wasser geriet. Mit Hilfe dieses Mastes, der nicht teleskopartig ausgefahren werden konnte, sondern starr aus seiner Lagerung an Oberdeck hydraulisch aufgerichtet werden mußte, konnten die Boote nun auch unter Wasser – dicht unter der Oberfläche – mit Dieselmotoren fahren und brauchten, um die Batterien aufzuladen, nicht mehr aufzutauchen und sich der Gefahr der Ortung durch Flugzeuge und Zerstörer auszusetzen.
Dafür wurde es nun praktisch unmöglich, feindliche Dampfer zu sichten, denn die Beobachtung der Seeoberfläche war nurmehr durch das Sehrohr möglich. Ein anderer Nachteil: Die Boote konnten mit Diesel und Schnorchel nicht so schnell fahren wie an der Oberfläche – allenfalls 7–8 Knoten, weil die Schnorchelmasten bei höherer Geschwindigkeit abgebrochen wären.
Die Schnorchelmasten waren eine Art Prothese – Symbol der defensiven Rolle, in die unsere Boote gedrängt worden waren.

Für die Besatzung war die Schnorchelei eine rechte Qual: Wenn durch eine See das Kopfventil des Schnorchels geschlossen und damit die Luftzufuhr für die Diesel unterbrochen wurde, saugten sie ihren sehr großen Luftbedarf unmittelbar aus dem Boot. Es kam vor, daß die Leute sich vor Schmerzen am Boden wälzten, weil ihnen die Trommelfelle platzten. »Falsche Handhabung!« hieß es dann.
›Schnorchelalarm‹ mit Stoppen der Diesel und Weiterfahrt mit E-Maschinen wurde ›theoretisch‹ bei 200 Millibar Unterdruck gegeben, meist aber erst bei etwa 400 Millibar, weil man Strom sparen mußte.

Tagsüber wurde mit Elektromotoren in fünfzig Meter Tiefe gefahren. Nachts mit Dieseln und Schnorchel auf Sehrohrtiefe. Etwa alle Stunden wurde gestoppt und ›rundgehorcht‹. Da die Boote praktisch blind waren – was kann man nachts durchs Sehrohr schon sehen? –, konnte ein Gegner nur durch Horchen aufgespürt werden.
Das schlimmste Handikap aber war, daß man, bei Schnorchelfahrt ohnehin schon fast blind, dazu noch taub war, weil der Diesellärm das Horchgerät quasi außer Betrieb setzte. Ehe die Diesel zum Rundhorchen gestoppt wurden, mußte man mit der Angst leben, daß der Gegner die lärmenden Diesel längst geortet hatte.
Bei Tageslicht war Schnorcheln unmöglich, weil das Kopfventil ein aus der Luft deutlich sichtbares Kielwasser nach sich zog, und auch die Abgasfahne wie ein Signal für Flieger wirken konnte.
»Ein Hängen und Würgen« nannten die Leute die Schnorchelei. Es gab auch Ausfälle durch Überbeanspruchung der Diesel und vor allem infolge mangelnder Übung der Besatzungen. Zwar wurde im südnorwegischen Stützpunkt Horten eine Art ›Schnorchelschule‹ eingerichtet, aber die meisten Besatzungen mußten ihre Erfahrungen mit den Schnorchelmasten mühselig selber machen.
Bei der Tauchfahrt in fünfzig Meter Tiefe – also tagsüber – war der Außendruck zum Auspumpen des Klos zu groß. Die Entleerung erfolgte in einen Behälter, der bei geringerer Tiefe – also während der nächtlichen Schnorchelfahrt – ausgedrückt werden konnte. Im Innern des Bootes begann es bald fürchterlich zu stinken, auch weil es kein passables System gab, den Müll zu beseitigen. Probiert wurde mancherlei: Ausstoßen durch eines der Torpedorohre, Ausstoß durch das Rohr sechs für den ›Bolt‹, das aber nicht auf allen Booten eingebaut war, Einstampfen des Mülls in leere Behälter – eine akzeptable Lösung fand sich nicht.
Zur Widerwärtigkeit des Daseins paßte der Name ›Schnorchel‹ gut. Seine Erfindung nimmt Dönitz stolz für sich in Anspruch. Er behauptet auch: »Ab Frühjahr 1944 konnten alle Typen der alten Art mit dem Schnorchel ausgerüstet werden.«
Das kann täuschen: Schnorchellose Boote wurden auch später noch hinausgeschickt und zur leichten Beute der feindlichen Flugzeuge. Erst im Juli 1944 kam der Dönitz-Befehl, daß U-Boote ohne Schnorchel nicht mehr im Atlantik eingesetzt werden dürften. Aber trotzdem wurden schnorchellose Boote sogar noch gegen die Invasionsflotte hinausgeschickt.

Die Verluste stiegen so schnell, daß die Nachlaßregelung Hauptaufgabe der Flottillenverwaltung wurde: Immer neue Schübe von fast einem halben Hundert Seesäcken mußten in den ›BdU-Zug‹ zum Transport nach Deutschland verladen werden, nachdem sie so lange in der ›Nachlaßlast‹ lagerten, bis die ›Zweisternemeldung‹ kam – die endgültige Bestätigung des Absaufens. Die Schreibstuben hatten alle Hände voll zu tun: Todesanzeigen tippen. Die wurden aber nicht etwa an die Eltern oder sonstige Anverwandte geschickt, sondern an die Kreisleitungen der NSDAP. Als Todesboten hielt man die braunen Heimatfrontler für besonders würdig. Nur an die Angehörigen der Offiziere schrieb der Flottillenchef – mit Hand.

Das Ende der Atlantikstützpunkte

Nach dem Durchbruch der Alliierten im Scheitelpunkt des Winkels, den die Halbinsel Cotentin mit der nach Westen vorspringenden Bretagne bildet, stießen ihre Panzerverbände nach Südwesten vor, um die Atlantikstützpunkte der deutschen Marine vom Hinterland abzuschneiden. Es gelang ihnen schnell, die Häfen Brest, Lorient und St. Nazaire einzuschließen. Ein Kordon von Zerstörern und Bewachern sperrte die Ausfahrten nach See. Damit begnügten sich die Alliierten fürs erste. Für die Deutschen begann der Festungskampf.

Obwohl ein atlantischer Stützpunkt nach dem anderen von den Alliierten eingeschlossen und die Niederlage der U-Boote auch dadurch besiegelt wurde, diktierte Dönitz am 26. 8. 1944 ins Kriegstagebuch: »Der U-Bootkrieg wird im alten Geiste und mit neuen Mitteln weitergehen.«

Ich bin unter den von der 6. amerikanischen Panzerdivision in Brest Eingeschlossenen.

Kein Zweifel, daß der Hafen und die große geschützte Reede von Brest für die amerikanische Marine äußerst wertvoll und längerer Widerstand nicht möglich ist. Mit einem schnellen Fall von Brest muß deshalb gerechnet werden.

Für die beiden Brester U-Flottillen ist jetzt die wichtigste Aufgabe, dem Gegner keine Boote zu überlassen. Das heißt: sie möglichst vollständig für Fronteinsatz zu reparieren, oder sie wenigstens notdürftig tauch- und fahrklar zu machen und den Versuch zu wagen, sie in südliche Stützpunkte zu verlegen. Die Leute der Personalreserve und das Stützpunktpersonal werden für Rundumverteidigung des Unterkunftsgeländes der Flottille eingeteilt, der Rest wird an den Festungskommandanten zur Eingliederung in die Vorfeldverteidigung zwischen landkrieggewohnten Rumpfeinheiten abgegeben. Das Rückgrat der Verteidigung bildet die 2. Fallschirmjägerdivision, die beim Anrücken durch Straßensperren und vom Maquis gelegte Minen stark aufgehalten worden ist. Die Berichte der Soldaten geben Gewißheit, daß auf dem Landweg aus Brest nicht mehr hinauszukommen ist.

Es gibt viel Theater um fehlende Schnorchel. Im Bunker liegen zwei Boote, die noch keine Schnorchel haben. Angeblich sollen welche per Landstraße auf Langladern mit lenkbarer Hinterachse unterwegs sein. Daß sie noch ankommen werden, glaubt keiner. Da erscheint eines Spätabends der Langlader doch. Fahrer und Begleiter sind freigelassene französische Kriegsgefangene. Wie sie durchgekommen sind, bleibt ihr Geheimnis. Sie müssen dem Maquis phantastische Geschichten aufgebunden haben. Dafür werden sie nun in der Flottille fürstlich bewirtet.

Durch kleine Einheiten Artillerie ohne Kanonen und Infanterie von der Küstenverteidigung wird die Truppe verstärkt – auch durch die aus dem Lande in die Festung kommenden Ortsbesatzungen. Flugzeuge gibt es nicht mehr. Die Flugzeugstaffel von Brest-Nord, die hin und wieder U-Booten vor der Geleitaufnahme Schutz gab, ist abgezogen.

Zwei große Bunker im Flottillengelände werden als Operationsräume eingerichtet. An den Eckpunkten der Flottille werden Verteidigungsstellungen mit Splitterschutz, Laufgräben, MG-Ständen gebaut. Neben dem Haupteingang, außerhalb der Mauer und in Schußrichtung auf die Zufahrtsstraße und den freien Platz der Flottille wird eine halbautomatische 3,7-U-Boot-Flak für den Erdkampf aufgestellt.
Viel Widerstand gegen einen gut ausgerüsteten Gegner ist damit nicht zu leisten. Wir wollen nur nicht einfach überrollt werden. Das ganze Unternehmen dient auch der Einigelung gegen Sabotageakte.

Der Flottillenchef hat harte Diskussionen mit dem Hafenkommandanten: Der Hafen soll den Amerikanern nur zerstört in die Hände fallen. Der Hafenkommandant hat Schiffsversenkungen im Hafen, Sprengungen der Kais und Schuppen bis ins letzte Detail vorbereitet. Da die Aufklärung nach See und im Lande gleich Null ist, und man nicht ausschließen kann, daß die Amerikaner die schwachen Verteidigungslinien plötzlich überrennen, befürchtet der Hafenkommandant, daß er nicht mehr rechtzeitig sein Zerstörungswerk in Szene setzen kann. Aus Angst um seinen Kopf will er mit dem Sprengen deshalb gleich anfangen. Wir brauchen aber noch eine Lücke zum Hinauskommen. So gibt es heftige Auseinandersetzungen um Zeitgewinn. Schließlich werden zwischen den Molenköpfen Schiffe so versenkt, daß eine Lücke für die U-Boote bleibt.

Erstaunlicherweise rührt sich der ›Untergrund‹ nicht: keine Aktivitäten des Maquis in Brest.
Mit den Amerikanern wird eine Feuerpause ausgehandelt, in der die französische Stadtbevölkerung abziehen kann.
Der Fallschirmjägergeneral Ramcke erhält eine Übergabeaufforderung der Amerikaner, lehnt aber ab.

Im Endkampf um die Festung Brest kommt es unter den Marineeinheiten zu erheblichen Verlusten, weil sie nicht für den Landkampf ausgebildet sind. Diesen Endkampf erlebe ich nicht, denn ich werde auf einem Schnorchelboot eingeschifft, das Brest als letztes deutsches U-Boot verlassen soll.

Eben aufgefischte schiffbrüchige U-Boot-Männer stützen sich gegenseitig auf unserem Vorschiff.

Desaster

Das Boot, das den Ausbruch aus der belagerten Festung wagen soll, ist ein VII C-Boot mit Schnorchel. Fünfzig ›Silberlinge‹, hohe Werftbeamte, sollen mit von der Partie sein. Sie werden wie die Sardinen in der Büchse hausen müssen. An Bord ist ja schon für die eigentliche Besatzung kaum Platz: »Hundert Leute auf einem VII C-Boot – das ist kriminell«, sagt einer von der Besatzung.
Noch unmittelbar vor dem Auslaufen sieht es in allen Räumen wüst aus: Auch im Maschinenraum Säcke und Kisten in jedem Winkel. Dabei ist gerade in den Maschinenräumen von U-Booten kein Platz verschwendet worden. Der Dieselmaat wirft mir einen klagenden Blick zu und zuckt theatralisch mit den Schultern.
Bei Lichte besehen haben wir kaum eine Chance, mit diesem überfrachteten Boot durch die Sperrkordons der Royal Navy zu kommen.
Aber wir schaffen es ...

Als wir, von unseren Verfolgern durch sechs Tage und Nächte gehetzt, vor La Pallice – noch getaucht – die Vierzigmeterlinie erreichen und zum Rundhorchen stoppen, meldet der Horcher Maschinengeräusche: Kolbenmaschine. So weit heraus kann uns das Geleitschiff kaum entgegenkommen. Ein feindlicher Bewacher? Spannungsvolles Rätselraten. Im Näherkommen bestärkt sich die Meinung des Horchers, es könne ein U-Boot sein, das gleich uns den Fluchthafen anstrebt. An der Dreißigmeterlinie wird es hoch müssen wie wir auch. Die ES-Pistole liegt bereit. Aber was passiert, wenn der andere nicht sofort mit Erkennungssignal antwortet? Daß es oben noch dunkel ist, macht die Sache nicht einfacher. Englische U-Boote haben auch Kolbenmaschinen.
Zum Glück merken die ›Silberlinge‹ nicht, was anliegt. Sie sind wohl auch allesamt zu apathisch, um noch einmal einen Aufstand zu riskieren wie unmittelbar nach dem Auslaufen aus Brest, als sie unter heftigen Wasserbombenangriffen der lauernden Zerstörer und Schnellboote den Kommandanten zum Auftauchen zwingen wollten.
»Was tun?, sprach Zeus«, bedenkt sich der Kommandant halblaut. Er beißt sich auf die Unterlippe, aber dann gibt er entschlossen die Auftauchbefehle.

Feuerpause für unsere fünf Rohre. Eine Moskito ist abgeschossen, eine zweite angeschossen – aber das Boot der Kameraden ist weg: Volltreffer.
Der Kommandant erkennt das Desaster, steuert das Boot auf die Rettungsinseln und Schlauchboote zu und versucht, die Schiffbrüchigen zu zählen: »Nicht mal die Hälfte der Besatzung!«

Die Sonne ist noch nicht aufgegangen. Unsere Flakbedienung wartet auf den nächsten Anflug der Tommies.

Der Mann, der sich als letzter aus dem schon gesunkenen Boot retten konnte, schwimmt auf uns zu.

Die ins Boot strömende Frischluft macht die Lungen schmerzen. Ich pumpe, schlucke, beiße in die feuchte Seeluft. Da höre ich von oben den Schuß blaffen – im Turmluk wird es rötlich hell: unser Erkennungssignal. Wenn das mal gutgeht!
Da kommt von oben: »Bestätigt – einwandfrei deutsches U-Boot!« Ruder- und Fahrbefehle folgen. Wir wollen auf Rufweite an die anderen heran. Die Leute für die Maschinenwaffen entern auf.
Ich mache meine Kamera zurecht. Schade, daß es noch dunkel ist. Plötzlich rumst es im Boot. Ein dumpfer Schlag, als wäre die schwere Kartenkiste umgefallen. Der Kommandant fordert von oben Meldung, was passiert ist. Einige Räume melden klar.
Ich entere auf. Der Kommandant ist wütend. Da blitzt rechts voraus eine weiße Sonne auf: kurz – lang –. Der Kommandant und der Obersteuermann lesen gemeinsam die Blinkzeichen ab: H-A-B-E-M-I-N-E-N-T-R-E-F-F-E-R. »Scheiße verdammte«, flucht einer. Jetzt, da die Klappbuchs nicht mehr blendet, kann ich das andere Boot in seiner ganzen Länge als Schatten sehen: Achtern liegt es deutlich tiefer. Sinkt es etwa schon?

»E-Mine«, sagt der Kommandant, »von Flugzeug geschmissen.«
»Heiter«, der Obersteuermann.
Ich weiß, was er meint: Wo eine Mine liegt, gibt es mehr davon. Wir fahren durch ein Minenfeld.
Minen und keinen Sperrbrecher. Eine üble Situation, und im Osten ist fahle Helligkeit fast schon bis zum Zenit hochgestiegen.

Ich muß den F-Film in der Kamera gegen einen U-Film wechseln. Noch ein bißchen mehr Licht, und ich werde die ersten Aufnahmen riskieren können. Bald muß ja auch die Sonne aufgehen. Eine zweite Kamera wäre gut.
Als ich gerade im U-Raum bei meinen Sachen bin, kommen Rufe von der Brücke: »Fliegeralarm – Moskitos.«
Sofort ist eine wilde Wuhling in der Zentrale. Unsere Flakwaffen rattern los. Feuer aus fünf Rohren. Keine Chance, jetzt noch auf die Brücke zu kommen. Ich helfe mit, Munition nach oben zu mannen, gerate sofort in Schweiß: keine Bewegung mehr gewöhnt. Wildes Gebrüll: Abschuß! Feuerpause. Dann geht es schon wieder los. Müssen also etliche Maschinen sein – wie üblich. Wieder Gebrüll. Die werden doch nicht etwa eine zweite …?
Auf einmal ist oben Ruhe. Ich arbeite mich keuchend hoch zur Brücke. Bleiches Morgenlicht, eine seidig glatte See. Wo ist denn nur das andere Boot?

»Volltreffer – direkt vor den Turm – die hats erwischt – weg wie nichts!« redet einer belfernd auf mich ein.

In der mauvegrauen See treiben ein paar dunkle Klumpen. Mir stockt der Atem. Das ist zu viel! Ich kann es nicht fassen: Mine *und* Fliegerbombe! Doppelt erwischt – von unten und oben. Und uns haben sie verschont! Die Moskitos? »Eine Maschine abgeschossen, ne zweite hat gewackelt!« nehme ich auf. Keine Spur mehr vom Kampf. Flugzeuge weg, das Boot weg. Die See ist spiegelglatt. Nur diese dunklen Klumpen und Punkte, auf die wir jetzt zuhalten. Auf dem Oberdeck entsteht ein aufgeregtes Durcheinander: eigene Leute und Gerettete.
Daran, ob einer naß oder trocken ist, erkenne ich, ob er zur eigenen Besatzung oder zu der von U 981, dem gesunkenen Boot, gehört.
So – frisch aus dem Wasser gefischt – sehen die halben Kinder zum Erbarmen kläglich aus: leichenblaß, stopplig, barfuß, die nassen Sachen an ihre mageren Leiber geklitscht. Viele haben den Mund offen wie zu einer Frage, die sie nicht artikulieren können.
Einer hat sich die Hosen hochgekrempelt. Das muß er gemacht haben, ehe er ins Wasser ging. Der fremde I WO hat die Offiziersmütze auf dem Kopf. Er hat also auch noch beim Schwimmen seine Mütze aufbehalten.

Ganz vorn am Bug versucht der Bootsmann, Schwimmern eine Leine zuzuwerfen. In Schlauchbooten liegen Schwerverwundete. Auf der Marks-Rettungsinsel klumpen Erschöpfte.

Nicht nur die Schiffbrüchigen – auch Schlauchboote und Rettungsinseln müssen an Bord gezogen werden: Mit ihrem leuchtenden Gelb könnten sie neue Angreifer anlocken.

Die Marks-Rettungsinseln sind Gummiflöße, die in großen druckfesten Behältern untergebracht sind, deren Deckel vor dem Turm mit den Grätings abschließen. Der Auslösegriff sitzt in der Zentrale. Das Aufblasen erfolgt automatisch. Sie tragen zwanzig Leute und sind mit allen nötigen Rettungsmitteln wie Notsender, Sternsignalpistole, Trinkwasser, Notproviant versehen.

Während die wachfreien Leute an Oberdeck ihre schiffbrüchigen Kameraden aus dem Wasser ziehen, halten die Brückenposten scharfen Ausguck. Sie dürfen an die Rettungsszenen unter ihnen keinen Blick wenden, denn jetzt ist für unser Boot höchste Gefahr: Wir können mit den Leuten an Oberdeck nicht mehr tauchen.
Rechts: Der Kommandant des gesunkenen Bootes ist unter den Geretteten.

Ich höre Zahnreihen wie Kastagnetten klappern. Wir können die Leute aber nicht nach unten nehmen. Sie wollen wohl auch gar nicht nach unten, denn wenn es wieder rumst und diesmal uns erwischt, sind die Plätze an Oberdeck die besseren. Ungestraft können wir sicher nicht mehr lange durch die Gegend karriolen.

Der Zentralemaat, der auch Sanimaat ist, hat den durch Verbrennungen schwerverletzten E-Maat des gesunkenen Bootes verarztet, so gut es mit ›Bordmitteln‹ eben geht.

Die Geretteten haben sich jetzt auf dem Vorschiff wie eine kleine Herde Tiere vor einem Sturm zusammengedrängt. Dieser Anblick geht mir noch mehr an die Nieren als ihr Herumhocken auf den gelben Rettungsinseln.
Die halben Kinder starren mich an, als wüßten sie immer noch nicht recht, was ihnen passiert ist – Hilflose, Geschockte. Ich zähle die triefnassen, fröstelnden Jammergestalten schon zum drittenmal. Nur etwa die Hälfte der Besatzung haben wir retten können. Die anderen treiben jetzt als Wasserleichen an den Decken der Räume. Ihren Eisensarg bricht keiner mehr auf. IRON COFFINS – so pflegten die Tommies unsere Boote zu nennen. Sie würden sich wundern, wenn sie sehen könnten, was für armselige Burschen die Besatzungen der Eisensärge bilden.

Vierzig Meter – tiefer ist es hier nicht. Aus dieser Tiefe auszusteigen, ist unseren Leuten auf den U-Boot-Schulen beigebracht worden – nur nicht bei Panik. Aus einem gesunkenen Boot kommt man nur mit eisernen Nerven hoch. Die zwanzig, dreißig armen Schweine irgendwo da unten hatten sie nicht.

»Da treibt was!« brüllt der Obersteuermann. Ich brauche nur Sekunden, um achteraus auf der mit feinen Perlmuttönen pastellierten See einen einzelnen dunklen Punkt zu erkennen: eine Kiste – was soll es sonst schon sein?
Doch der Kommandant hält sein Glas allzu lange an den Augen. Als er es absetzt, sagt er nichts, guckt nur den Obersteuermann an.
»Könnte ein Mann sein«, bringt der Obersteuermann fragend hervor. Gleich darauf sagt er bestimmt: »In dieser Richtung etwa muß die Sinkstelle sein.«
Uns hat es bei der Rettungsaktion erheblich abgetrieben und herumgedreht. Ich weiß auf Anhieb nicht mal, wo die Küste sein muß.
Und was soll jetzt passieren? Noch mal durch dieses minenverseuchte Gebiet karren?
Der Kommandant gibt schon Ruder- und Fahrbefehle. Gott sei Dank nur für E-Maschinen.
Der Bug nimmt langsam Richtung auf den treibenden Punkt.
Als der Obersteuermann ruft: »Ist tatsächlich einer!«, klingt Jubel in seiner Stimme.
Zehn Minuten später ziehen wir einen Burschen an Bord, der sich mit seinem Tauchretter eine gute halbe Stunde nach dem Treffer aus dem gesunkenen Boot herausgearbeitet hat.
Der Sanimaat schiebt ihm fürs erste eine brennende Zigarette zwischen die bebenden Lippen. Seine Kameraden stützen ihn, hüllen ihn in Decken.

Diese Wunderrettung ist für einige zu viel: Jetzt lassen sie den Tränen ihren Lauf. »Mein Gott – so viel Schwein!« sagt einer.

Nächste Doppelseite: Die Geretteten haben Decken bekommen. Auf dem Vorschiff drängen sie sich zusammen. Wir können keinen von ihnen unter Deck nehmen.

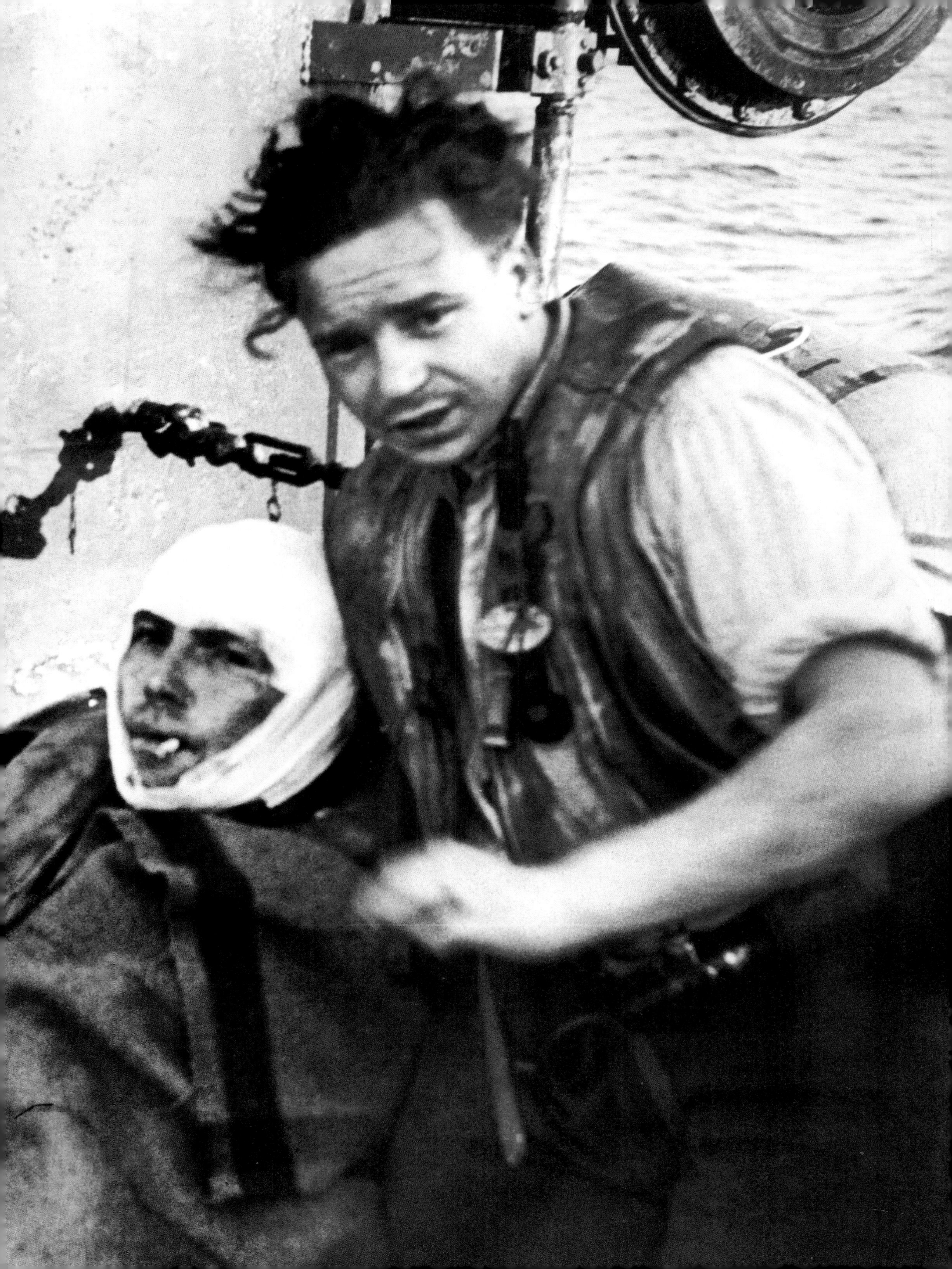

Die letzten Seemeilen bis zum Fluchthafen La Pallice werden für Besatzung und Gerettete zur Angsttour.

Letzte Zuflucht Norwegen

Unter dem 2. September 1944 wurde ins Kriegstagebuch der Seekriegsleitung notiert:

» Betr.: Seekriegsbasis Norwegen.

1. Die durch die Westmächte erfolgreich durchgeführte Invasion in Nordfrankreich hat zum Verlust der westfranzösischen Stützpunkte und der U-Boot-Basen am Atlantik geführt.
2. Der Ob.d.M. hat wiederholt betont, daß trotz der veränderten Kriegslage die Wiederaufnahme des U-Bootkrieges die Hauptaufgabe der Kriegsmarine ist.
3. Als Absprungbasis zum Atlantik, dem Hauptoperationsgebiet der U-Boote, gewinnt in Zukunft Norwegen erhöhte Bedeutung ... «

Schon am 13. Juli 1944 hieß es: » Chef Skl bezeichnet es als notwendig, daß jetzt die U-Boot-Basen in Norwegen vorbereitet werden. Es muß geprüft werden, an welchen Plätzen und in welcher Anzahl U-Boot-Liegeplätze bereitgestellt werden müssen. Ob. d.M. bemerkt hierzu, daß Bunkerbau sehr langfristig und schwierig ist, so daß er für Norwegen mit Bestimmtheit nicht in Betracht gezogen werden kann. Es ist daher nötig, für Flakschutz und behelfsmäßige Sicherung zu sorgen ... «

Bergen wird zum letzten Stützpunkt der deutschen U-Boote. Hier treffe ich meinen Brester Flottillenchef wieder. Von ihm erfahre ich, daß es doch nicht das letzte Boot war, mit dem ich aus der belagerten Festung Brest herauskam. Das schrottreife Wrack, das noch im Bunker lag, die alte ausgediente Flakfalle, ist nach unserem Ausbruch noch zusammengeklempnert worden. » Für dieses Boot «, erzählt der Flottillenchef, » wurde der Schnorchel in aller Eile im eigenen Reparaturbetrieb der Brester Werft gebaut. Die Leute von der Bremer Werft AG Weser waren ja nicht ungeschickt. Die vorderen Torpedorohre, die von Fliegerbomben verbogen waren, wurden ausgebaut und abgeflanscht. Dafür kam mehr Ballast aus Bronze, Kupfer und Messing ins Boot. Die Besatzung wurde aus der Personalreserve zusammengestellt. Erprobungsmöglichkeit hatten wir keine mehr. Ging ja auch so ... «

Ging ja auch so – das heißt: eine ganz auf Glück und das Nachlassen der Wachsamkeit des Gegners gesetzte Schleichfahrt mit einem Schrottboot » ganz oben rum «, durch die Dänemarkstraße also bis nach Norwegen.

In Bergen gibt es wieder nur offene Docks wie einst in St. Nazaire. Deutlich sind bei diesem abgeschnittenen und seiner nicht druckfesten Umkleidungen ledigen Boot die Tauchbunker zu sehen – Satteltanks, die bei Feindfahrt zunächst voll Dieselöl und nach dessen Verbrauch voll Wasser waren. Ein aus seinem französischen Stützpunkt geflüchtetes Boot macht in Bergen fest.

Bergen – das ist Schnürlregen, der kein Ende findet, Kälte, ein graues Himmelstuch, von den Berggipfeln wie ein Zirkuszelt von seinen Masten gestützt, eine feindliche Bevölkerung, ein vergrämter Flottillenchef – eine einzige große Tristesse.
Hier in Bergen wird mein ehemaliger Kommandant Chef der neu gebildeten 11. U-Boot-Flottille.

Auch der FdU hat sich hier eingefunden: Sein Stab hat Frontstellung bezogen. Der Wahnsinn soll also weitergehen, obwohl kein vernünftiger Mensch auch nur noch einen Funken Hoffnung hegt, daß sich das Blatt noch einmal wenden könnte. Weitgespannte U-Boot-Operationen sind längst nicht mehr möglich. Die Kommandanten, die unmittelbar unter der englischen Küste noch zum Schuß kommen und ihr Boot den Verfolgern entziehen können, sind Hasardeure und Glückspilze. Um sie wird viel Wesens gemacht, damit wir vergessen, wie viele nicht mehr zurückkommen.

Einmal versucht der Chef in der Messe einen Scherz: »Die schönen Tage von Aranjuez sind nun zu Ende.« Aber uns zieht es davon nur das Gesicht schief.
Die großen Raken in den bretonischen Chateaus und Manoirs, die exaltierten Saufnächte in La Baule – alles schon Erinnerung, wie vor Jahrzehnten geschehen: Wie der rundgesichtige Prien nach seinem Husarenstück in Scapa Flow hereinkam und übertrieben zackig meldete, die Handfläche beim Grüßen ganz nach außen gekehrt, fast platzend vor Siegerstolz. Und wie dann sein Wachoffizier Bertel Endraß sein eigenes Boot – U46 – mit zerfetzter Brückenwand und von einem sinkendem Tanker umgeknickten Sehrohren in die Schleuse steuerte und »hauptsächlich Blechschaden!« renommierte... Und wie Topp und Kuppisch und Korth und Lehmann-Willenbrock und Bertel Endraß durch Zufall alle gemeinsam Werftliegezeit hatten und von Kopf bis Sohle in Weiß, Schneemänner mit dem Ritterkreuz am Hals, im ›Majestic‹ aufkreuzten zum Nachmittagsdrink: strahlende Götterlieblinge, stolzgeschwellte Jünglinge mit Heldenposen für den Fotografen, aber mit jedem Satz ihre Erfolge abwiegelnd, wie es sich gehörte... Und noch mehr Erinnerungen fliegen mich an: Mittelatlantik. Schlechtes Wetter. Fühlung an einem Konvoi. Alarmtauchen vor Flugzeug. Kaum ist sicher, daß alles klargegangen ist, kommt der Funker mit einem Funkspruch, den er gerade noch vor dem Tauchen aufgenommen hat: »Hart bleiben! Dran bleiben! Auch der Feind wird müde!« Und wie da der Alte rot wird vor Wut: »Ich kann diesen Mist nicht mehr hören: ›Das ist die Nacht der langen Messer‹ – ›Ran, ranner, am rannsten!‹ Verdammt noch mal – wir sind doch

Die halben Kinder, die mit ihren langen Lederjacken wie schlecht verkleidet aussehen, haben noch einmal überlebt. Einige können es nicht lassen, sich für den Fotografen und die Kumpels an Land unerschütterlich zu geben: Galgenhumor.

keine Lahmärsche, die Pfeffer in denselben brauchen!« ... Und die rauschende Wiedergeburtsfeier mit dem Kommandanten, der – von einem Zerstörer verfolgt – kurz vor dem Rammstoß mit dem Rohr fünf aus Lage Null in letzter Verzweiflung einen ›Zaunkönig‹ geschossen und den Zerstörer ›weggeblasen‹, aber auch sein Boot fast zum Teufel geschickt hatte. Wie er da plötzlich seine flachen Hände auf die Sessellehnen knallte und wohlig aufstöhnte: »Kinder, ihr wißt ja gar nicht, wie schöns hier is!« ...
Alles tempi passati. Kaum noch vorstellbar unter diesem grauen Himmel, wie wir damals in Frankreich im Sonnenglast auf der Strandpromenade flanierten und in den bretonischen Schlössern rakten.

Trotz aller Rundfunk-Siegesfanfaren ist unsere Niederlage längst offenkundig. Das von Dönitz erklärte Kriegsziel, die Britischen Inseln von ihren Zufuhren abzuschneiden, haben die U-Boote nicht erreicht. Schlimmer noch: Sie haben die Anlandung des größten Arsenals von Kriegsmaterial

und der größten Truppenkontingente aller Zeiten auf der Britischen Insel nicht einmal zu stören vermocht. Hunderte von Geleitzügen, Tausende von Schiffen sind vor dem ›D-day‹ als gewaltige Armada unbehelligt von Amerika nach England gelangt.
Wozu also noch weiterkämpfen? fragt sich jetzt mancher. Ans Kräftebinden glaubt kaum noch einer. Die paar großen Boote, die noch auslaufen, können niemanden mehr in Angst und Schrecken versetzen.
Mancher riskiert jetzt eine Zunge: »Die Alliierten wären schön blöd, wenn sie für uns paar Heinzelmännchen im Mittelatlantik weitermachten wie gehabt.« »Nur mal sehen möcht ich den Typ einundzwanzig! Sicher phantastisch, aber bißchen spät auf dem Markt!«
Aber die Führung tönt weiter: »Achtzig Boote vom Typ dreiundzwanzig sind im Einsatz. Die neuen Boote vom Typ einundzwanzig sind frontreif.«

Wagemutige spötteln: »Es kann sich also nur noch um Minuten handeln, bis sie kommen.« Oder: »Die werden dann so ne Art Fliegende Holländer – so Schiffe ohne Häfen!«
Es scheint, als hätten sie den Dönitzschen ›Erlaß gegen die Kritiksucht und Meckerei‹ vom 9. 9. 1943 vergessen. Darin hieß es:
»Meckerer, die offen ihre eigene kümmerliche Einstellung auf Kameraden oder andere deutsche Volksgenossen übertragen und dadurch deren Willen zu wehrhafter Selbstbehauptung lähmen, sind wegen Zersetzung der Wehrkraft unerbittlich kriegsgerichtlich zur Verantwortung zu ziehen.
Der Führer hat durch die nationalsozialistische Weltanschauung den festen Grund für die Einheit des deutschen Volkes gelegt. Unser aller Aufgabe in diesem Kriegsabschnitt ist es, diese kostbare Einheit durch Härte, Geduld und Standhaftigkeit, durch Kämpfen, Arbeiten und Schweigen zu sichern.«

Als ein Kommandant seinen Mut zusammennimmt und den FdU fragt, wie denn die Wunderboote bei den unablässigen Angriffen auf die Bauwerften fertiggebaut werden könnten, bekommt er zur Antwort: »Zerbrechen Sie sich mal nicht den Kopf der Führung! Seitdem der Führer den Reichsminister Speer mit der Durchführung der Neubauten beauftragt hat, läuft alles bestens. Vertrauen in den Führer ist absolute Pflicht für den deutschen Offizier.«
Die Leute parodieren jetzt den Refrain des Aufputschliedes: »Es zittern die morschen Knochen ...« so:

»Wir werden weiter marschieren,
wenn Scheiße vom Himmel fällt.
Wir wollen zurück nach Schlicktown,
denn Bergen liegt am Arsch der Welt!«

Am 3. März – also noch vor der Kapitulation – beginnt schon das Nachtarocken: Der ›Admiral zur besonderen Verwendung‹ beim Oberbefehlshaber der Marine notiert:
»Zwischen dem Führer und Ob.d.M. entwickelt sich ein ausführliches Gespräch über die Zweckmäßigkeit des Aufbaues der Kriegsmarine vor diesem Kriege. Der Ob.d.M. vertritt den Standpunkt, daß der Bau von Schlachtschiffen an Stelle des Baues erheblich größerer U-Boot-Zahlen ein Fehler war, da wir mit dem Schlachtschiffbau den Vorsprung unserer Gegner niemals erreichen konnten, während eine überlegene U-Boot-Waffe beträchtliche Aussichten gehabt hätte, den Krieg in kurzer Zeit zu unseren Gunsten zu entscheiden.«
Heute liest man: »Hätte Dönitz damals (1940) etwa hundert Boote gehabt, die Versenkungsziffern wären an Englands Lebensnerv gegangen.«
Er hatte sie eben nicht. Nur neunzehn Boote standen im Frühsommer 1940 im Atlantik.
Aber selbst wenn er sie gehabt hätte: Ein Weltkrieg wie dieser war nicht auf einem einzigen Kriegsschauplatz – dem Atlantik – zu entscheiden. Dieser Krieg war von allem Anfang an verloren.

Wie sich die Bilder geändert haben! Früher die Ehrenkompanie, die Mädchen mit den Blumensträußen, der Musikzug des Heeres, das Frontabschreiten ... Jetzt steht ein einsamer Flottillenchef zwischen halb zerschlagenen Kisten und alten Fässern wie unter dem Abfall einer Großmarkthalle auf der Pier. 24 Schiffe mit 174326 BRT kommen auf sein Konto. Diese Dampferherde hat er auf drei Booten in acht Operationen in die Tiefe geschickt. Das Ritterkreuz hing ihm Dönitz um den Hals, das Eichenlaub bekam er aus der Hand des ›Führers‹. Jetzt steht er in sich gebückt im Ledermantel an der Pierkante – mit 34 Jahren einer der Ältesten – und sieht eines seiner letzten Boote mit E-Maschinen hereintreiben, ohne Siegeswimpel am Sehrohr zur Übergabe an den Gegner.

Der Schlußsatz des letzten deutschen OKW-Berichts aus dem Hauptquartier des Großadmirals vom 9. Mai 1945 tönt, wie für das norwegische Schlupfloch gemünzt, eddahaft:

»Die Toten verpflichten zu bedingungsloser Treue, zu Gehorsam und Disziplin gegenüber dem aus zahllosen Wunden blutenden Vaterland.«

Treue, Gehorsam, Disziplin – anderes fiel dem Barden vom Dienst auch jetzt nicht ein.

Und der Befehlshaber der Unterseeboote, Dönitz, der selber dem Desaster entkam, findet in seinen Schriften nicht ein Wort des Mitgefühls für die Familien von fast 30000 jungen Menschen, die in tragisch verblendetem Idealismus in der längsten Schlacht des Zweiten Weltkriegs, der Schlacht im Atlantik, kämpften und in ihr zugrunde gingen.

Die Kriegervereine legen Kränze nieder und verhindern mit ihrer kritiklosen Glorifizierung bis zum heutigen Tage eine Versachlichung der Diskussion

um Erfolg oder Mißerfolg des U-Boot-Krieges, um Sinn oder Sinnlosigkeit – im militärischen Verstand – anstatt den U-Boot-Krieg zur Historie werden zu lassen. Sie feiern ihn als Jugenderinnerung, und reden das Fiasko weg. In den traditionellen Gedenkreden wird alljährlich das Totenheer aufgerufen, aber kaum, um die Schreckensbilder des Unterseeboot-Krieges, das Entsetzen der in ihren eisernen Särgen in die Tiefen der Weltmeere abgesunkenen 736 Besatzungen zu beschwören, sondern um jene mundtot zu machen, die Rechenschaft verlangen.

Die lapidarste Mitteilung über das schrecklichste Kapitel der Seekriegsgeschichte, den U-Boot-Krieg gegen die Britische Insel, gibt eine schier endlose Reihe von Bronzetafeln im U-Boot-Ehrenmal Möltenort vor Kiel mit den Namen der Toten.
27491 Soldaten und Offiziere.

Das VII C-Boot U 96, von dem hier hauptsächlich gehandelt wird, hatte eine vergleichsweise lange Lebensdauer. Am 14. September 1940 in Dienst gestellt, wurde es erst am 30. März 1945 in Wilhelmshaven durch Fliegerbomben versenkt. Die Darstellung einer seiner Feindfahrten in diesem Buch folgt nicht in allen Teilen dem Kriegstagebuch.
Das Schnorchelboot vom Typ VII C, auf dem ich die im Kapitel ›Desaster‹ gezeigten Aufnahmen machte, war U 309. Es wurde am 16. 2. 1945 von der kanadischen Fregatte St. John im Moray Firth versenkt.
Das bei der Ansteuerung des Fluchthafens La Pallice durch Minen- und Fliegerbombentreffer versenkte Boot war U 981.

Der Autor dankt Michael Salewski für Hinweise auf die im Text zitierten Dokumente, Heinrich Lehmann-Willenbrock und Erich Topp für Beratung in nautischen und technischen Fragen.

Michael Salewski
U-Boot-Krieg: Historisches

I

Es gibt keine umfassende wissenschaftliche Darstellung des U-Boot-Krieges, den Deutschland von 1939 bis 1945 geführt hat. Nach der Niederlage im Mai 1945 bemächtigten sich die alliierten Sieger, voran Engländer und Amerikaner, des deutschen Aktenmaterials und begannen erst zehn Jahre später – inzwischen war aus dem Besiegten ein geschätzter militärischer Partner geworden – mit der Rückgabe der deutschen Kriegsdokumente. Die U-Boot-Akten freilich waren nicht darunter: Bis zum heutigen Tage ruhen sie in den Archiven des englischen Verteidigungsministeriums. Kaum ein Wissenschaftler hat Einblick in sie nehmen können – sie sind bis heute ›off limits‹.

Dennoch wissen wir, was sich zwischen 1939 und 1945 abspielte: in den Weiten des Nordatlantiks, im Nordmeer, im Mittelmeer. Es gibt unzählige Studien und Statistiken, oftmals mit großer Akribie und kaum vorstellbarem Fleiß erstellt, aus denen sich das Schicksal aller U-Boote und ihrer Besatzungen entnehmen läßt. Und das Schicksal ihrer Beute: der gegnerischen Handelsschiffe, torpedierter Kriegsschiffe, abgeschossener Flugzeuge. Von vielen Geleitzugschlachten kennen wir alle Positionsangaben, alle Funksprüche, alle verschossenen Torpedos, den Munitionsverbrauch. Wir kennen die Namen der Kommandanten (und vieler Besatzungsmitglieder), wir wissen, wann, wo, wie und warum sie untergingen: durch Flugzeugbomben, auf Minen (eigenen, feindlichen), durch Wasserbomben (von Zerstörern, Fregatten, Korvetten), durch Unfälle (Tauchversuche, Bedienungsfehler, Kollisionen), durch Kaperung, Auslieferung und Versenkung am Ende des Krieges, im Mai 1945.

Wir wissen, was die Boote versenkten: Schiffsraum – nach Bruttoregistertonnen gemessen – und einige Hekatomben von Menschen. Wir wissen, wie die Schiffe hießen und was sie geladen hatten: Munition, Panzer, Flugzeuge, Geschütze, Kraftwagen, Gewehre, Sprengstoffe, Öl, Gummi, Eisen, Holz, Medikamente, Kaffee, Tee, Whiskey – die Liste wäre endlos. Und Gold, Platin, Diamanten. Aber vor allem: Lebensmittel.

Darauf nämlich kam es an: Als das Deutsche Reich am 17. August 1940 die Blockade der Britischen Inseln feierlich verkündete (die Seekriegsleitung hatte sich vergeblich um bescheidenere Formulierungen bemüht), trat die deutsche U-Boot-Waffe mit dem Auftrag an, der englischen ›Hungerblockade‹ die ›Belagerung Englands‹ entgegenzusetzen. Rund um die Britischen Inseln wurde ein imaginärer Festungsring gelegt, in den einzudringen allen Schiffen, auch den neutralen, bei Strafe sofortiger Versenkung verboten war.

Diese Maßnahme war völkerrechtlich bedenklich, doch darauf kam es nicht an: Weder Engländer noch Deutsche sorgten sich sonderlich um die Regeln des Seekriegsrechts. Schon wenige Tage nach Ausbruch der Feindseligkeiten befahl Churchill die Bewaffnung der britischen Handelsschiffe und wies die Kapitäne an, alle feindlichen Kriegsschiffe und U-Boote unverzüglich zu melden. Das war ein glatter Bruch der gültigen ›Regeln‹.

Viel war in den ersten Kriegsmonaten von der ›Verschärfung‹ des U-Boot-Krieges die Rede. In Wirklichkeit waren die erzielten Resultate bescheiden. Dem Imponiergehabe diesseits und jenseits des Kanals entsprachen die Kriegsmittel in keiner Weise. Der U-Boot-Krieg begann vergleichsweise harmlos. Daß schon am 4. September mit der Versenkung des Atlantikliners ›Athenia‹ auch ›unschuldige‹ Zivilisten zu Schaden und Tod kamen, belebte zwar die gegenseitige Kriegspropaganda (Goebbels wollte wissen, daß Churchill die Versenkung des Schiffes gewünscht hatte, Churchill behauptete, es habe sich um einen perfiden Anschlag des deutschen Diktators gehandelt) – militärisch und politisch gesehen tat sich nichts.

Blockade und Belagerung: Beide Begriffe haben eine ehrwürdige Tradition, sie reicht bis ins Mittelalter, bis in die Antike zurück. Mit Hilfe der Blockadekriegsführung hatte England zahlreiche Kriege gewonnen, zuletzt den Ersten Weltkrieg. Rechtens war sie nur, wenn sie wirksam war, das heißt: Die englischen Seestreitkräfte mußten einen festen Riegel vor die deutschen Ausfallpforten in der Nordsee schieben, der nicht durchdrungen werden konnte. Gelang dies nicht, so war die Blockade völkerrechtswidrig. Tatsächlich funktionierte die Blockade je länger desto besser, und seit 1943 gelang es den Deutschen gar nicht mehr, den Blockadering um die Küsten Europas, die man 1940/41 hinzugewonnen hatte, zu sprengen.

Aber anders als 1917/18 verhungerten die Deutschen diesmal nicht. Hitler hatte vorgesorgt: Schon vor dem Zweiten Weltkrieg hatte die nationalsozialistische Staatsführung große Anstrengungen unternommen, um die – wie man sie nannte – ›Ernährungsbasis‹ des deutschen Volkes zu verbreitern; hinzu kamen Bemühungen, auf bestimmten Feldern der Wirtschaft und Versorgung die ›Autarkie‹ zu erreichen. Letzteres war nur sehr bedingt möglich, und entgegen der Propaganda sah Hitler in der Autarkie kein primäres Ziel seiner Wirtschaftspolitik. Viel wichtiger war es, durch geeignete Maßnahmen die Abhängigkeit der deutschen Rüstungsindustrie vom Ausland zu verringern. Geld und Kosten spielten dabei keine Rolle – wenn man Kraftwagen und Panzer brauchte, so wurde eben auch deutscher Raseneisenstein ausgebeutet, koste es was es wolle, und von der grünen Wiese her rollten später die Kübelwagen nach Afrika und Rußland.

Hitler brauchte Arbeiter und deutschen Fleiß. Er wußte, daß seine Rüstungsarbeiter gut verpflegt sein wollten, er konnte sich keine unzufriedenen Stahlwerker und Bergleute leisten – sein ganzes Aufrüstungsprogramm (›Vierjahresplan‹) wäre durcheinandergeraten. Deswegen wurden die Bauern zu Produktionsschlachten angehalten, sie erzielten gute Preise, es lohnte, Bauer zu sein. Hitler führte Getreide, Öle, Fette ein – wann immer er sie erhielt, wo immer sie ihm angeboten wurden. Noch mitten im Krieg brachten die Blockadebrecher über Tausende von Seemeilen nicht etwa in erster Linie wichtige Rohstoffe herein, sondern Nahrungsfette.

Tatsächlich mußte während des Krieges kein Deutscher hungern, der ›Hungerblockade‹ Englands zum Trotz. Das hatte freilich noch andere Gründe: Die Expansionspolitik Hitlers in den Jahren von 1938 bis zum Kriegsbeginn hatte die Voraussetzung zu den militärischen Erfolgen der Jahre 1939–1941 gelegt. Aus einem belagerten Deutschland wurde die belagerte ›Festung Europa‹. Bis zum Beginn des Rußlandfeldzuges lieferte vor allem die Sowjetunion wichtige Lebens- und Wirtschaftsgüter an das Deutsche Reich, aber auch Frankreich, Holland, Belgien, Dänemark trugen mit ihren Wirtschafts- und Ernährungspotentialen dazu bei, daß man sich in Deutschland gesittetes Anstehen vor den Lebensmittelgeschäften leisten konnte. Immer wieder berichteten die SD-Spitzel des Reichspropagandaministeriums darüber, daß die ältere Generation auf die sehr viel übleren Verhältnisse des Ersten Weltkrieges hinweise und damit die hier und da aufkeimende Unzufriedenheit dämpfen helfe. Aus den Erfahrungen des Ersten Weltkriegs klug geworden, verhinderte der Staat mit rigorosen Maßnahmen und drakonischen Strafen Schwarzhandel und Kriegswucher – es ging recht ordentlich und anständig im

Reiche Adolf Hitlers zu. Niemand mußte hungern. Die deutsche Propaganda lachte England aus. Die Blockade schien wirkungslos zu sein.
Aber Hitler wollte ja nicht den Krieg nicht verlieren, er wollte ihn gewinnen. England mußte also geschlagen werden. Die Verteidigung galt ihm als selbstverständlich, darüber brauchte nicht geredet zu werden, Europa, von ihm unterjocht, erschien ihm uneinnehmbar.
Zu Lande war vieles schon erreicht: Der Zerschlagung Polens war die Besetzung Dänemarks und Norwegens gefolgt (was die Kriegsmarine fast die Hälfte ihrer Flotte kostete), und der Siegessturm nach dem 10. Mai 1940 stellte alles in den Schatten, was es seit den Tagen des großen Napoleon in Europa gegeben hatte. Die Deutschen waren am Atlantik. Auch im Osten, so schien es, standen die Dinge gut: Der Teufelspakt zwischen Ribbentrop und Molotow vom 23. August 1939 hatte das staatliche Schicksal Polens besiegelt, die Baltenländer dem sowjetischen Zugriff ausgeliefert; die von Stalin vom Zaun gebrochenen Schwierigkeiten mit Finnland fanden im Moskauer Vertrag vom 12. März 1940 eine Stalin befriedigende Regelung. Immer wieder wies Hitler voller Stolz darauf hin, daß er nicht in den Fehler verfalle, der im Ersten Weltkrieg begangen worden war, nämlich einen Zwei- oder gar Mehrfrontenkrieg zu riskieren.
Es blieb zunächst nur ein Problem übrig: England. Gewiß, Goebbels und Hitler erklärten im Brustton der Überzeugung, daß England bereits geschlagen sei, es dies nur noch nicht wisse, und nach dem Abschluß des Waffenstillstands mit Frankreich feierten die Berliner den Sieg wie das Ende des Krieges. Gewiß, in England selbst kamen Fatalismus und Resignation auf, und mancher brave Brite schien fast bereit, die weiße Flagge zu zeigen – aber es blieb beim ›fast‹.
Wenn Hitler ein Programm verfolgte – die Historiker sind davon überzeugt, daß Hitler ein ›Programm‹ hatte – so war dies bis dahin, das heißt bis zur Niederringung Frankreichs, ›fahrplanmäßig‹ verwirklicht worden. Der nächste Programmpunkt sah vor, daß England zu der Einsicht kam, daß es richtig sei, Deutschland auf dem Kontinent gewähren zu lassen, sich mit der deutschen Hegemonie in Europa abzufinden. Dafür hätte Hitler die Engländer dann in Ruhe gelassen, ja, ihnen vielleicht sogar Teilhabe an der Beute angeboten.
Immer und ewig blieb es dem deutschen ›Führer‹ unverständlich, daß die Engländer auf seine Angebote nicht eingingen. Noch am Ende des Krieges, 1945, wollte es nicht in seinen Kopf, daß Großbritannien auf Seiten seiner Gegner stand. Nichts, so wiederholte er sich bei Lagebesprechungen, Tischgesprächen, diplomatischen Verhandlungen, habe er von England gefordert, jederzeit hätte England Frieden haben können – warum nur waren die Briten so uneinsichtig?
Hitler war davon überzeugt, daß der Krieg, den er ungewollt gegen England führen mußte, ein pädagogisches Lehrstück für die heruntergekommene germanische Rasse der Großbritannier zu sein habe. Er wollte England nicht vernichten, er bewunderte es vielmehr. Es war Haßliebe, die seine strategischen Entschlüsse prägte; den Engländern sollte beigebracht werden, daß er, Hitler, über die bessere Weltsicht verfügte und sie, die Engländer, sich diesen Einsichten gefälligst zu beugen hätten. England war ungehorsam, starrköpfig. Das war ihm auszutreiben: mit dem deutschen Heer, der Luftwaffe – und der Kriegsmarine.
Hitler probierte. Zunächst versuchte er es mit Heer und Luftwaffe. Unter dem Decknamen ›Seelöwe‹ plante der Generalstab die Landung in England. Mit nennenswertem militärischen Widerstand auf den Britischen Inseln war nicht zu rechnen. Es kam nur darauf an, das deutsche Heer (oder wenigstens einen großen Teil desselben) sicher über den Kanal zu bringen. Dazu bedurfte es zweier Voraussetzungen: der unbedingten

deutschen Luftherrschaft über dem Ärmelkanal und des Nichteingreifens der englischen Heimatflotte, die vor Scapa Flow operierte. Waren diese beiden Bedingungen erfüllt, so glaubte man, mit allem, was schwimmen konnte – einschließlich der holländischen und deutschen Rheinkähne – und Schlepper –, im Süden Englands landen zu können.
In Wirklichkeit gab sich der deutsche Generalstab keinerlei Illusionen hin. Er hielt das Unternehmen ›Seelöwe‹ von Anfang an für vermessen, ja aussichtslos. Das war die Stunde Görings, des Oberbefehlshabers der deutschen Luftwaffe. Er erklärte zum nicht geringen Erstaunen der Generalstäbler und zum unverhohlenen Entzücken Hitlers, er werde England ›aus der Luft‹ niederringen. Man solle ihm nur plein pouvoir erteilen.

Der Reichsmarschall erhielt sie, und die deutsche Luftwaffe wurde über dem Kanal und den südenglischen Luftbasen von der Royal Air Force systematisch zerschlagen: Dies war die erste und vielleicht folgenschwerste Niederlage der Deutschen im Zweiten Weltkrieg.
Das Heer blieb in Frankreich liegen. Die Luftwaffe war in ihren Grundfesten erschüttert. Es blieb die Marine. Aber was blieb da? Jetzt zeigte sich in aller Deutlichkeit, daß das norwegische Abenteuer zuviel gekostet hatte. Der Oberbefehlshaber der Kriegsmarine, Erich Raeder, mußte gestehen, daß er nicht über die notwendigen Seekriegsmittel verfügte, die das Eingreifen der britischen Homefleet hätten verhindern können. Einer entschlossenen englischen Flottenführung vermochte die deutsche Klein-Marine nichts entgegenzusetzen. Begeisterung allein genügte nicht.
Das Unternehmen ›Seelöwe‹ wurde abgeblasen, und die drei Wehrmachtteile schoben sich die Schuld dafür gegenseitig in die Schuhe. Viele fingen damals, im August – September 1940 an zu ahnen, daß mit dem deutschen Kriegsplan irgend etwas nicht mehr stimmte; es kamen auch in der Bevölkerung zum ersten Mal ungute Gefühle auf.
Die Lehre, die Hitler England hatte erteilen wollen, hatte Churchill dem ›Führer‹ erteilt: Noch war der Zweite Weltkrieg nicht gewonnen. Die klassischen Kriegsmittel hatten versagt. Das Blitzkriegskonzept war am Kanal gescheitert, eine neue Phase der Kriegsführung mußte beginnen.
Es blieben drei Möglichkeiten: Erstens ein langangelegter Wirtschaftskrieg gegen die Britischen Inseln mit dem Ziel, England auszuhungern. Dazu mußte man es von seinen atlantischen Verbindungen abschneiden, der Schwerpunkt des Krieges war in den Atlantik zu verlagern, das Ziel mußte es sein, die ›Schlacht im Atlantik‹ zu gewinnen. Wir kommen darauf zurück.
Zweitens: England mußte seiner überseeischen Besitzungen beraubt werden, es galt, das Empire zu zerschlagen: im Mittelmeerraum, im Vorderen Orient, im Mittleren Osten, im Fernen Osten. Erste Stufe: totale Vertreibung der englischen Flotte aus dem Mittelmeer, Eroberung Nordafrikas und Ägyptens. Zweite Stufe: Revolutionierung Indiens, Vertreibung Englands aus Palästina, dem Irak, Iran, aus Arabien, dem Roten Meer. Dritte Stufe: Eroberung der fernöstlichen Bastionen, von Neuseeland, Australien. Solche Aufgaben überstiegen das deutsche Vermögen. Es bedurfte der Mithilfe Italiens, Spaniens, Frankreichs, Japans. Drittens: Englands einziger potentieller kontinentaler Verbündete mußte ausgeschaltet werden: die Sowjetunion. Englands ›Festlandsdegen‹, wie es in schöner Analogie zu den Erfahrungen des 18. Jahrhunderts später in der deutschen Propaganda hieß.
Das war eine post-festum-Konstruktion. Als Hitler Rußland am 22. Juni 1941 schließlich angriff, tat er dies keineswegs, weil er England treffen, sondern weil er sein Programm wieder aufnehmen wollte – unter Überspringung des nicht ›programmgemäß‹ gelösten englischen Problems. In der Öffentlichkeit klang es freilich anders, und das deutsche

Volk glaubte gerne, daß der Sieg gegen England über die Einnahme Moskaus, Leningrads und Stalingrads erfolgen werde.
Diejenigen, die es besser wußten, waren entsetzt, vor allem die deutsche Seekriegsleitung, die mit ›ihrem‹ Englandproblem nun allein stand. Allein deswegen, weil die beiden anderen Wehrmachtteile sich im Osten neuen Ruhm an die Fahnen hefteten, allein deswegen, weil die ›Verbündeten‹ – Italien und später Japan – gar nicht daran dachten, ihre Kriegsanstrengungen so zu lenken, daß daraus der Mechanismus zur ›endgültigen‹ Niederringung Großbritanniens erwuchs, doppelt allein, weil England nun nach und nach seine Reserven, seine Geschichte und seine Verbündeten mobilisierte, in erster Linie die Vereinigten Staaten von Amerika.
Seit dem Sommer 1941 lachte niemand mehr England aus. Mit beschwörenden Worten und in eindrucksvollen Formulierungen versuchte die deutsche Seekriegsführung Hitler von den Gefahren zu überzeugen, die seinem Kriegsreich nunmehr vom Atlantik her drohten. Zeitweise war der Diktator beeindruckt. Er versicherte Raeder zu wiederholten Malen, er vergesse das englische Problem keineswegs; sobald der Feldzug gegen die Sowjetunion gewonnen sei (die Schätzungen, innerhalb welchen Zeitraums das der Fall sein werde, schwankten zwischen sechs Wochen und sechs Monaten, für Halder, den deutschen Generalstabschef, war der Krieg gegen die Sowjetunion schon im Juli 1941 zu deutschen Gunsten entschieden), werde er alle seine Anstrengungen gegen die ›Angelsachsen‹ konzentrieren. Dazu sollte es nie kommen, denn Rußland erwies sich als zäher Gegner und es erhielt Hilfe: von England und den Vereinigten Staaten. In den Weiten Rußlands machte sich die überlegene Seemacht der beiden großen atlantischen Völker zum ersten Male bemerkbar.
Dadurch erhielt das Problem England, besser: das Problem der ›Schlacht im Atlantik‹ eine völlig neue Dimension. Nach und nach wandelte sich der Wunsch nach der ›Niederringung Englands‹ zur Furcht vor einer ›Niederringung Deutschlands‹. Wenn es England und Amerika gelang, den Widerstandswillen der Russen durch Seezufuhren über Murmansk, Archangelsk, den Persischen Golf aufrechtzuerhalten; wenn es gelang, auf dem ›Flugzeugträger‹ England Invasionsmittel aufzubauen, ließ sich die ›Festung Europa‹ erschüttern.
Es begann ein Wettlauf mit der Zeit: Konnten die Deutschen England noch rechtzeitig ›aushungern‹, so zerfiel die atlantische Basis der Gegner; gelang es England, seine Lebenslinien über den Atlantik zu schützen, so mußten die Seemächte siegen: nicht gleich und nicht schnell, aber mit tödlicher Sicherheit, denn es standen ihnen dann die Kraftquellen der halben Welt zur Verfügung. Da half dann kein Blitzkrieg mehr und keine Kriegslist. Die letzte Stunde Hitler-Europas war abzusehen.
Aus den drei Möglichkeiten, England zu besiegen, wurden somit drei Möglichkeiten, die finale Katastrophe zu verhindern. Die große Mittelmeer- und Vorderasienstrategie scheiterte endgültig im Herbst 1942, die Hoffnung auf einen Sieg über Rußland wurde in Stalingrad begraben. Es blieb nur noch eines, die ›Schlacht im Atlantik‹. Sie mußte mit den Flotten entschieden werden. Aber Deutschland besaß keine Flotte. Es verfügte nur über ein einziges Kriegsmittel, mit dem man im Atlantik gegen England und Amerika antreten konnte: die U-Boot-Waffe.

II

So wurde das U-Boot, Mitte des Krieges, zum Symbol der letzten, verzweifelten Hoffnung der deutschen Aggressoren. Man sehe es sich an: wie man es konstruierte, wie man es baute, wie man es unter zum Schluß sechs bis zehn Metern dickem Eisenbeton schützte, wie man es reparierte, wie man es bewaffnete, wie man es ausrüstete, verpflegte, navigierte,

es Schiffe versenken, vor Wasserbomben wegtauchen ließ. Wie es geleitet wurde, wie es geortet wurde, wie es versenkt wurde.
Jeder Deutsche hätte sich so ein Boot einmal ansehen sollen: wie klein es war, wie primitiv im Innern, wie verletzlich. Damals gab es wenige, die sich ein U-Boot überhaupt vorstellen konnten. Ein U-Boot war ein militärisches Geheimnis, U-Boot-Pläne liefen unter ›geheimer Reichssache‹ im zivilen, unter ›Geheime Kommandosache, nur durch Offizier!‹ im militärischen Bereich – von der ersten vagen Konstruktionszeichnung bis zur Baubelehrung und dem Einfahren in der Ostsee. Es waren nur einige hunderttausend Menschen – hauptsächlich Rüstungsarbeiter –, die in etwa wußten, was es mit einem U-Boot auf sich hatte. Und nur etwa 41000 Menschen, die U-Boot-Fahrer selbst, ›erfuhren‹ ›ihr Boot‹.
Pars pro toto: Jedes U-Boot spiegelte die große Strategie des Krieges und den Alltag, das Entsetzen des Krieges zugleich. Wer heute wissen will, welchen Gesetzen der Zweite Weltkrieg militärisch gehorchte, findet in der Geschichte der U-Boote am ehesten befriedigende Antwort. Wer damals, mitten im Krieg, mit dem Phänomen ›U-Boot‹ konfrontiert wurde, konnte einen Blick in das Wesen und Unwesen des ganzen Krieges gewinnen. Er mußte es nur wollen. Er wurde Zeuge unfaßlicher Vorgänge, ungeheurer Ereignisse, metaphysischer Schrecken – einer Melange aus unsäglicher Banalität und unbeschreiblicher Einzigartigkeit, ins Objektive umschlagender extremer Subjektivität.

III

Im Sommer 1942, als sich die deutsche Heeresgruppe Süd vor Stalingrad festrannte, schwanden endgültig alle Hoffnungen, den Krieg rasch mit einem gewaltigen kontinentalen Sieg beenden zu können. Wer noch auf Sieg setzen wollte, mußte auf den Seekrieg, genauer: den U-Boot-Krieg setzen. Aus der Hilfswaffe Hitlerschen Ehrgeizes wurde eine letzte Siegeshoffnung. Auch wer kontinental zu denken und zu handeln pflegte (das taten die meisten Deutschen), fühlte sein Interesse am U-Boot erwachen. Man durfte sich fragen: Was war, was ist, was wird der U-Boot-Krieg sein?
Zuerst kamen die Erinnerungen. Vor dem Ausbruch des Krieges hatte das U-Boot eine nur mindere Rolle gespielt. Wesentlichen Einfluß auf den Gang des Kriegsgeschehens, gar auf die Kriegsentscheidung, maß ihm nahezu niemand bei. Das hatte sehr verschiedenartige Gründe. Zum einen moralische: Der U-Boot-Krieg des Ersten Weltkrieges war mit dem Makel des Völkerrechtsbruchs behaftet, der sich für die Deutschen schrecklich ausgewirkt hatte, denn die Vereinigten Staaten begründeten ihren Entschluß, in den Krieg gegen Deutschland einzutreten, nicht zuletzt mit der unbeschränkten U-Boot-Kriegführung der Deutschen. Nie mehr als der Paria der Welt zu erscheinen, war daher das erklärte Ziel der deutschen Marinepolitik zwischen den Weltkriegen.
Das aber hatte unmittelbare Auswirkungen auf den militärischen Wert des U-Bootes: Wenn das U-Boot nur nach ›Prisenordnung‹ eingesetzt werden durfte, begab es sich seiner stärksten Kampfeigenschaften, der Unsichtbarkeit und der Überraschung. Es war dann gegen Handelsschiffe nur noch sehr bedingt brauchbar. Ohne Warnung angreifen durfte das U-Boot nur Kriegsschiffe des Gegners: Genau hierfür aber war es denkbar schlecht geeignet. Von geringer Überwassergeschwindigkeit (maximal 17 kn), konnte es Kriegsschiffe nicht über Wasser verfolgen, und unter Wasser schon gar nicht: maximale Geschwindigkeit: 7 kn, und auch das nur für wenige Stunden. Es blieb nur eine Taktik übrig: sich rechtzeitig an die vermuteten Ein- und Auslaufwege des Gegners zu legen und zu hoffen, daß ein feindliches Schiff den für einen Torpedoschuß richtigen Kurs steuern würde. Die Aussichten dafür waren schlecht, um so schlechter, als die Engländer in der Zwischenzeit die Unterwasserortung von U-Booten – das sogenannte

Asdic-Verfahren – verfeinert hatten. Dem U-Boot, das sich nach der Prisenordnung richtete, blieb somit kaum eine Chance, weder gegen Handels- noch gegen Kriegsschiffe. Es war daher nicht verwunderlich, daß die deutsche Flottenbaupolitik bis zum Kriegsbeginn 1939 den U-Boot-Bau stiefmütterlich behandelte. Es gab Jahre, da wurde gar nichts gebaut, in anderen Jahren wurde nur experimentiert; es kostete unendlich lange und mühselige Debatten, um die wichtigsten U-Boot-Typen in den verschiedenen Bauprogrammen zu verankern. Die Verantwortlichen sahen im U-Boot eine quantité négligeable. Sie wollten lieber Schlachtschiffe, schwere Kreuzer, Zerstörer, ja Flugzeugträger bauen, eine ›Normalflotte‹, wie man sie nannte: harmonisch ausgewogen, äußerlich eindrucksvoll, ›bündnisfähig‹.
All diesen Forderungen konnte das U-Boot nicht genügen. Dennoch stellte es, nachdem der Krieg – ›fünf Jahre zu früh‹, wie der Oberbefehlshaber der Marine am 3. September 1939 halb resignierend feststellte – ausgebrochen war, die einzige Hoffnung der Marine dar.

Einer wußte es von Anbeginn. Mit Verve, Leidenschaft, beschwörenden Appellen an die Staats- und Marineführung versuchte er seine Auffassung durchzusetzen, daß Deutschland mit der U-Boot-Waffe über das schärfste und aussichtsreichste Kriegsmittel gegen England verfüge: der Führer der U-Boote, Karl Dönitz.
Sein Name ist mit dem U-Boot-Krieg so eng verknüpft, daß man fast von einer dialektischen Einheit zwischen ihm und ›seiner‹ Waffe sprechen könnte. Kein Heerführer und kein Befehlshaber ist so wie Dönitz zum Synonym für das U-Boot, für den gesamten U-Boot-Krieg geworden.
Das hatte seine Gründe. Als Dönitz 1935 von Raeder mit dem Aufbau der U-Boot-Waffe betraut wurde, glaubte sich der ehrgeizige Kapitän zunächst auf das Abstellgleis seiner militärischen Karriere geschoben, und Raeder, der Dönitz nie mochte, wäre dies nur recht gewesen. Doch der Kommodore erkannte binnen weniger Wochen und Monate, welche Chance sich ihm bot. Entgegen der verbreiteten Ansicht, daß das U-Boot eine Waffe untergeordneten Ranges sei, glaubte er mit dem U-Boot den Schlüssel zum militärischen Erfolg gegen England in der Hand zu haben. Ihm wurde rasch klar, daß die Abwertung des U-Bootes nur im englischen, nicht aber im deutschen Interesse lag. Wenn Seekrieg der Kampf um Seeherrschaft war, so befanden sich die Deutschen in einer aussichtslosen Rolle – hatten doch selbst die gewaltigen Anstrengungen Wilhelms II. und Tirpitz' schließlich nur zum schmachvollen Ende von Scapa Flow geführt. Mit Flottenschlachten in der Nordsee oder gar im Atlantik war nichts zu erreichen. Die ›Seeherrschaft‹ der Briten im Atlantik konnte niemals gebrochen werden – aber man konnte sie – buchstäblich – unterlaufen: mit dem U-Boot.
Denn das U-Boot kämpfte nicht gegen die Kriegsschiffe des Gegners, sein eigentliches Kampfziel waren die feindlichen Handelsschiffe. Seeherrschaft ausüben hieß aber nichts anderes, als dem eigenen Handelsverkehr das sichere Befahren der Meere zu ermöglichen, die gegnerischen Handelsschiffe aber daran zu hindern. Da die englische Blockade als wirksam eingeschätzt werden mußte, ergab sich für die Deutschen von Anfang an gar keine Möglichkeit, ihren atlantischen Seeverkehr aufrechtzuerhalten. Man hatte im Atlantik nichts zu schützen. Folglich konnte die deutsche Seekriegführung nur ein Ziel verfolgen: unter Umgehung der englischen Seemacht die Objekte, die diese Seemacht schützen sollte, zu vernichten – die für England lebenswichtigen Handelslinien. Dazu brauchte man keine Überwasserschiffe, U-Boote genügten, ja, sie waren einzig geeignet, weil sie sich unsichtbar machen, das heißt vor der Überwasserseemacht der Briten verstecken konnten.

Die Schlußfolgerungen für Dönitz lagen auf der Hand: Deutschland mußte, wenn es gegen England gehen sollte, U-Boote bauen. Je mehr, desto besser, denn die technischen und taktischen Eigenschaften der Boote zwangen zum massenhaften Einsatz. Einzelne Boote, davon war Dönitz schon seit 1918 überzeugt, vermochten dem britischen Handelsverkehr nur Nadelstiche zu versetzen: Die Chancen, gegnerische Schiffe zu ›finden‹, waren gering, denn das U-Boot war ein schlechter Aufklärer. Das einzelne Boot konnte nur einen kleinen Sektor in der Weite des Atlantiks abdecken, und es verfügte nur über eine beschränkte Zahl von Torpedos. Waren diese verschossen, so war das Boot nichts mehr wert – wie jenes U 556, das hilflos mitansehen mußte, wie die ›Bismarck‹ zu Tode gejagt wurde: Es war ›verschossen‹.
Dönitz' Wunsch nach mehr U-Booten verhallte in den Amtsstuben des Oberkommandos der Marine lange Zeit ungehört. Ärger, Verbitterung stauten sich in Dönitz: Er sah, was not tat, aber Staats- und Marineführung hörten ihn nicht. Raeder beruhigte sich mit den Versicherungen Hitlers, es werde nicht zum Krieg gegen England kommen, und plante eine ›Normalflotte‹ nach der anderen; eine immer größer als die andere. Deutschlands Macht zur See sollte schön sein: mit schönen Schlachtschiffen, gewaltigen Trägern, tropentauglichen Kreuzern, stolzen Zerstörerflottillen.
Am 3. September 1939 platzten alle Illusionen. Zwei Tage zuvor hatte Dönitz eine Denkschrift eingereicht: Um im Seekrieg gegen England erfolgreich bestehen zu können, benötigte Deutschland 300 U-Boote: 100 im Operationsgebiet, 100 auf dem An- und Rückmarsch, 100 in Werften und für die Ausbildung.
Tatsächlich verfügte das Großdeutsche Reich über 57 Boote. Davon waren 27 ›atlantikfähig‹.
So begann der U-Bootkrieg gegen England.

IV

Solange alle Hoffnungen sich auf Heer und Luftwaffe richteten, solange Hitler immer noch glaubte, England werde sich mit einem ›phony war‹ zufrieden geben, konnte man dem Dilemma im Atlantik gelassen ins Auge blicken. Raeder dachte gar nicht daran, den U-Boot-Krieg zur ersten Priorität der Seekriegsaufgaben zu machen, und zahlreichen Beteuerungen zum Trotz lief die U-Boot-Rüstung mehr als träge an. Dönitz schäumte: Wenn es denn nicht anders ginge, so wolle er, Dönitz, selbst den U-Boot-Bau in die Hand nehmen und seine Position als FdU aufgeben. Der Oberbefehlshaber winkte ab: Man tue, was nötig sei, Dönitz werde mit seinem Charisma an der Front benötigt.
Raeder hatte nicht Unrecht, denn vor welche Herausforderung sah sich die winzige U-Boot-Waffe gestellt! Die U-Boot-Fahrer selbst, damals, im September 1939, bewegte die Sorge, ob der Krieg denn auch lange genug dauern werde, damit sie den Wert ihrer Waffe beweisen konnten. An die Hitlerschen ›Coups‹ der vergangenen Jahre gewöhnt, tauchten in den U-Boot-Messen Zweifel auf, ob es wirklich zu einem ›richtigen‹ Krieg kommen werde. Mit Verblüffung verfolgte man den ersten englischen Luftangriff auf Wilhelmshaven am 4. September. Show? Ernsthafter Kriegswillen? Zerstört wurde wenig, die meisten Treffer waren Blindgänger. Vorgeplänkel. Dönitz war es, der seine Mannen aufrichtete: Wenn England einen Krieg beginne, so wolle es den auch gewinnen, und Zeit spiele für die Wirtschaftsmacht keine Rolle. Man solle sich nicht versehen: Sieben Jahre werde der Krieg währen, und jeder werde ihn gestrichen voll bekommen.
Der Krieg, das große Abenteuer: Während das deutsche Heer die Polen zu Hauf trieb (diese hatten ja in wenigen Wochen in Berlin stehen wollen), langweilte sich die West-›Front‹: ›Sitzkrieg‹, ›drôle de guerre‹, ›phony war‹ – nichts tat sich, von Kriegslust

keine Spur, weder diesseits noch jenseits des Rheines. Als Polen zwischen den beiden Diktatoren ordentlich und endgültig geteilt war, fragte sich alle Welt, warum der Krieg überhaupt noch weiterging. Das Kriegsziel der Deutschen schien erreicht, die ›Garantiemächte‹ für Polen – England und Frankreich – hatten die Hände in den Schoß gelegt und kümmerten sich um das Schicksal ihres Schützlings keinen Deut. Krieg wurde seit dem Oktober 1939 nur noch von der Propaganda geführt – und den Marinen.

Er war schon einigermaßen romantisch, dieser Krieg: Ausfälle der großen Schiffe bis in die nördliche Nordsee, kühne Raids von Zerstörern an die englische Küste, Kaperkrieg in tropischen Gewässern – und U-Boot-Krieg. Die erste U-Boot-Welle überrascht den Gegner, erstaunliche Erfolge sind das Resultat. Erste Namen tauchen auf: Prien, Schulze, Schepke, Schuhart. Letzterer versenkt am 17. September den englischen Flugzeugträger ›Courageous‹. Und die erste Sensation: Am 14. Oktober 1939 dringt Prien in das Allerheiligste der Royal Navy ein und versenkt in Scapa Flow ein britisches Schlachtschiff. Mit einem Schlage ist er berühmt, er führt die Reihe jener U-Boot-Helden an, die bis zum heutigen Tage landläufig das Bild des U-Boot-Krieges bestimmen.

Doch mit den ersten Erfolgen kommen die ersten Krisen. Zuerst kaum merklich: Unerklärliche Fehlschüsse, die Torpedos steuern zu tief, sie brechen durch; wenn sie treffen, detonieren sie nicht. Der ganze technische Stolz der Kriegsmarine, der ohne Schwall laufende, mit Magnetzündung ausgestattete Torpedo G 7a, erweist sich als technische Katastrophe. Vorübergehend verzweifelt Dönitz: Es habe keinen Zweck mehr, den Booten irgendwelche Weisungen zu erteilen, es sei verbrecherisch, sie mit einer stumpfen Waffe gegen den Feind zu schicken. Torpedokrise. Menetekel des technischen Krieges. In den Konstruktionsbüros sieht man die Zeichen an der Wand, irgendwie gelingt es, die Fehler zu beheben. Die Warnung wird vergessen, die Marine führt weiter ihren Krieg, ihren romantischen Krieg: mit Mut, mit Kriegslisten, mit Überraschungseffekten, voller genialer Improvisationen. In England, in den Vereinigten Staaten begreift man es eher: Dieser Krieg wird von denen gewonnen, die über mehr Eisen, Öl, Gummi verfügen. Er wird von denen gewonnen, die über größere Industriekapazitäten herrschen und rascher und besser rüsten können: Flugzeuge, Schiffe, Panzer bauen! Das freilich genügt nicht: Es kommt darauf an, alle wissenschaftlichen Fähigkeiten der Nation, alles technische know-how zu erfassen, zu rationalisieren, in den Dienst des Krieges zu stellen. Die Amerikaner erfinden den Schlüsselbegriff: ›operations research‹.

Nichts davon in Deutschland. Befangen in atavistischer Rassenhybris zerstörte das System das geistige und wissenschaftliche Vermögen der Deutschen. Der Exodus des Geistes und des Wissens veranlaßte Goebbels zu haßtriefendem Spott. Viel zu spät wurden die Verantwortlichen sich darüber klar, daß ihnen dieser Geist fehlte. In den ersten Kriegsjahren zehrten Wissenschaft und Kriegsindustrie noch von den Zinsen des ehemals wissenschaftlich führenden Deutschland: Sie verfügten über die besseren Panzer, U-Boote, Flugzeuge. Doch die Entwicklung war am Ende, während in den USA das atomare und elektronische Zeitalter anbrach.

Man sehe sich die schönen deutschen Schiffe an: Wundervolle Formen, harmonische Aufbauten, brillante Handwerkskunst – und dennoch: Mehr und mehr wurden sie zum schwimmenden Spielzeug. Es fehlten die Sensoren, die Feuerleitanlagen für das Nacht- und Nebelgefecht, es fehlten die Aufklärungskomponenten – es gab keine Seeluftwaffe –, die Maschinenanlagen waren anfällig: 1940 waren nur 57 Prozent der Zerstörer einsatzfähig!

Und die U-Boote? Noch 1942 verkündete Dönitz, Deutschland verfüge mit seinem Typ VII C über den besten U-Boot-Typ der Welt. Das mochte richtig sein – aber die

Welt dieses U-Bootes versank seit 1942 rascher als die Sonne über dem Meer. Die verzweifelten Anstrengungen, das veraltete Boot durch den Einbau von Schnorchel, Vierlingsflak, Kurzwellenempfänger und durch bessere Torpedos (›Zaunkönig‹) wieder voll einsatzfähig zu machen, scheiterten seit 1943 allesamt. Nach jahrelangen Versäumnissen versuchte die Rüstungsindustrie unter Speer und Dönitz ein Wunder zu vollbringen. Man entwickelte neue Bootstypen. Einen kleinen – Typ XXIII – und einen großen – Typ XXI. Mit diesen Booten, so erklärte Dönitz eines Tages Hitler, könne man ohne aufzutauchen von Europa nach Japan fahren.
Mit diesen neuen U-Booten, die zu einem ›neuen U-Boot-Krieg‹ führen sollten, blitzte zum letzten Mal im Zweiten Weltkrieg etwas von jenem Genie durch, das man seit 1933 so gewaltsam ausgetrieben hatte. Wunder aber blieben aus, mußten ausbleiben, weil dem einzelnen Geniestreich die wissenschaftlich-technische und materialmäßige Infrastruktur fehlte. So wurden die neuen Bootstypen zu Findlingen in der Wüste des aus der Luft zerschlagenen Deutschland. Am Ende gelang es den Bombergeschwadern der Alliierten ohnehin, die deutsche U-Boot-Rüstung in Trümmer zu legen.
Von diesen Entwicklungen wußten die U-Boot-Fahrer der Jahre 1939 und 1940 noch nichts. Die Verluste waren gering, geringer als theoretisch veranschlagt. Die Erfolge konnten sich sehen lassen – kriegsentscheidend waren sie nicht. Aber das verlangte zu diesem Zeitpunkt auch niemand. Denn der Krieg sollte mit dem Heer und mit der Luftwaffe entschieden werden. Die U-Boote hatten nur – wie es hieß – ›ihren Teil zum Endsieg beizutragen‹. Das hieß: Durch die Verluste, die England durch den U-Boot-Krieg erfuhr, sollte dem Inselreich ›klargemacht‹ werden, daß die Fortführung des Krieges eigentlich nicht mehr lohne. Daß es vernünftiger wäre, Hitlers Friedensangebote anzunehmen, bevor das Britische Empire völlig zerschlagen war.
Daß es mit dem U-Boot-Krieg ernst werden konnte, dämmerte der deutschen Seekriegsleitung erst langsam. Zu lange hatte auch sie fasziniert auf die Großtaten des deutschen Heeres geblickt, auf die Eroberung Europas binnen weniger Monate. Erst als – seit dem Juli 1940 –, der Schatten des Ostkrieges immer finsterer wurde, besann sie sich auf die Prinzipien ihres ›maritimen‹ Denkens. Raeder beschwor Hitler, die russische Karte noch nicht zu spielen. Er malte die Gefahren aus, die von Amerika drohten. Er erklärte geduldig wieder und immer wieder, daß zuerst England besiegt werden müsse, bevor man Rußland angreifen könne. Vergeblich. Schließlich setzte er alle seine Hoffnung auf des Führers Genie: Dieser werde wohl wissen, was an der Zeit und was den Deutschen nützlich sei. Nach ›Barbarossa‹, dem Feldzug gegen die Sowjetunion, werde Europa zur Seemacht, dann erst müsse der Endkampf ausgetragen werden: im Atlantik. Europa, Asien und Afrika gegen Amerika, Japan und England. In einer Karte malte die Seekriegsleitung sich das Szenario dieses letzten Welt-Seekriegs aus.
Man brauchte eine Flotte – eine Überwasserflotte. Wieder wurden die Möglichkeiten des U-Bootes unterschätzt. Im Jahr 1940 wurden ganze 54 U-Boote neu in Dienst gestellt, zur gleichen Zeit gingen 26 Boote verloren. Erst seit Juni 1941 kamen größere Bootsmengen zur Front: durchschnittlich 18–20 Boote monatlich. Für einen U-Boot-Krieg im Sinne der ›Schlacht im Atlantik‹ war dies viel zu wenig. Dönitz nannte seine Forderungen: 40 Boote pro Monat. Das war reines Wunschdenken. Diese Zahl, seit dem Sommer 1943 in einem ›Programm‹ quasi gesetzlich verankert, wurde nicht in einem einzigen Monat des Krieges erreicht.
Doch es ging nicht nur um den U-Boot-Bau. Mitten im Krieg, seit dem Herbst 1941, entbrannten bittere Auseinandersetzungen zwischen Marine- und U-Boot-Führung über den zweckmäßigen Einsatz der wenigen Boote.
Dönitz' Konzept war einfach und bestach durch Klarheit: Das U-Boot hatte Feind-

tonnagen zu vernichten – so viel wie möglich, gleichgültig wo, gleichgültig ob beladen oder unbeladen. Es kam nur auf den Frachtraum an: Ging dieser den ›Angelsachsen‹ aus, so war es gleichgültig, wie viele Flugzeuge, Panzer und Munition sie produzierten, dann spielte es keine Rolle, ob Amerika genug Weizen besaß, um die Britischen Inseln mitzuernähren. Es galt demnach, die Transportmittel zu vernichten.
Niemand sah die den Britischen Inseln drohende Gefahr bewußter als Hitlers großer Widerpart Winston Churchill. Auch Roosevelt, der den Eintritt der Vereinigten Staaten in den Krieg gegen die Mächte des Bösen kaum erwarten konnte und seine Neutralität zur Farce machte, wußte, daß es auf den Handelsschiffbau ankam. Seit 1941 begannen sich in den amerikanischen Werften die Räder rascher zu drehen. Unglaubliches geschah: Die große Demokratie Amerika griff diktatorisch in die Rüstungsproduktion ein. Man schuf einen Einheitsdampfer, dessen Typname zum Begriff und zum Symbol des atlantischen Krieges wurde: das ›Libertyschiff‹. Es war schlecht gebaut, dafür konnte man es binnen weniger Wochen vom Stapel lassen. Es bot keinerlei Komfort für die Besatzungen. Wurde es von einem U-Boot-Torpedo getroffen, versank es binnen weniger Minuten. Die Rettungschancen waren gering.
Diese Schiffe wurden am Fließband produziert, zu Hunderten. Mit jeder neu vom Stapel laufenden Einheit verbesserte sich die ›Tonnagebilanz‹ der Alliierten. Preisfrage zu Beginn des Jahres 1942: Wann würde die Kurve der Versenkungen die der Neubauten schneiden?
Man hatte nicht viel Zeit, um sich die schönsten Stellen für den Tonnagekrieg auszusuchen. Tempo war alles. Vom Zeitpunkt dieser Erkenntnis an entfachte Dönitz ein Trommelfeuer von Propaganda-, Durchhalte-, Ermunterungsparolen. Sie richteten sich keineswegs nur an ›seine‹ U-Boot-Fahrer. Sie wußten, was ihr ›großer Löwe‹ wollte, sie waren eine ihm verschworene Gemeinschaft. Dönitz' Appelle richteten sich an die Seekriegsleitung, an das Oberkommando der Wehrmacht und an Hitler. Das Echo, das er erfuhr, konnte deprimierend wirken.
Die Seekriegsleitung hatte ›das Ganze‹ zu sehen: Tonnagekrieg, das brachte den Sieg nicht, denn niemals konnte Dönitz die notwendigen 800000–900000 Tonnen versenkten Schiffraums pro Monat garantieren, die notwendig waren, um die Tonnagekurve des Gegners sinken zu lassen. Zufuhrkrieg – das schien die Lösung: Man solle, so gab die Seekriegsleitung Dönitz zu bedenken, doch lieber volle Geleitzüge versenken und Dampfer, die kriegswichtiges Material transportierten – dann käme man rascher ans Ziel.
Vielleicht brauchte man dazu auch weniger Boote. Denn nun, im Herbst 1941, als sich abzeichnete, daß das Problem Rußland zur schwärenden Wunde geworden war, und die angelsächsiche Regeneration Europa gefährlich werden konnte, fehlten die benötigten U-Boote. Sie fehlten nicht nur absolut, sondern auch relativ, hatte doch plötzlich Hitler sein Interesse für den U-Bootkrieg entdeckt. Seitdem sich seine geniale Strategie im Mittelmeer verfangen und seine durch den Secret Service genährten bösen Vorahnungen hinsichtlich Norwegens panikartig verdichtet hatten, griff er rigoros in das Dönitzsche Konzept der ›Schlacht im Atlantik‹ ein: Der größte Teil der verfügbaren Front-Boote wurde ins Mittelmeer und ins Nordmeer befohlen. Dort, im Norden, sollten sie die befürchtete Invasionsflotte melden und bekämpfen, im Süden den Zusammenbruch des ›Achsen‹-Partners aufhalten und die eigenen Afrikaverbände entlasten.
Dönitz protestierte: Der Nutzeffekt der Boote im Mittelmeer sei gering, das Verlustrisiko, schon beim Durchbruch in der Straße von Gibraltar gewaltig, es sei besser, die Atlantikpositionen besetzt zu halten.

Es half nichts: Im Herbst 1941 wurden die Boote verlegt, im Atlantik entstand eine ›Pause‹. Das U-Boot war wieder zu dem geworden, was man sich vor dem Krieg unter ihm vorgestellt hatte: zu einer Hilfswaffe des See- und Landkrieges.

V

Es wurde aber auch wieder besser. 1942 begann sich überall, bis hin zu Hitler, die Erkenntnis Bahn zu brechen, daß allein der U-Boot-Krieg letztlich kriegsentscheidend sein werde. Praktische Schlußfolgerungen daraus ergaben sich freilich nur langsam. Zunächst galt es, das fast geschlagene Ostheer erneut aufzurüsten. Was an Eisen, Arbeitern, Kapazitäten verfügbar war, wurde in die Heeres- und Luftwaffenrüstung gesteckt. Man hatte keine Wahl, wollte man im Osten weiter ›Lebensraum‹ gewinnen. Die Vorschläge Japans, mit Rußland Frieden zu schließen – zeitweise ließ Stalin Bereitschaft dazu erkennen –, paßten nicht in das ideologische Konzept Hitlers. Er wollte alles oder nichts.

So kam es, daß die U-Boot-Rüstung 1942 in eine kritische Phase geriet. Verzweifelt bemühte sich Raeder um Abhilfen und Zusagen. Es war vergeblich. Dem theoretischen ›Stellenwert‹ des U-Boot-Krieges entsprach der tatsächliche in keiner Weise.

Das war um so bitterer, als die U-Boote seit Mitte 1942 bewiesen, was sie zu leisten vermochten: Jetzt kam es zu den großen, heute schon sagenumwobenen Geleitzugschlachten, die sich über Tage hinzogen und oft mit der totalen Vernichtung der feindlichen Konvois endeten. Reich an Erfahrungen zelebrierten die U-Boot-Gruppen vollendete U-Boot-Taktik. Der staatliche Lohn in Form von Ritterkreuzen vervielfachte sich. Zwar stiegen auch die Verluste seit dem Juli 1942, aber im ganzen Jahr standen 238 Neuzugängen nur 88 Abgänge gegenüber. Strategisch gesehen, war das vertretbar, noch stimmte die Kosten-Nutzen-Analyse des U-Boot-Krieges.

Im Frühjahr 1943 trieb die ›Schlacht im Atlantik‹ ihrer Peripetie zu. In der größten Geleitzugschlacht des Krieges versenkten die U-Boot-Rudel ›Raubgraf‹, ›Stürmer‹ und ›Dränger‹, zusammen 44 Boote, 21 Schiffe mit 142465 BRT. Ganz Deutschland jubelte, die Propaganda hatte Schwierigkeiten, noch nicht abgegriffene Superlative zu erfinden. Stalingrad wurde verdrängt, Deutschland siegte – im Atlantik.

Im Hauptquartier des Befehlshabers der U-Boote war die Reaktion eine Mischung aus Freude, Stolz, Ehrgeiz und Angst. Der Erfolg war unheimlich, er hatte den Booten und ihren Besatzungen höchste taktische Kunst, unerschütterlichen Mut und ein Maß an Zähigkeit abgefordert, das nachdenkliche Admiralstäbler fragen ließ, wie lange diese Überspannung der Kräfte noch anhalten werde.

Merkwürdiges berichteten die U-Boot-Kommandanten, wenn sie dem Atlantik, der Biskaya entronnen waren und dem BdU Bericht erstatteten: Aus dem Nebel, aus der Nacht, die die Boote bislang zuverlässig geschützt hatten, wenn sie über Wasser marschierten, seien sie plötzlich von feindlichen Flugzeugen angegriffen worden, oft habe die Zeit kaum zum Tauchen, geschweige denn zur Abwehr gereicht. Immer seltener fanden die Boote abwehrfreie Seegebiete und immer seltener die Geleitzüge. Die lange Zeit recht zuverlässigen Meldungen des eigenen Nachrichtendienstes führten in die Irre. Die Konvois zackten von den U-Boot-Streifen fort, als kennten sie ihren Standort. Hinterherlaufen war hoffnungslos. Und am Geleit selbst: Die Korvetten, Fregatten und Zerstörer der Geleitsicherung hielten mit tödlicher Sicherheit auf die lauernden Boote zu, es wurde für diese unendlich schwer, den immer präziser angesetzten Wasserbombenverfolgungen zu entgehen. Die See, so schien es, wurde gläsern, durchsichtig, den U-Booten wurde immer öfter ihre Tarnkappe fortgezogen.

Beim BdU und bei der Seekriegsleitung in Berlin zerbrach man sich die Köpfe. Man türmte Hypothese auf Hypothese: Feindliche Ortung vom Flugzeug auf unbekannten Wellen. Eigenausstrahlung von Kurzwellensendern. Weiträumige Seeüberwachung durch den Gegner nun auch im Mittelatlantik, das ›gap‹ war geschlossen. Verrat? Immer wieder tauchte diese Vermutung auf. Dönitz befahl noch strengere Geheimhaltung der U-Boot-Aufstellungen. Die Karte, in die die U-Boot-Positionen eingezeichnet waren, wurde zum größten militärischen Geheimnis der Marine. Selbst Hitler bekam sie nur noch von Fall zu Fall und auf Anforderung zu sehen. Dönitz steckte einen erfahrenen U-Boot-Offizier in die Rolle des englischen Admiralstabs – er solle versuchen, auf Grund aller Kenntnisse, deren er habhaft werden könne, ›als Engländer‹ die deutschen U-Boot-Bewegungen zu rekonstruieren.

Des Rätsels Lösung fand man nicht. Zuerst kam die Katastrophe. Im Mai 1943 gingen 35 Boote verloren, 1026 Tote waren zu beklagen, der Erfolg war minimal: 96000 BRT. Es ging nicht mehr. Dönitz brach die Atlantikschlacht ab. »Die Verluste sind zu hoch«, meldete er Hitler. »Es kommt darauf an, jetzt Kräfte zu sparen, andernfalls würde nur das Geschäft des Gegners betrieben werden.« Triumph im März, Niederlage im Mai: Selten in der Geschichte des Zweiten Weltkrieges lag beides so dicht beieinander. Sucht man einen Vergleich, so wird man unwillkürlich an Ludendorffs und der Deutschen Schicksal im Jahre 1918 erinnert: Welch ein Sieg, damals, im März 1918 – der größte Geländegewinn an der Westfront seit 1914 – und welch ein ›schwarzer Tag‹ am 8. August 1918, als Foch die deutsche Front durchbrach. Damals hatte das siegverwöhnte deutsche Publikum mit barem Unverständnis und unartikuliertem Schrecken, mit einer ganzen Verschwörungs- und Dolchstoßlegende reagiert. Hätte Hitler-Deutschland im Mai 1943 das Handtuch geworfen, nachdem auf dem Schachbrett des Krieges das Matt zu erkennen war – mit welchen Reaktionen hätte man rechnen müssen?

Hitler und Dönitz waren sich einig: Ein 1918 würde es nicht mehr geben. Der Krieg ging weiter, das Wort ›Kapitulation‹ war tabu.

Vor allem ging auch der U-Boot-Krieg weiter. Noch unter dem Schock der überraschenden Niederlage stehend, hatte Dönitz – er war seit dem 30. Januar 1943 als Nachfolger Raeders Oberbefehlshaber der Marine, behielt seine BdU-Position aber bei – am 2. Juni verkündet: »Unter den augenblicklichen Umständen können die Boote gar nicht kämpfen; wären genügend Bunkerliegeplätze vorhanden, so wäre es zweckmäßiger, die Boote dort in Sicherheit unterzustellen, bis die neuen Waffen zur Verfügung stehen«, doch diese Erkenntnis wurde rasch und gründlich durch eine andere Überzeugung verdrängt. Dönitz formulierte sie so: »Aber auch dann, wenn das gewünschte Ziel (nicht) erreicht wird, muß der U-Bootskrieg weiter geschlagen werden. Er kämpft dann einen Defensivkampf, der den Krieg von Europas Küsten fernhält. Würde der U-Bootskrieg eingestellt, so erhielte der Gegner die ungeheuren Mittel, die er zu seiner Bekämpfung aufwendet, frei und könnte sie mit vermehrter Wucht an anderer Stelle auf uns einsetzen.«

Das war die raison d'être des U-Boot-Krieges von 1943 bis 1945, die causa prima tausendfältigen Leidens und Sterbens im Atlantik, dem deutschen Totenmeer des Zweiten Weltkrieges.

VI

Warum scheiterten die deutschen U-Boote, warum wurden sie geortet, gejagt, versenkt, ohne sich recht wehren zu können? Ein Teil der deutschen Vermutungen war richtig: Tatsächlich hatten die Alliierten das ›Luftloch‹ über dem Atlantik schließen können; mit dem RADAR-Gerät verfügten sie über ein Ortungsmittel, demgegenüber die U-Boote hilflos waren. Verraten wurden die U-Boote hingegen nicht – sie verrieten

sich selbst: indem sie funkten. Das erschien den Verantwortlichen in Deutschland so unglaublich, daß sie die zahlreichen Hinweise auf diesen Zusammenhang nicht ernst nahmen. Daß die Engländer die taktisch am Geleitzug notwendigen Kurzsignale der Boote – die Fühlungshaltermeldungen – in Bruchteilen von Sekunden einpeilen konnten, paßte nicht in das Vorstellungsschema des BdU-Stabes. Genauso absurd wäre ihnen die Behauptung erschienen, der Gegner könne die eigenen Schlüssel knacken. Und dennoch hatten die Briten auch das geschafft. Viel später, Jahrzehnte nach dem Krieg erst, kam alles nach und nach ans Tageslicht (vieles bleibt auch heute noch dunkel) – nun setzte Kopfschütteln ein. Warum war man damals, 1942/43, mit Blindheit geschlagen gewesen? Warum hatte man die Funkpeiler an Bord der gegnerischen Schiffe offensichtlich gar nicht gesehen? Wieso war man nicht dahintergekommen, daß die deutsche Schlüsselmaschine für die Alliierten schon lange kein Geheimnis mehr war?
Mangelhaftes technisch-wissenschaftliches Denken, fehlende Rationalisierung des Krieges, schlecht ausgebildete Admiralstäbler und eine gute Portion Überheblichkeit trugen zum Desaster bei. Die Seemächte hatten die deutsche Unterwassermacht ausmanövriert, matt gesetzt, zum alten Eisen werden lassen, aber die Deutschen spielten nicht mit, sie gaben nicht auf. Man kämpfte fortan mit Holzschwertern gegen Elektronik, aber man kämpfte. Der Kampf wurde verabsolutiert, als er sinnlos zu werden begann.
Sinnlos: Man kann darüber streiten, ob der Dönitzsche U-Boot-Krieg seit dem Mai 1943 ›sinnlos‹ gewesen ist. »Er kämpft dann einen Defensivkrieg«: Defensive – wozu? Vom Endsieg war nur noch in der Propaganda die Rede, in Wirklichkeit ging es darum, möglichst lange auszuhalten. Aber wieder: wozu? Später, als der Krieg zu Ende war und Deutschland ein Trümmerfeld, fiel die Erklärung leicht: um eben dies zu verhindern. Bedingungslose Kapitulation, Casablanca-Formel, Morgenthau-Plan, die Aufteilung Deutschlands in Einzelstaaten – Gründe genug, um weiterzukämpfen bis fünf nach zwölf. Nur: Zu verhindern war all dies nicht mehr, seit die von Hitler beschworene ›Totalität‹ des Krieges und des Hasses auf Deutschland zurückschlug. Hinter dem Horizont des Kriegsendes wurde kein Licht sichtbar, es gab nichts, was durch das längere Durchhalten besser geworden wäre. Es gab aber mit jedem Tag, den der Krieg länger dauerte, mehr Tote, mehr Trümmer, mehr Leid. Die gewonnene Zeit bis zum Ende war teuer erkauft. Hunderttausende starben nur für diesen abstrakten Zeitgewinn. Nicht fürs Vaterland, überhaupt nicht fürs Volk. Für den ›Führer‹ auch nicht, auch das war vorbei, so manchen letzten Heldenfunksprüchen aus eroberten Festungen oder sinkenden Schiffen zum Trotz.
Die ›Schlacht im Atlantik‹ hatte ihr Gesicht gewandelt. Es ging nun nicht mehr darum, England abzuschneiden, seine Seeverbindungen zu unterbrechen, es gar ›auszuhungern‹. Die Alliierten befuhren den atlantischen Ozean immer öfter mit immer mehr Schiffen. Sie kamen immer sicherer in England an. Nach und nach wurde hier ein riesiges Kriegspotential versammelt, das seit dem 6. Juni 1944 auf Europa niederbrach. Unvorstellbare Mengen von Material, Munition, Panzern, Flugzeugen und Menschen waren gehortet worden – alles kam aus Übersee, der U-Boot-Krieg konnte es nicht verhindern. Konvoi auf Konvoi wurde auch nach Rußland geleitet; Murmansk und Archangelsk wurden zum großen Knotenpunkt zwischen der westlichen und östlichen Kriegführung. Verzweifelt versuchten die Deutschen, wenigstens dagegen etwas zu unternehmen. Aber sie verfügten über keine, zu wenige oder zu alte Flugzeuge. Sie kamen nicht an die Geleite heran. Weit vor ihnen wurden die U-Boote abgedrängt, aus den Jägern wurden die Gejagten der englisch-amerikanischen ›Hunter-Killer-Groups‹. Schließlich trat man mit dem letzten intakten Schlachtschiff an. Es versenkte nichts, wurde hingegen angegriffen und ging mit Mann und Maus unter (36 entkamen).

Im Atlantik sah es nicht besser aus, eher schlechter. Als sich, im Dezember 1943, noch einmal deutsche Zerstörer in die Biskaya vorwagten, wurden sie von englischen Kreuzern zu Paaren getrieben, nichts ging mehr. Technisch unterlegen, durch Ölmangel zu Zwangs- und Ausbildungspausen genötigt, war auch die Seemannschaft verlorengegangen. Man verlernte, wie man zur See fahren, auf See kämpfen mußte. Aus der Kriegsmarine wurde eine Küstenmarine. Kleine Fahrt.

Nur die U-Boote stießen weiter in den Atlantik. Aber es erging ihnen nicht besser. Technisch und taktisch veraltet, wurden sie oft billige Beute der angelsächsischen Geleitfahrzeuge und – vor allem – Flugzeuge. Sie konnten sich kaum wehren.

Erfolge wurden zu Glücksfällen, gingen weniger auf das Leistungsvermögen der U-Boote und ihrer Kommandanten als auf Abwehrfehler des Gegners zurück.

Natürlich waren diesem die U-Boote nach wie vor lästig. Natürlich hätten sich die Umschlagzeiten in den Häfen verkürzen lassen, wäre man nicht auf Geleite, Geleitrouten und die weiträumige atlantische Sicherung angewiesen gewesen. Es ging schon alles ein bißchen langsamer, da hatte Dönitz recht. Es wurden auch feindliche Kräfte gebunden: Flugzeuge, Personal, Schiffe. Aber die Angelsachsen produzierten seit 1943 mehr, als zur totalen Zerstörung Hitler-Europas nötig war. Das Vernichtungspotential reichte allemal aus. Es genügte, die Deutschen einmal totzuschlagen. Den Krieg von Europas Küsten fernzuhalten vermochten die U-Boote nicht, sie konnten auch nicht einen einzigen Luftangriff verhindern: Die Flugzeuge, die den Atlantik überwachten und die deutschen U-Boote versenkten, konnten über Land gar nicht oder nur sehr begrenzt eingesetzt werden. Nichts wurde daher von den U-Booten verhindert. Sie verminderten zwar die Gesamtrechnung der strategischen Anstrengungen der Gegner, aber wie wenig fiel das schließlich ins Gewicht! Mit tausend Bombern anzugreifen, das hatte weniger militärischen denn moralischen Sinn. Zahlenmagie: tausendfältiger Tod, tausend Möglichkeiten, Tausendsassas, die Bomber-Harris.

Die Anzahl der Opfer, die der atlantische U-Boot-Krieg seit dem Mai 1943 forderte, steht in einem merkwürdigen Mißverhältnis zu dem historischen und wissenschaftlichen Interesse, das dieser letzten Phase der Atlantikschlacht entgegengebracht wird. Wann und wo immer vom U-Boot-Krieg die Rede ist, da denkt man an die Jahre von 1939 bis 1943. Das hat seinen Grund: Bis zu diesem Zeitpunkt war der U-Boot-Krieg eine historisch exakt zu umschreibende und zu bewertende Größe im Gesamttableau des Krieges. Er gehorchte zum größten Teil rationalen Gesetzen, man konnte mit ihm in Argument und Gegenargument wissenschaftlich umgehen. Das hingegen, was sich ab Herbst 1943, das ganze Jahr 1944 hindurch und während der ersten Monate des Jahres 1945 in den atlantischen Weiten abspielte, geriet historisch irgendwie außer Form. Es verlor sein rationales Interesse. Dieses verlagerte sich – typisch – ganz auf die Frage nach den Chancen des U-Boot-Baues. U-Boot-Bau und U-Boot-Krieg wurden fast synonym. Die U-Boot-Rüstung wurde zur größten Herausforderung der Marine, hier setzte sie allen Ehrgeiz und alle Mittel ein. Der Krieg draußen ›lief‹ gleichsam von selbst. Er lief aus, er sollte auslaufen und irgendwann – zuerst hoffte man auf den Frühling, dann auf den Herbst 1944, endlich, im Herbst, auf das Frühjahr 1945 – durch den ›neuen U-Boot-Krieg‹ abgelöst werden. Neu deswegen, weil die neuen Boote ganz andere strategische, operative und taktische Verhältnisse mit sich brachten.

Der neue U-Boot-Krieg war eine Chimäre. U-Boot-Krieg im Zweiten Weltkrieg blieb der Kampf der alten VII C-Boote gegen die Seemächte, blieb der Tod auf diesem Boot. Der ›neue U-Boot-Krieg‹ kam über minimale Ansätze (mit den XXIII-Booten um England) nicht hinaus, keine Tonne Schiffsraum wurde vom Typ XXI, dem Nachfolgemodell des VII C-Bootes, versenkt.

Man bedenke das gut, und man wird die makabre Groteske begreifen, die darin lag, daß man einen U-Boot-Krieg führte, den man so nicht wollte, einen U-Boot-Krieg, der die ›Lücke‹ bis zur Indienststellung der neuen Typen ›füllen‹ sollte, einen U-Boot-Krieg, der wie ein erratischer Block aus dem Kriegsanfang in das Kriegsende hineinragte, einen U-Boot-Krieg, dessen Größe in Hybris umschlug, dessen Erfolge sich in blankes Entsetzen verwandelten. Die verlorene Atlantikschlacht, die weiterging, geisterhaft, sinnlos, tödlich.

Man kann die Frage stellen, ob das unmenschlich war. Aber man sollte sich nicht täuschen: Im Krieg ist das Unmenschliche leider oft das Menschliche, unsere Friedensmaßstäbe gelten nicht. Mehr: Wer sie am ehesten, am konsequentesten gegen die Gesetze des Krieges, der Zerstörung ist, austauscht, hat die Chancen zum Kriegshelden. Noch im Ersten Weltkrieg rangen Staatsmänner und Soldaten erbittert um Recht und Unrecht, menschliches oder unmenschliches Verhalten im Krieg. Keine Rede davon mehr im Zweiten Krieg – weder hüben noch drüben. Das Problem des unbeschränkten U-Boot-Krieges spielte keine Rolle mehr; er war unbeschränkt, und alle akzeptierten dies – bis Nürnberg. So scheint es müßig, auch nur die Frage zu stellen, ob die deutsche U-Boot-Kriegführung in der Schlußphase des Krieges ›unmenschlich‹ handelte. Wo aus Menschen Material wird – ›Menschenmaterial‹ –, ist es logisch, dieses Material rücksichtslos einzusetzen; wo Krieg den Tod von möglichst vielen Menschen bedeutet (das lehrten nach Dresden Hiroshima und Nagasaki), wäre es inkonsequent, ihn vermeiden zu wollen. Er lag und liegt in der Natur der Sache Krieg.

Man hat die Todgeweihten damals nicht gefragt, ob sie den Tod wollten. Bei den U-Boot-Fahrern war es anders: Halb freiwillig, halb verführt, fiel ihnen der Entschluß, U-Boot-Mann zu werden, leicht.

Die Nachkriegsgeneration steht verwundert vor diesem Phänomen, aber man sollte sich nicht versehen: Die heutige Jugend, in eine ähnliche Situation gebracht, würde sich kaum anders verhalten. Die Metapher von den ›eisernen Särgen‹, den U-Booten, kommt nicht von ungefähr. Es bedurfte bis zum Ende des Krieges keines direkten Zwanges, um die Boote in den Atlantik zu bringen, es ist sogar fraglich, ob die Durchhalteparolen nötig waren. Den Geist von Langemarck gabs bis zum Schluß. Man konnte auf ihn bauen wie auf eine feste militärische Größe.

Wer das tat, handelte unmoralisch. Der Zweite Weltkrieg (einschließlich U-Boot-Krieg) war unmoralisch, unmoralisch in eben diesem Sinn. Darüber saß nie jemand zu Gericht, und die Historiker haben andere Dinge des Krieges beschrieben. Vielleicht ist es auch nicht ihres Amtes, andere müssen helfen, wenn sie den entsetzlichen Zusammenhang zwischen Krieg, Tod, Heldentum und Verführung erkannten, sich der dumpfen Fesseln zu entledigen vermochten, die dieser unheilige Akkord um Herz und Sinnen der Menschen legte.

Als der Krieg zu Ende war, Deutschland bedingungslos kapituliert hatte, versenkten sich viele deutsche U-Boote selbst. Seemachttradition – honi soit qui mal y pense. Einige hundertfünfzig blieben übrig, ein kläglicher Rest der Tausend-Boote-Flotte. Sie mußten schwarze Flaggen aufziehen, im Treck geleiteten die Engländer sie an ihren Bestimmungsort. Altes Eisen, wertlos für die Briten, den Russen eifersüchtig vorenthalten. In der Operation ›Deadlight‹ wurden sie versenkt. Finis.

Glossar

BdU	Befehlshaber der U-Boote
FdU	regionaler Führer der U-Boote, z.B. FdU West = Befehlshaber der im Atlantik eingesetzten Boote, in der Stellung dem BdU untergeordnet
VO	Verwaltungsoffizier
LI	Leitender Ingenieur
I WO	Erster Wachoffizier
II WO	Zweiter Wachoffizier
Nummer Eins	Bootsmann, ältester seemännischer Unteroffizier
Maat	Unteroffizier
Gast	Mannschaftsdienstgrad, an bestimmte seemännische Tätigkeit gebunden, z.B. Signalgast, Zentralegast
Heizer	Mannschaftsdienstgrad im maschinellen und technischen Bereich, z.B. Dieselheizer
achterlastig	nicht auf ebenem Kiel, Achterschiff hängt tiefer als Vorschiff
achtern	hinten
anblasen	aus Druckluftflaschen Preßluft in Tauchzellen strömen lassen. Diese verdrängt das darin befindliche Wasser und gibt dem Boot Auftrieb
aufklaren	Ordnung schaffen
aufschießen	ein Tau spiralartig zusammenlegen
Back	ursprünglich Aufbau über dem Vordeck, Tisch
Backbord	linke Seite des Bootes in Fahrtrichtung
Barkasse	hier: ein größerer Henkeltopf
Backschafter	Mann, der das Essen aufträgt
Besteck	Angabe der geographischen Länge und Breite des Schiffsstandorts
Bilge	Raum zwischen Schiffsboden und Flurplatten, in dem sich Kondenswasser und übergekommenes Wasser ansammelt
Bugraum	vorderster Raum im Boot, in dem die Torpedobewaffnung untergebracht ist und in dem die Mannschaften wohnen
Bulleye	rundes Fenster in der Schiffswandung
einsteuern	das Boot gewichtsmäßig in einen Schwebezustand bringen, der sich mit der eigenen Schwere des Wassers und Gewichtsunterschieden des Bootes ändert. Diese Änderungen werden ausgeglichen durch Zulassen von Seewasser oder Lenzen
E-Maschine	elektrische Maschine, die das Boot unter Wasser antreibt
Etmal	Tagesreise, in 24 Stunden zurückgelegte Strecke
Fender	birnenförmiger Körper aus Tauwerk, der beim Anlegen zwischen Schiffsrumpf und Kaimauer gehängt wird, um die Bewegungen des Schiffes gegen die Kaimauer aufzufangen
Feudel	Wischlumpen, Putzlappen, Aufnehmer
Flurplatten	Eisenplatten, auf denen die Besatzung im Boot steht. Der eigentliche Schiffsboden liegt tiefer
fluten	Wasser in einen Raum fließen lassen (bei Tauchzellen durch Öffnen von Entlüftungsventilen bzw. -klappen)
FT	Funkspruch
Gräting	Lattenrost aus Holz oder Eisen
Kimm	Horizont
Klüsen	Öffnungen im Schiffskörper, z.B. für die Ankerkette. Im übertragenen Sinn die Augen
Kolcher	kleines Schiff
Kugelschott	druckfester Verschluß in den druckfesten Querwänden zwischen zwei Abteilungen des Bootes

Lage eines Schiffes	bedeutet hier Lagewinkel = der Winkel, in dem ein anderes Schiff zur Blickrichtung des Betrachters fährt
Last	Raum
lenzen	Außenbordspumpen von Wasser
Luk	Öffnung im Schiffskörper
M-Offizier	Ein Funkspruch, der nur von Offizieren dechiffriert werden darf
Oberdeckstube	Torpedobehälter an Oberdeck
O-Messe	Offiziersmesse
Piepel	von people = Leute
Pier	Hafenmauer
Pivot	Sockel, Geschützunterbau
Poller	Pfosten, meist aus Eisen, zum Festmachen der Leinen und Taue
Prahm	flachgehendes Schiff für Arbeitszwecke
Pütz	Gefäß, Eimer
reesen	quatschen
regeln	das Boot durch Einströmenlassen oder Außenbordsdrücken von Wasser in Gleichgewichtszustand bringen
Regelzellen	dienen dazu, das Gewicht des Bootes entsprechend den Wasser- und Tauchbedingungen zu verändern, und zwar durch Fluten oder Lenzen von Wasser
Schapp	kleiner Raum, Schrank
Schlicktown	Wilhelmshaven
Schlingerleisten	Holzleisten, die auf die Back aufgesetzt werden, um Abrutschen des Geschirrs bei Seegang zu verhindern
Schott	Trennungswand im Schiff, auch Tür in der Wand
Sextant	Winkelmeßinstrument zur Orts- und Zeitbestimmung
Spring	Festmachleine
Stelling	an Tauen hängendes Sitzbrett zum Bemalen der Schiffsaußenwand, auch Laufplanke
Süllrand	Dichtungsrand ums Turmluk
Tauchbunker	können wie Tauchzellen verwendet werden, sind jedoch in der Regel mit Treiböl gefüllt, das erst im Laufe einer Unternehmung durch Seewasser ersetzt wird
Tauchzellen	dienen dazu, dem Boot bei Überwasserfahrt Auftrieb zu geben. Sind bei Überwasserfahrt voll Luft und werden zum Tauchen geflutet
Torpedovorhaltrechner	elektrisches Rechengerät, welches die Schußwerte für die Torpedos nach Fahrt, Kurs und Entfernung des Gegners sowie Eigenfahrt und -kurs des Bootes bestimmt
trimmen	Wasser in Längsrichtung des Bootes verlagern, um das Boot auszuwiegen. Es geschieht durch Umpumpen von Wasser zwischen den beiden an den äußersten Enden gelegenen Trimmzellen
U-Boot-Päckchen	Borduniform aus Leder
Untertriebszellen	dienen zum Schnelltauchen. Sind bei Überwasserfahrt voll Wasser und werden erst ausgedrückt (gelenzt), wenn das Boot völlig weggetaucht ist
UZO	U-Boot-Ziel-Optik, Gerät mit einem starken Nachtglas, mit dem die Schiffspeilung gemessen und automatisch an den Torpedovorhaltrechner übertragen wird
Wuhling	von whooling = Durcheinander
Zossen	abfällige Bezeichnung für ein Schiff